Paul Sägmüller

Oh-je !

Freitag, der 13.

Vom Aberglauben

und allerhand Unglaublichem
aus Oberschwaben

Sägmüller VERLAG

ISBN 978-3-9813602-5-7

Umschlaggestaltung: Paul Sägmüller

Gesamtherstellung: Digitaldruck Leibi, Neu-Ulm

1. Auflage: Dezember 2013
2. Auflage: Januar 2014

Besuchen sie uns im Internet: www.saegmueller-verlag.de

Inhaltsverzeichnis

Seite

Freitag und der 13.

Wohl jeder weiß sofort, was ein Freitag, der 13., bedeutet. Ob abergläubisch oder nicht. Aber warum ist dieser Tag eigentlich etwas so Besonderes? Was steckt dahinter?
Zum einen wurde Jesus an einem Freitag gekreuzigt, was den Freitag nicht gerade zum Freudentag macht.

Und zum anderen soll Adam an einem Freitag von Eva mit einer Frucht vom Baum der Erkenntnis zur Sünde verführt worden sein! Doch damit nicht genug, Adam und Eva sollen auch an einem Freitag aus dem Garten Eden verjagt worden sein. Wenn das kein schlechtes Zeichen ist!

Die 13 hat in einem anderen Zusammenhang mit Jesus zu tun. Wie wir alle wissen, wurde Jesus von Judas für 30 Silberlinge verraten. Und am Abend zuvor, beim letzten Abendmahl, waren 13 Personen am Tisch: Jesus und seine Jünger. Und eine dieser 13 Personen beging den Verrat.

In der biblischen Zahlenmystik passt die 13 überhaupt nicht dazu. Die Drei beispielsweise symbolisiert die Himmelszahl (3-Faltigkeit, 3 hl. Könige, 3 Eisheilige). Vier ist die Erdenzahl (4 Temperamente, 4 Evangelisten; 4 Himmelsrichtungen). Sieben ist die Summe von drei und vier (7 Schöpfungstage, 7 Sakramente, 7 Todsünden; 7 Gaben des Heiligen Geistes; 7 Kardinaltugenden, 7 Schmerzen Mariens).

Wenn man drei mit vier multipliziert, ergibt dies 12 (12 Stämme Israels, 12 Monate, 12 Jünger). Die 14 ist die Verdoppelung der Sieben (der Kreuzweg hat 14 Stationen, und es gibt 14 Nothelfer). Die 13 passt da überhaupt nicht hinein und wird daher als das „Dutzend des Teufels" bezeichnet.

Doch nicht nur im christlichen Glauben ist die 13 eine Unglückszahl, sondern auch in der nordischen Mythologie. Bei einem Bankett in Walhalla, an dem die zwölf Hauptgötter beteiligt waren, schlich sich Loki, der Gott der Zwietracht, dazu. Dadurch erhöhte sich die Zahl der Teilnehmer auf 13. Im Laufe des Banketts zettelte Loki einen Streit an, in dessen Verlauf Balder, der Gott des Lichts, den Tod fand.

*

Beim Märchen von Dornröschen war es die 13. Fee, die Dornröschen verwunschen hat, weil sie nicht zu deren Taufe eingeladen war.

Die 13. Fee verwünscht Dornröschen

*

„Naja, das sind ja ganz nette Geschichten, aber in der heutigen Zeit spielt doch das gar keine Rolle mehr", denken Sie jetzt vielleicht. Doch weit gefehlt! In den verschiedensten alltäglichen Bereichen wird die 13 systematisch ausgeklammert.

In Flugzeugen beispielsweise existiert fast nie eine Sitzreihe 13. (Originalton der Fluggesellschaft Austrian Airlines):

„Aufgrund des weit verbreiteten Aberglaubens verzichten wir in fast allen Flugzeugen auf die Sitzreihe 13."

In der Formel 1 gibt es keine Startnummer 13: In der Saison 2013 folgt auf Fahrer Esteban Gutierrez mit der Nummer 12 Paul di Resta mit der Nummer 14.

*

Die 13. Karte im Tarot (Wahrsagekarten) : „Der Tod"

*

Eine Hasenpfote soll ja bekanntlicherweise über Glück bringende Eigenschaften verfügen. Damit sie auch wirklich Glück bringt, sollte sie möglichst viele der folgenden besonderen Merkmale haben: Es sollte die linke hintere Pfote eines Hasen sein, der an einem regnerischen Freitag, dem 13., auf einem Friedhof von einem schielenden Schützen mit einer silbernen Kugel geschossen wurde.

*

In vielen Hotels gibt es kein Zimmer mit der Nummer 13. Auf 12 folgt die 14.

In einer nicht repräsentativen Miniumfrage wurde im Sommer 2013 bei 13 Hotels quer durch Oberschwaben nachgefragt, ob es in ihrem Hause ein Zimmer mit der Nummer 13 gibt.

Sechs Hotels haben keine Nummer 13, da folgt auf 12 die 14. Best Western hat sogar die 113 ausgelassen, da folgt auf 112 Zimmer 114.

Ein Hotel hat zwar keine Nummer 13, dafür aber 113 und 213. In drei Hotels gibt es jeweils ein Zimmer mit der Nummer 13. Bei drei weiteren Hotels sind die Nummern etagenweise vergeben, und pro Etage gibt es weniger als 12 Zimmer.

*

Auch in vielen Krankenhäusern sucht man ein Zimmer mit der Nummer 13 vergeblich.

Eine kleine Umfrage hat Folgendes ergeben: Im Krankenhaus St. Elisabeth in Ravensburg wird die "13" in allen üblichen Kombinationen durchgezogen, es gibt Zimmer A 113, A 213 usw.

In den Krankenhäusern in Bad Waldsee, Weingarten und Wangen gibt es zwar etliche Zimmer mit der Nr. 13, allerdings ist kein einziges Patientenzimmer darunter. Zufall oder Absicht? Da kann man wohl nur spekulieren!

*

1965 war die britische Königin Elisabeth II. zum Staatsbesuch in Deutschland. Am 25. Mai wäre der Sonderzug der Queen auf Gleis 13 in den Duisburger Bahnhof eingerollt. - Wäre!

Denn mit Rücksicht auf den hohen Gast wurde das Schild mit der Nummer 13 kurzerhand abmontiert und durch ein Schild mit der Nummer 12A ersetzt.

Quelle: Walter Gerlach, Das neue Lexikon des Aberglaubens, Eichborn 1998

Was von abergläubigen Menschen an Freitagen alles beachtet bzw. gemieden werden sollte:

An einem Freitag soll man nicht über Hexen reden - da hören sie es angeblich!

An einem Freitag und an den Tagen der Karwoche sollte keine Wäsche gewaschen werden. Das Problem ist dabei nicht das Waschen, sondern das Trocknen, und zwar das Trocknen im Freien. Sollte nämlich eine Hexe vorbeikommen, kann sie in diese Wäsche allerhand Unheil hineinzaubern.

*

An einem Freitag sollte man möglichst nichts ausleihen und verleihen. Auch nichts Entliehenes zurückgeben oder zurücknehmen. Dadurch können angeblich böse Menschen, Hexen, etc. Macht über diejenigen Personen gewinnen.

Maria Knöpfler hat in der Haisterkircher Dorfchronik (Ende der 1930er-Jahre) zu diesem Thema Folgendes notiert:

Ist ein Stück Vieh wirblig geworden (nervöses Leiden), so wird es geschlachtet, das Hirn wird ausgenommen und am nächsten Freitag zwischen 11 und 12 Uhr in die Rauchkammer gehängt, bis es eingetrocknet ist; dann wird es endlich unterm Dach-trauf vergraben, damit nicht wieder so ein Unglück in den Stall komme.

*

Am Karfreitag muss man vielerlei verrichten, sonst hat man das ganze Jahr Pech und Verdruss. So heißt es:

Vor Sonnenaufgang des Karfreitags muss man das Haus auskehren, damit kein Ungeziefer während des Jahres ins Haus kommt.

Ebenso soll man am Karfreitag die Hühner in einem Reif (Metallreifen eines Holzwagenrades) füttern, dann sollen sie nicht verlegen.

Der Rossknecht muss noch vor Sonnenaufgang des Karfreitags ins Feld hinaus gehen und einen Wisch grünen Roggens hereinbringen. Denselben soll er den Pferden geben und er darf sicher sein, dass seine Pferde von Halsleiden verschont bleiben.

Auch soll man an diesem Tag möglichst Linsen kochen fürs Mittagessen, da geht dann das Geld nicht aus.

Quelle: Maria Knöpfler war Ende der 1930er-Jahre Lehrerin in Haisterkirch. In dieser Zeit hat sie eine Haisterkircher Dorfchronik verfasst (bisher unveröffentlicht).

Das versunkene Wirtshaus

In Neuurbach, nach der Abzweigung nach Wolpertsheim, von Bad Waldsee herkommend, soll vor langer, langer Zeit ein Wirtshaus gestanden haben. An einem Karfreitag soll dort getanzt worden sein. Auch sollen gotteslästerliche Reden geführt worden sein.

Um 12 Uhr nachts ging zunächst eine leichte Erschütterung durch das Gebäude, dann versank es ganz langsam im Boden. Fenster und Türen ließen sich nicht mehr öffnen, sodass alle Leute, die sich im Haus befanden, ums Leben kamen. Bis zum Morgengrauen war das Haus verschwunden und der Boden hatte sich darüber geschlossen. So wurde der Karfreitagsfrevel bestraft.

Quelle: Diese Geschichte hat mir mein Onkel Gebhard Sägmüller (1928-2006) mehrfach in den 1970er- und -80er-Jahren erzählt (eigentlich immer, wenn wir nach Bad Waldsee gefahren sind und dabei durch Neuurbach gekommen sind).

Anmerkungen: Eine beinahe identische Erzählung findet sich bei Karl Heinz Schaaf in Sagen und Schwänke aus Oberschwaben, Rosengarten Verlag Konstanz 1968. Bei dieser Geschichte stand das Wirtshaus auf dem Käppelesberg bei Röthenbach. „Ein Pfarrer ging mit dem Allerheiligsten an der Wirtschaft vorbei, unterwegs zu einem Todkranken. Und die ausgelassene Gesellschaft im Wirtshaus scherte sich nicht darum, sondern spottete sogar darüber". Allerdings war es kein Karfreitagsfrevel.

Im April 2013 bekam ich von einem Bekannten den Hinweis, dass bei Google Maps genau am angenommenen Standort des „sagenhaften Wirtshauses" Fundamente einer ehemaligen Bebauung zu sehen sind. Wenn Sie bei Google Maps „Neuurbacher Straße, Bad Waldsee", eingeben und dieser Straße folgen, bis sie in die L316 einmündet, dann sind diese „Fundamente" auf der linken Seite der Landstraße deutlich zu erkennen.

Der dreizehnte Glos

In Bergatreute, und besonders auch noch im Allgäu, gibt es am Nikolausabend nicht nur den Nikolaus als Bischof mit dem Knecht Ruprecht, sondern auch die wilden Glosen, auch Kettenglos' genannt. Sie sehen Furcht erregend aus: Bekleidet sind sie mit Fellen und Sackleinen, auf dem Kopf tragen sie Kuhhörner, wilde Perücken und Bärte.

Ausgerüstet mit Glocken, Schellen, Ketten, Säcken und Ruten ziehen sie schreiend und krakeelend am Glosaabend (Nikolausabend; 5. Dezember) durchs Dorf. Sie hauen jeden windelweich, den sie erwischen. Wehe, jemand lässt sie ins Haus, dann verhauen sie die Kinder, oder noch schlimmer, stecken sie in einen Sack und nehmen sie mit!

Vor vielen Jahren war eine Gruppe wilder Glos' durch den Ort gezogen. Bereits leicht berauscht vom Schnaps, den sie „gegen die Kälte“ getrunken hatten, kam einer auf die Idee, beim Pfarrer zu klopfen und um einen Schnaps zu betteln. Gesagt, getan. Sie poltern an die Tür des Pfarrhauses und schrien und brüllten wild durcheinander.

Da es schon nach Mitternacht war, war der Pfarrer verständlicherweise recht ungehalten. Er kam vor die Tür und fragte, was dieser Unfug mitten in der Nacht zu bedeuten hätte. Daraufhin brüllten einige, wenn sie einen Schnaps bekommen würden, würden sie wieder gehen. Der Pfarrer sagte: „Das fehlte mir gerade noch… zu wievielt seid ihr denn eigentlich?“ Zu zwölft, klang es aus mehreren Kehlen. Der Pfarrer zählte nach und sagte, er zähle aber dreizehn.

Daraufhin sahen sich die Burschen an und gingen einige Schritte zurück. Im Dämmerlicht bemerkten sie plötzlich, dass einer einen Pferdefuß hatte. Als er mit dem Huf mehrmals auf den Boden stampfte, dass es krachte und dazu schrill lachte, packte sie das Grauen, jeder rannte davon, so schnell er konnte. Innerhalb von Sekunden war niemand mehr beim Pfarrhaus, auch der Behufte war verschwunden. Der Pfarrer bekreuzigt sich, schloss die Tür und ging wieder ins Bett.

Passiert sein soll die Sache vor dem Ersten Weltkrieg.

Vier Kettenglosen in Bergatreute (5. Dezember 2005)

Quelle: Erzählt von meinem Vater Karl Sägmüller (1924 -2007), Bergatreute

Der Teufel hat sich unter die Glosen gesellt

Vor vielen Jahren versammelten sich die Burschen des Dorfes vor der Schmiede in Osterhofen und bereiteten sich zum „Glosengehen“ vor. Fürchterlich anzusehen, mit Besen und Ruten bewaffnet, mit Geschellen behängt, so war man zum Aufbruch bereit.

Nun noch abgezählt, ob auch alle 12 Glosen anwesend seien. Da stand plötzlich ein 13. Glos dabei, der Geißenfüße und Bockshörner hatte und der Teufel in höchst eigener Person war. Der 13. roch so stark nach Pech, dass es zweifellos nicht mit rechten Dingen zugehen konnte. Voller Schreck über den ungebetenen Besuch des Teufels selbst, liefen die Burschen nach allen Richtungen auseinander und überließen andern das „Glosengehen“.

Nach einer anderen Überlieferung soll sich der Teufel den Dorfburschen beim schwarzen Kreuz beigesellt haben.

Quelle: Haisterkircher Dorfchronik

Anmerkung: Die Geschichte ist der Bergatreuter Version sehr ähnlich, allerdings auf das Wesentliche beschränkt und nicht so ausgeschmückt.

Die 13 als Glücksbringer

Bisher war nur Negatives über den Freitag, und besonders die 13, aufgeführt. Allerdings ist dies nicht überall so.

In der jüdischen Tradition ist die 13 eine Glückszahl und ein Symbol Gottes, weil sie über der Zwölf steht. Bei den Japanern gilt die 13 ebenfalls als Glückszahl.

Quelle: Artikel „Triskaidekaphobie“; http://de.wikipedia.org, 22.10. 2013

*

Bei Fußball-Welt- und -Europameisterschaften ist vorgegeben, dass alle Spieler fortlaufend zu nummerieren sind. Bei

22 Spielern im Kader gibt es automatisch auch eine Nummer 13. Die wahrscheinlich erfolgreichste Nummer 13 trug der „Bomber der Nation“, Gerd Müller.

Die Nummer 13 der Fußballnationalmannschaft hat dadurch wahrscheinlich ihren Schrecken verloren und wurde bzw. wird auch von Michael Ballack oder Thomas Müller getragen.

*

Und es gibt auch Leute, denen die 13 nicht nur egal ist, sondern die sie für sich als sehr positiv wahrnehmen.

Ein ausgesprochener 13er-Fan, gesehen im Strandbad von Bad Waldsee

*

Nebenbei ist mir noch eine Ausnahme aufgefallen, bei der wohl niemand auf den Gedanken kommt, dass ihm diese 13 Unglück bringen könnte: das 13. Monatsgehalt.

Aberglaube und Hexerei - vom Mittelalter bis zur Aufklärung

Besenflug und Teufelsbuhlschaft - die Hexenverfolgung in Deutschland

Wann und wie ist er entstanden, der Glaube an den allgegenwärtigen, verführerischen Teufel, an Hexen und Hexerei, überhaupt der Aberglaube, der seit dem Mittelalter bis in unsere gegenwärtige „aufgeklärte“ Zeit seine Spuren hinterlassen hat?

Im Mittelalter konzentrierte sich der Glaube an das Böse auf eine besondere Personengruppe als Verursacher allen Unheils, die HEXEN.

Hexen waren meist alte und hässliche, selten auch verführerisch schöne Frauen, denen der Pakt mit dem Teufel und der Verkehr mit ihm vorgeworfen wurden.
In den Hexenprozessen lauteten die Hauptanklagepunkte Gottesverleumdung, Schadenszauber, Wetterzauber, Vernichtung der Ernten, Sadismus und Perversion. Außerdem sollten die Hexen schuld sein an Impotenz, Fehlgeburten, Krankheiten und Seuchen bei Tier und Mensch. Nach den damaligen Vorstellungen trafen sich alle Hexen einer Gegend am 1. Mai, der Walpurgisnacht, auf einem geheimen Hexentanzplatz zum Hexensabbat.

Seit dem 15. Jh. wurden die Hexen systematisch und legal verfolgt. Sie wurden von sogenannten Inquisitoren aufgespürt, vor Gericht gestellt, und wenn sie - was meistens der Fall war - für schuldig befunden wurden, hingerichtet. Doch nicht nur die von Kirche und Staat eingesetzten Hexenjäger lieferten dem Gericht Verdächtige, sondern ein Großteil der vermeintlichen Hexen wurde aufgrund von Hinweisen aus der Bevölkerung verhaftet. Keiner war mehr sicher, nicht auch als Hexe von Nachbarn oder Freunden denunziert zu werden. Im 16. und 17. Jh. war die Blütezeit der Hexenprozesse.

Neueren Forschungen zufolge wurden in Europa zwischen 40 000 und 60 000 Menschen Opfer der Hexenverfolgung. Auf deutschem Boden starben insgesamt etwa 25 000, allein in Süddeutschland ca. 9 000 Menschen. Etwa 80 % aller Hingerichteten waren Frauen, wobei es regionale Unterschiede gab.

Der Teufel umarmt eine Frau

Hexen beim Wetterzauber

(Nach mittelalterlichen Holzschnitten)

Natürlich gab es den Glauben an Hexen und Dämonen, an Zauberer und Geister schon früher. Auch im Mittelalter war dieser aus der Volksüberlieferung stammende Aberglaube tief verwurzelt.

Vor allem in den Alpenregionen und den bäuerlichen Gebieten war er weit verbreitet. Als nun Europa christianisiert wurde und die Kirche sich anschickte, die Leitung der abendländischen Menschheit zu übernehmen, versuchte sie, so weit wie möglich, diese Elemente des Heidentums zu beseitigen. Zwar erkannte sie manche Zauberei als existent und verbot diese, doch im allgemeinen verabscheute sie solche Ammenmärchen und solchen Aberglauben. So verkündete im 8. Jh. der heilige Bonifatius landauf, landab, dass der Glaube an Hexen unchristlich sei, und im selben Jahrhundert wird das Verbrennen sogenannter Hexen in Sachsen durch Erlass Karls des Großen mit der Todesstrafe geahndet.

Diese wurde schließlich im Canon Episcopi offizielles Kirchenrecht. Die organisierte Hexenverfolgung wurde aber erst möglich mit einem Umschwung der Kirchenpolitik. Bekämpfte bisher die Kirche den Glauben an Hexen, so begann sie sich gegen Ende des 11. Jh. plötzlich für ihn zu interessieren und „erforschte ihn gründlich", wahrscheinlich auch, um einer anderen Gefahr für den katholischen Glauben entgegenzutreten, dem Ketzertum.

Die Ketzerbewegungen wehrten sich zunehmend gegen den überkommenen Machtanspruch und die offizielle Lehre der Kirche. Manche dieser Gruppen versuchte die Kirche zu integrieren, die meisten jedoch wurden von ihr verboten und deren Anhänger verfolgt.

1183 trafen sich Kaiser Friedrich II. und Papst Lucius III. in Verona, um die theoretischen Grundlagen und das praktische Vorgehen gegen Ketzer auszuarbeiten. Mittlerweile wurde die Ketzerverfolgung intensiviert und 1232 durch Papst Gregor IX. die päpstliche Inquisition geschaffen, die die Funktion hatte, Ketzer aufzuspüren, ihnen den abtrünnigen Glauben nachzuweisen und sie dann hinzurichten.

1252 wurde die Folter durch Papst Innozenz IV. zum legalen Ermittlungsinstrument erhoben. Ohne die Verwendung der Folter hätten die Hexenverbrennungen in den folgenden Jahrhunderten nie ein solch unglaubliches Ausmaß annehmen können. Bald wurden die blutigen Verfolgungen damit begründet, dass hinter den Ketzern der Teufel stehe und dass sie „das unmittelbare und wirksame Werkzeug Satans in seinem Kampf gegen Gott" seien (H. C. Lea, Geschichte der Inquisition im MA, I. S. 265).

Hauptanklagepunkt in den Inquisitionsprozessen war von nun an nicht mehr der von der offiziellen Kirchenlehre abweichende Glaube, sondern der Pakt mit dem Teufel, und speziell bei Frauen die Teufelsbuhlschaft (sexueller Verkehr mit dem Teufel).

Gegen Mitte des 14. Jh. galt die Existenz der Hexen als endgültig theologisch bewiesen, und eine regelrechte Hexenwissenschaft wurde ins Leben gerufen. Von nun an wurden die Hexen für alles damals noch nicht rational erklärbare Unheil verantwortlich gemacht. Sie brachten in einem Dorf den Hagel, im anderen vernichteten sie durch Unwetter die Ernte, sie verhexten das Vieh des Nachbarn und waren schuld an Missgeburten.

Durch Anblasen, Verfluchen und teuflische Salben und Tränke hexten sie Kindern Krankheiten und den jungen Männern, die heiraten wollten, die Impotenz an. Der Hexerei besonders verdächtig waren die Hebammen, die mit den neugeborenen und ungetauften Kindern als erste in Berührung kamen. Denn deren Fett brauchten sie neben Stechapfel, Bilsenkraut und Tollkirsche zur Herstellung der hochwirksamen Hexensalbe. Indem man die Hexen der Tötung der Neugeborenen bezichtigte, konnte man die hohe Kindersterblichkeit jener Zeit erklären.

Wenn es um eine Schilderung des „Hexenlebens" ging, kannten die hasserfüllten Phantasien der Inquisitoren keine Grenzen mehr:

Auf ihren Hexenbesen geritten kamen sie zu den geheimen Hexentanzplätzen und feierten dort unter Anwesenheit des Teufels den Hexensabbat.

Die Walpurgisnacht (Ausschnitt), nach dem Volksaberglauben die jährliche Zusammenkunft der Hexen und Teufel auf dem Brocken im Harz

Zuerst wurde ein Festschmaus eingenommen und dann begann eine wüste sexuelle Orgie. Ob der Geschlechtsverkehr mit dem Teufel Schmerzen oder Lustgefühle verursachte, darüber war man sich in „Fachkreisen“ nicht einig. Diese unglaublichen Vorstellungen hatten nun nichts mehr mit dem früheren Aberglauben zu tun, sondern waren selbstständige von der Kirche geschürte Phantasien.

Besonders die beiden bekanntesten Inquisitoren zu jener Zeit, die Dominikaner Heinrich Institoris und Jacob Sprenger, trugen zur Verbreitung und Durchsetzung des Hexenglaubens bei. Sie wurden 1481 zu Inquisitoren ernannt und widmeten sich fortan nur noch der Verfolgung und Vernichtung der Hexen. Der Widerstand aber, der ihnen anfangs von der Bevölkerung entgegengebracht wurde, veranlasste sie, bei Papst Innozenz VIII. um eine offizielle Bestätigung ihrer Machtbefugnis nachzusuchen.

Das Resultat war die 1484 erlassene berüchtigte Hexenbulle (Summis Desiderantes), in der der Papst zur Unterstützung der beiden deutschen Inquisitoren aufrief.

Als Institoris jedoch trotz dieser Bulle bei einem Hexenprozess in Innsbruck scheiterte, veranlasste er den „malleus maleficarum", den Hexenhammer, aufgrund seiner „Forschungen in Oberschwaben und im Bodenseegebiet.

Der Hexenhammer verdankt seine ungeheure Bedeutung und Verbreitung der sich gerade entwickelnden Buchdruckerkunst. Er wurde 1486 in Speyer erstmals gedruckt, und bis 1669 erschienen 29 weitere Auflagen. Der erste Band des dreibändigen Werkes klärt ein für alle Mal die immer noch teilweise offene Frage der Existenz der Hexen.

Der Verfasser stellt sie als in der Bibel bewiesene Tatsache heraus. „Die Behauptung, es gibt Hexen, ist so katholisch, dass die Verteidigung des Gegenteils ketzerisch ist" (H. Institoris).

Der zweite Teil befasst sich mit dem Teufelspakt und den daraus resultierenden Fähigkeiten der Hexen.

Dabei ließ der Verfasser seiner Phantasie freien Lauf. Aber auch eine Liste allgemeiner und kirchlicher Heil- und Gegenmittel wurde angeboten. Warum einerseits die Zauberei und Hexerei verboten war, die Anwendung des kirchlichen Gegenzaubers aber gleichzeitig propagiert wurde, diese Frage stellte sich leider lange Zeit niemand.

Die größte Bedeutung enthielt der dritte, speziell juristische Teil, genannt der Kriminal-Kodex. Er enthält genaueste Anleitungen für das Gerichtsverfahren gegen Hexen. Die vom Verfasser vertretene Ansicht war, dass Hexen vor ein gemischtes Gericht gehören, das sowohl aus weltlichen als auch geistlichen Richtern besteht. Es war der Auslegekunst jeden Richters überlassen, zu entscheiden, in welchem Maß und wie oft eine Angeklagte gefoltert wird, denn der Hexenhammer sieht zwar nur eine einmalige, nicht zu wiederholende Folter vor, gesteht jedoch der Justiz zu, eine unterbrochene Folter anderntags fortzusetzen. Der Hexenhammer war dennoch kein Werkzeug zur Folterung der Angeklagten, sondern ein Gesetzbuch, das eigens für die Bestrafung der Hexen abgefasst wurde.

Ebenfalls unterstreicht der Hexenhammer einen anderen speziellen Aspekt der Hexenverfolgungen: Die Opfer waren fast ausschließlich Frauen, wie das Wort, *die* Hexe, schon sagt.

Die Tätigkeiten vieler Frauen konnten leicht mit Hexerei in Verbindung gebracht werden. Vor allem war es ein zu dieser Zeit ausgeprägter Frauenhass, der die Frauen in die Rolle von Hexen drängte. Nach Ansicht der meisten Inquisitoren und Rechtssprecher waren Frauen von Natur aus schlecht, verderbt, geil, begierig und verhinderten - indem sie ihn verführten - die Vollkommenheit des Mannes. Außerdem galten sie als willensschwach und neigten daher besonders zur Hexerei. Erst gegen Ende des Hexenwahns landeten auch vermehrt Männer auf dem Scheiterhaufen. Im Allgemeinen aber lässt sich sagen, dass die Hexenverfolgungen eine spezielle Form der Diskriminierung der Frau waren.

Für die große Ausbreitung des Hexenwahns darf man jedoch nicht nur den Inquisitoren und Theologen die Schuld geben. Diese lösten die Hexenverfolgungen aus, aber ohne die schweigende Zustimmung der Bevölkerung hätten diese nie ein solches Ausmaß angenommen.

In einer Zeit von Seuchen und Hungersnöten, von Bauern- und Religionskriegen, in der sich die bisher als gottgegeben angesehene Feudalherrschaft auflöste, wuchsen die Gefühle von Angst und Unsicherheit. Man brauchte einen Schuldigen für dieses Elend. Die Aufnahmeempfänglichkeit für Aberglaube und Hexenglaube verstärkte sich. Und warum sollte man nicht all den Gelehrten glauben, welche die Hexenverfolgungen propagierten und deren Meinung durch die Geständnisse der Hexen ja scheinbar bewiesen war? Indem man die Hexen jeglichen Unglücks bezichtigte, hatte man einen Schuldigen für das Elend, den man dazu noch zur Verantwortung ziehen konnte.

So ist zu verstehen, warum die Hexenverfolgungen weithin von der Bevölkerung akzeptiert wurden. Wie die Juden des Mittelalters waren auch die Hexen Opfer eines Sündenbockmechanismus.

Ein Grund für das ungeheure Ausmaß waren einmal die Machtverhältnisse in Deutschland zu jener Zeit. Über 300 Landesfürsten mit eigener Gerichtsbarkeit steuerten eine Massenverfolgung, bei der ein engmaschiges Netz von Inquisitoren dafür sorgte, dass immer mehr Menschen als Hexen verbrannt wurden.

In seiner „Peinlichen Halsgerichtsordnung“, der ab 1532 gültigen Gesetzesschrift, unterstellte Kaiser Karl V. die Hexerei und Zauberei der weltlichen Gerichtsbarkeit. Diese Constitutio Criminalis Carolina führte außerdem noch für die Angeklagten einige Verbesserungen in der Prozessordnung ein. So wären die Suggestivfragen an den Angeklagten verboten gewesen, dessen Vermögen wären nicht an die Inquisitoren, sondern an die rechtmäßigen Erben gegangen und außerdem mussten die Verurteilten auf dem Scheiterhaufen keine weiteren wissentlich unschuldigen Menschen als Hexen denunzieren.

Jedoch konnten sich all diese Maßnahmen zum Schutze des Angeklagten angesichts der schwachen Stellung des Kaisers im Reich nicht durchsetzen, und so wurde dann doch nach dem Hexenhammer gerichtet. Die große Zahl der Hexenprozesse wurde auch wesentlich beeinflusst durch die Tatsache, dass Hexen von jedermann beschuldigt, verleumdet und denunziert werden konnten.

Es geschah öfters, dass persönliche Streitigkeiten vor dem Hexenrichter und somit auf dem Scheiterhaufen endeten. Der Inquisitor oder ein sonstiger Richter hatte immer ein offenes Ohr gegenüber Gerüchten und Anschuldigungen, ob sie nun stichhaltig waren oder nicht. Dazu kam, dass die Merkmale einer Hexe so weit gefasst waren, dass sie auf jede Frau im gebärfähigen Alter zutreffen konnten. Eine Hexe konnte alt oder jung, schön oder hässlich, verheiratet oder ledig, einfältig oder wortgewandt, ängstlich oder couragiert, kontaktarm oder leutselig sein, all ihre Eigenschaften wurden zu ihren Ungunsten ausgelegt.

Die Entwicklung, die sich im Mittelalter abzeichnete, lässt sich beispielsweise auch in Waldsee ablesen: Erst nach dem Malleus Maleficarum gab es nachweislich Hexenverfolgungen. Zu Beginn der Neuzeit, 1515, begannen die Dämonen, die finsteren Kräfte der Unterwelt, sich für Oberschwaben zu interessieren. Ob diese Verbreitung mit der Verbreitung und Rezeption des Hexenhammers zusammenhängt, ob mit dem Niedergang der Kirche, ob mit Endzeiterwartung o.ä. lässt sich nicht beweisen.

Bis 1594 wurden (in Waldsee) die Angeklagten bei lebendigem Leib „mit dem Feuer gerichtet“, später zuerst erhängt oder erdrosselt, dann der Leichnam verbrannt.

Manche landläufige Vorstellung einer Hexe findet auch in Waldsee Bestätigung: Die Mehrheit der „Armen Personen“

war beim Prozess um die 40 Jahre alt, damals ein beträchtliches Alter. Fast alle waren verheiratet oder verwitwet. Bezeichnend ist, dass diese Frauen neben ihren sonstigen Aufgaben in Familie, Hof oder Kleingewerbe sich alle mit Heilkräutern beschäftigten oder Hebammen waren.

Die wichtigste Voraussetzung, als Hexe anerkannt zu werden, war der Pakt mit dem Teufel. Ob im Haus, auf der Straße, im Rathaus, oder in Feld und Wald, ob beim Tanz oder bei der Arbeit, der Teufel fand überall eine Möglichkeit, sich in Gestalt eines Mannes einer jungen Frau zu nähern. (Der Zeitpunkt, mit dem Teufel verkehrt zu haben, lag beim Prozess meist 20 und mehr Jahre zurück.) Er bevorzugte dabei weltmännisches Erscheinen: als hübscher junger Gesell, als Reiter oder Kriegsmann, in „straffer Kleidung", mit Mantel und Wams. In Waldsee nannte sich der böse Geist Hans Federle, Fäder, einmal Hans Büntz und einmal Kräutle.

Warum er über 130 Jahre seine Anonymität hinter diesem Namen verbarg, liegt auf der Hand, denn er wollte von den Frauen immer dasselbe, in Waldsee wie überall: „Erstlich sei ihr Gespons . . . in eines jungen Gesellen Gestalt nachts zu ihr über das Bett kommen und von ihr begehrt, sie solle sich ihm ergeben, auch Gott, alle Heiligen und seine werte Mutter Maria verleugnen. Dann wolle er ihr genug geben, was sie bewilligt." Der Pakt wurde dadurch besiegelt, dass sie ihm die linke Hand darauf gab und vom „Teufel" Geld erhielt.

Doch die Schamlose sollte keine Freude an dem Teufelsgeschenk haben: „Sie erhält zwei Kreuzer, die sie nicht mehr finden kann. - Sie bekommt einen Kreuzer, will ihn gegen Brot einlösen, aber niemand nimmt ihn an. - Er gibt ihr drei oder vier Batzen Geld, das aber hernach nichts als Rosskot gewesen."

Neben Gottesverleugnung und Unzucht ist die dritte Forderung des Teufels der Schadenzauber an Mensch, Tier oder durch Wetter.

1935 feierte der „böse Geist“ als Federle Auferstehung in der Waldseer Fasnet

Nach den Geständnissen zu folgern, haben die Verurteilten Unmengen von Tieren entweder getötet oder krank gemacht: Beispielsweise hat eine Hexe „mit einem weißen Rütlein ungefähr 12 Geißen und Sauen geschlagen, damit sie krumm und lahm werden. - Außerdem hat sie eine rote Kuh mit einem Sälble bestrichen, worauf sie starb“. Diese Aufzählung könnte man beliebig verlängern.

Von besonderer Bedeutung für die Bauernschaft war das Wetter, deswegen tauchten regelmäßig Anschuldigungen wegen „Wettermachens“ auf: „Der böse Geist kam in ihr Haus, sagte, sie solle hinausgehen, einen Hafen mitnehmen, und hinter dem Friedhof hat er ihr ein schwarzes Pulver gegeben und ihr gesagt, sie solle es in den Hafen legen und hinausblasen, damit daraus ein Gewitter werde.“ Manchmal fallen von beispielsweise zwanzig Punkten eines Geständnisses nur zwei auf Gottesverleugnung und Unzucht, der Rest ist Schadenszauber, wobei es keine Seltenheit war, wenn einer Hexe 15 Morde zur Last gelegt wurden, die sie durch Anblasen, verzauberte Sälblein oder Latwerg oder direkt bei Hebammendiensten verübt haben sollte (Latwerg: eingedickter Fruchtsirup, der als Brotaufstrich wie als Heilmittel gleich beliebt war).

Vergleicht man Geständnisse aus unterschiedlichen Hexenprozessen (z.B. in Waldsee, Hechingen, Tübingen oder Überlingen), fällt die starke Ähnlichkeit teilweise bis in die wörtlichen Formulierungen hinein auf - Personennamen lauten anders, ihre Taten aber sind erschreckend übereinstimmend, da die Geständnisse vom Gericht den Angeklagten in den Mund gelegt worden sind.
Oftmals wurde auch ein uneheliches Kind als Zeuge einer Teufelsbuhlschaft benannt.

Kleinere Varianten in den Hexenprozessen finden sich dort, wo die Anklage über die strenge Dreiteilung Gottesverleugnung - Verkehr mit dem Teufel - Schadenszauber hinausgeht, wo der Hexe meist Sünden wider das sechste Gebot oder gegen Kirchengebote angelastet wurden.

Sofort nach der Verhaftung einer Verdächtigen erteilte ein Priester geistlichen Beistand, die Frauen schlossen mit der Kirche Frieden.

Die Hinwendung zu den Tröstungen der Kirche verhieß aber noch lange keine Verminderung der Strafe, sogar überführte Hexen, die aus Altersschwäche schon im Gefängnis verstarben, wurden dennoch verbrannt, obwohl sie gebeichtet hatten und versehen worden waren.

Nicht nur das Schuldbekenntnis geht landesweit nach einem bestimmten, gleichen System, sondern auch der Verlauf der Hexenverfolgung: Nach geringem Verdacht, nach einer Anzeige, oft nach der einer „Gespielin“ (Mithexe), wurden die Betroffenen festgenommen und „ordentlich und gütlich“ (im Guten) vom Gericht befragt.

Leugnete die Inquisitin, wurde „peinlich“ befragt, d. h. die Tortur als legitimes Mittel der Rechtsprechung angewendet.

Das Examen“ ging im gleichen Wechsel weiter: gütliche Befragung - peinliche Befragung / Verhör - Folter. Dann sprach der Gerichtsammann sein Urteil. Danach wurde die „Hexe“ dem Nachrichter übergeben, der sie, auf einem Wagen sitzend, zum Hochgericht führte und dort vom Leben zum Tod beförderte.

Die Hexenprozesse wurden zum „crimen exceptum“, zum Sonderverbrechen erklärt. Diese Zuweisung stellt die Hexerei auf eine Stufe mit den übrigen Schwerverbrechen Majestätsbeleidigung, Hochverrat, Raubmord und Falschmünzerei. Zur Bekämpfung dieser Straftaten mussten dem Staat außerordentliche Mittel zur Verfügung stehen. Der Richter wurde daher im Hexenhammer und von den führenden Juristen der damaligen Zeit für die Führung der Hexenprozesse von der sonstigen Verpflichtung freigesprochen, sich gewissenhaft an die Prozessregeln halten zu müssen. Die Verhandlung sollte nach Institoris, „einfach und ohne Umstände, ohne viel Aufhebens seitens der Advokaten und Richter, und ohne viel Formalitäten“ geführt werden.

Dies bedeutete für den Hexenrichter, dass jedes Mittel, aus dem Angeklagten ein Geständnis herauszubekommen, von vornherein gerechtfertigt war. Er hatte auch darauf zu achten, dass der Verteidiger „ein rechtschaffener Mann war, der bezüglich seiner Legalität keinen Verdacht erweckte, dass er nicht schimpfend, noch mit einem Wortschwall verteidigte, noch um Aufschub nachsuchte.“

Eine rechte Verteidigung war dadurch ausgeschlossen, zumal ein Verteidiger sich der Gefahr des Verdachts auf Hexenvergünstigung aussetzte und selbst angeklagt werden konnte. Weit wichtiger und einschneidender waren aber die Folgerungen, die man aus der Theorie des „crimen exceptum“ hinsichtlich der Dauer und Stärke der Folter und der Gewichtigkeit der Aussagen von Zeugen und Denunzianten zog.

Blick in eine Folterkammer

In Bezug auf die Folter kehrten die Hexenprozesse das bisher geltende Recht völlig um. In einem normalen mittelalterlichen Strafverfahren diente die Folter dazu, die Unschuld eines Angeklagten, der nicht die Möglichkeit hatte, sich durch Zeugen zu verteidigen, durch überstandene Tortur zu beweisen. In den Hexenprozessen war die peinliche Befragung nun umgekehrt das Mittel zum Beweis der Schuld des Angeklagten. Als freiwillig abgelegt galt dabei ein „gütliches Geständnis“, das nur unter Androhung der Folter erreicht wurde (durch Zeigen und Erklären der Folterwerkzeuge).

Eine Folterrunde hatte mehrere, meist sechs Härtestufen, angefangen von Daumenschrauben, Strecken, Aufziehen an den auf den Rücken gebundenen Händen mit Gewichten an den Füßen, über Schienbeinquetschen (spanische Stiefel), bis zum mit Nägeln versehenen eisernen Folterstuhl, der durch ein Feuerlein zum Glühen gebracht wurde. Zwischendurch wurde der Gemarterte immer wieder mit Ruten „bestrichen“ oder in den Block geschlossen, in dem er unbeweglich ausharren musste, während der Scharfrichter zum Frühstück gehen konnte …

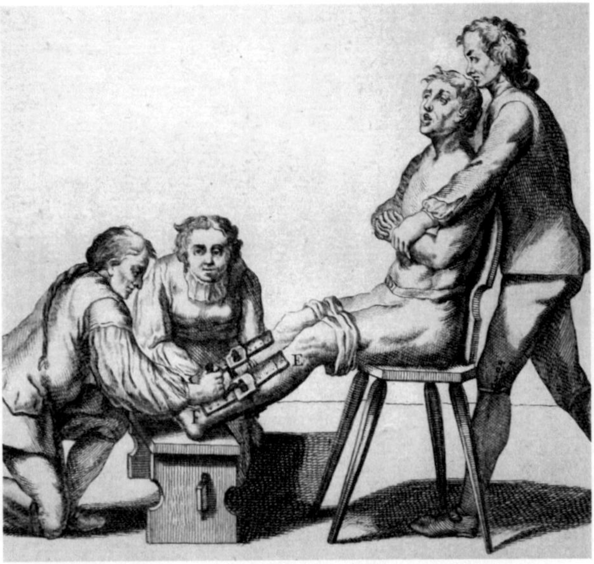

Die „spanischen Stiefel“ werden angelegt

Hatte eine Angeklagte diese sechs Grade ohne Geständnis überstanden, wurde sie nicht freigesprochen, wie in der Karolina gefordert, sondern die Folter wurde am nächsten Tag fortgesetzt. Man fragt sich jedoch, warum die angeblichen Hexen die Folter auf sich genommen haben, da sie doch schon von ihrem sicheren Tod wussten.

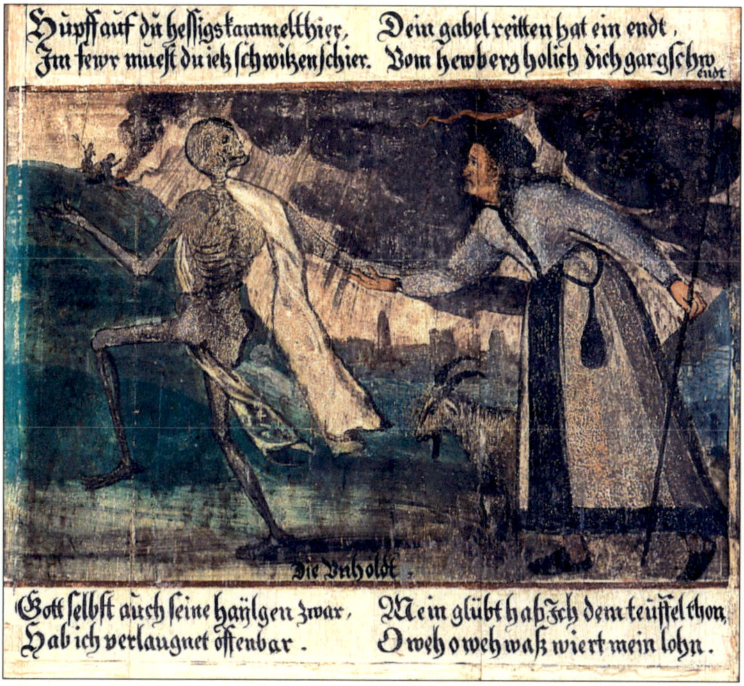

„Die Unholdt (Hexe) und der Tod", Füssener Totentanz 1602

Die Menschen im Mittelalter fürchteten mehr ihr Leben nach dem Tode als ihr jetziges zu verlieren. Durch ein falsches Geständnis verlor aber jede Hexe ihr ewiges Leben. War eine Hexe jedoch geständig, so wurde sie „zum Tode durch das Feyer" verurteilt. Mildernde Umstände traten manchmal in Kraft, wenn sie „gütlich" gestand oder besonders viele denunzierte.

So wurde sie dann vielleicht vom Scharfrichter, schon auf dem Scheiterhaufen stehend, erwürgt, vor dem Feuertod geköpft oder bekam einen Beutel voll Pech oder Pulver um den Hals gehängt, der das Feuer nährte und das Sterben angenehmer machte.

Als Strafminderung galt auch, wenn die Hexe ohne Umschweife, ohne Zuschauer, nur von ein paar wehrhaften Männern begleitet, direkt zum Richtplatz geführt wurde; denn auf dem Weg zur Richtstätte wurde eine Hexe normalerweise meist zwei- bis dreimal mit glühenden Zangen gezwickt, verhöhnt, verlacht und vom Pöbel verspottet.

Hexenverbrennung auf einem Flugblatt 1555

Damit war der ganze Hexenprozess, sprich Leidensweg der Angeklagten, abgeschlossen. Dieser war meist so verlaufen: Eine Person, meist eine Frau, wurde denunziert oder dem Gericht auf andere Weise (Gerücht) bekannt und daraufhin festgenommen. Der Angeklagten wurden die Beschuldigungen vorgelesen.

Wenn sie jetzt nicht gestand, wurde sie gefoltert und nachdem sie ihr erpresstes Geständnis abgelegt hatte, auf dem Scheiterhaufen hingerichtet. Meist dauerte dieser Vorgang nur zwei bis drei Tage, denn die Inquisitoren hatten folgende Vorstellung vom Ablauf eines Prozesses: „Die Frau, die Hexe, die Angeklagte, die Hingerichtete". Gerade das von den Frauen immer abgelegte Geständnis wurde von den Befürwortern der Hexenprozesse als Beweis für die reale Existenz der Hexen angesehen.

Dagegen und gegen die oben geschilderten Verfahrensgrundsätze bildete sich Widerstand bedeutender Männer, wie Agrippa von Nettesheim (1486-1535), Johann Weyer (1516-1588), Friedrich Spee (1591-1635) und Christian Thomasius (1655-1728). Der Wert dieses Auflehnens darf jedoch nicht überschätzt werden; besonders in unserer Gegend fanden sie überhaupt keine Beachtung.

Die Hexenprozesse hörten nicht schlagartig auf. Ihr Abklingen war durch verschiedene Faktoren bedingt. Einer davon war, dass die nach dem Schneeballprinzip verlaufende Ausbreitung der Hexenverfolgungen schließlich jedermann verdächtig machte, bis sogar Priester, Mönche, Bürgermeister und Richter der Hexerei angeklagt wurden. Diese Höhepunkte der Hexenprozesse in allen gesellschaftlichen Schichten steigerten sich so weit, dass sie sich selbst erstickten. Vor allem jedoch dämmte die Beseitigung des mittelalterlichen Zustands den Wahn ein (seit Ende 17. Jh.).

Diese Verdrängung war das Resultat der Fortschritte in der Philosophie und in den Naturwissenschaften, vor allem in der Astronomie und in der Medizin, die Licht in das von dunklem Aberglauben verhüllte Wissen des Menschen von den Vorgängen im Menschen selber, in der Natur und im Kosmos brachte.

Die Konfrontation von Katholiken und Protestanten durch Reformation und Gegenreformation brachte zwar ein erneutes Anschwellen der Zahl der Hexenprozesse mit sich, da die Parteien sich gegenseitig verfolgten und unter dem Vorwand der Hexerei auszurotten versuchten.

Schließlich und endlich wurde der Toleranzgedanke der Aufklärung im späten 18. Jahrhundert dann doch auch von der Rechtsprechung aufgenommen und die Folter in den österreichischen Ländern von Kaiser Joseph II. abgeschafft.

Quelle: Michael Barczyk (u.a.), … und waren Feuer und Flamme - Aberglaube und Hexerei in Oberschwaben, in: Heimatland!, (Kreissparkasse Ravensburg) 1981

Von weggehexten Gliedern und Wunderbäumen

Wie im vorangegangenen Kapitel bereits beschrieben, ist der „Hexenhammer" ein Werk zur Legitimation der Hexenverfolgung. Der Verfasser war ein fanatischer Hexenjäger und Frauenhasser. Er sammelte für sein Werk die abstrusesten und unglaublichsten Geschichten zum Thema Hexen und Hexerei, welche er als wahr und bewiesen veröffentlichte.

Einer der ersten Hexenprozesse unter dem Einfluss von Institoris fand 1484 in Ravensburg statt.

*

Im „Hexenhammer" schildert er den Fall eines Ravensburger Jünglings, dem eine Hexe das Glied durch Zauberei entfernte bzw. unsichtbar machte:

„In der Stadt Ravensburg nämlich verband sich ein Jüngling mit einem Mädchen, das, weil er es verlassen wollte, das männliche Glied durch Blendwerk schlechterdings verschwinden ließ, so dass er nichts sehen oder fassen konnte als den glatten Körper.

Darüber verängstigt ging er in einen [Wein-]keller, um Wein zu kaufen, und nachdem er [dort] eine Weile geblieben war, kam eine Frau hinzu, der er, indem er ihr den

Grund seiner Traurigkeit eröffnete, jede Einzelheit erzählte und ihr zeigte, dass es so mit seinem Körper stände.

Jene gewitzte [Frau] forschte nach, ob er nicht irgendeine im Verdacht hätte. Und jener offenbarte sich, indem er nun die Betreffende benannte, und die Geschichte erzählte. Und jene [erwiderte]: »Du musst sie, wenn dir Freundlichkeit nicht hilft, mit Gewalt zwingen, um die Heilung zu erlangen.«

Der Jüngling beobachtete darauf in der Abenddämmerung den Weg, den die Hexe zu gehen pflegte. Als er sie erblickte, bat er sie, ihm die Gesundheit des Körpers wiederzugeben. Als sie aber versicherte, sie sei unschuldig und wisse von nichts, stürzte er sich auf sie, würgte sie, indem er ein Handtuch kräftig um ihren Hals zusammenzog und schrie: »Wenn du mir nicht die Gesundheit wiedergibst, werde ich dich mit meinen eigenen Händen töten.« Da sagte sie, weil sie nicht schreien konnte und das schon geschwollene Gesicht blau wurde: »Lass mich los und ich werde dich heilen.«

Und als der Jüngling den Knoten der Schlinge gelockert hatte, berührte die Hexe ihn mit der Hand zwischen den Schenkeln oder am Schambein und sprach: »Nun hast du, was du begehrst.« Und wie der Jüngling später erzählte, fühlte er deutlich, bevor er sich [auch] durch Sehen oder Fühlen vergewisserte, dass ihm das Glied durch die Berührung der Hexe wiedergegeben worden war."

So weit der Hexenhammer. Da hatte der Ravensburger Jüngling noch mal Glück gehabt und war mit dem Schrecken davongekommen.

Aber, wo war sein Glied abgeblieben, solange er es nicht mehr gehabt hatte? Auch darüber gibt der „Hexenhammer" Auskunft.

*

Der „Zweite Teil (des Hexenhammers) handelt von den verschiedenen Arten und Wirkungen der Hexerei und wie man solche wieder beheben könne.“

„Kapitel 7: Über die Art, wie sie [die Hexen] die männlichen Glieder wegzuhexen pflegen [...] Was endlich von denjenigen Hexen zu halten sei, welche bisweilen solche Glieder [Glied = Penis, Phallus] in namhafter Menge, zwanzig bis 30 Glieder auf einmal, in ein Vogelnest oder einen Schrank einschließen, wo sie sich wie lebende Glieder bewegen, Körner und Futter nehmen, wie es von vielen gesehen ist und allgemein erzählt wird, so ist zu sagen, dass alles dies durch teuflische Handlung und Täuschung geschieht; denn also werden in der angegebenen Weise die Sinne der Sehenden getäuscht.

Es hat nämlich einer berichtet, dass, als er das Glied verloren und er sich zur Wiedererlangung seiner Gesundheit an eine Hexe gewandt hatte, sie dem Kranken befahl, auf einen Baum zu steigen und ihm erlaubte, aus dem (dort befindlichen) Neste, in welchem sehr viele Glieder lagen, sich eines zu nehmen. Als er ein großes nehmen wollte, sagte die Hexe: „Nein, nimm das nicht“; und fügte hinzu, es gehöre einem Weltgeistlichen. [...]

*

Für uns heute aufgeklärte Menschen sind dies wirklich völlig abstruse und unglaubliche Geschichten.

Zu o.g. Stelle im Hexenhammer ist mir ein Wandgemälde im Schloss Moos in Südtirol eingefallen (während eines Urlaubs hatte ich das Schloss in der Nähe von Eppan einmal besichtigt).

Folgende Szene ist auf einem mittelalterlichen Fresko abgebildet: In der Mitte steht ein Baum, behangen voller Glieder (Phalli), und drum herum fünf nackte Frauen mit offenen oder vor den Ohren zusammengerollten Haaren.

Links oben trägt eine Frau einen Korb voll Phalli auf dem Kopf und hat noch weitere unter den Arm geklemmt. Die beiden Frauen im Vordergrund sind wohl in Streit geraten. Sie gehen mit Prügeln aufeinander los und streiten sich offenbar um einen einzelnen Phallus, obwohl eigentlich genügend auf dem Boden herumliegen. Leider ist das Bild zwischen den beiden Streitenden beschädigt. Aber man kann doch erkennen, dass die hintere Frau in der rechten Hand einen Prügel und in der linken einen Phallus hält.

Von den beiden Frauen rechts schüttelt die eine mit einer Stange Phalli vom Baum, die andere sammelt diese und legt sie in einen Korb (diese Körbe könnte man, wenn man an die Geschichte im Hexenhammer denkt, auch als Vogelnester ansehen).

Im Schlossführer ist das Bild als „sog. Wunderbaum, mit phallischen Früchten behangen“ beschrieben.

Während einer Restaurierung des Schlosses im Jahr 1960 kamen überraschenderweise Spuren von diversen Wandmalereien zum Vorschein, u.a. dieser Phallusbaum.

Innerhalb von mehreren Jahren wurden damals diese Malereien von Fachleuten wieder aufgedeckt. Datiert sind diese Bilder etwa um 1450 bis 1500. Die Qualität des Freskos ist nach über 500 Jahren allerdings nicht besonders, auf Fotos ist die Szene auf den ersten Blick kaum zu erkennen. Deshalb wurde nachfolgende Handskizze angefertigt, damit der interessierte Betrachter sehen kann, was genau sich in dieser Szene abspielt.

In „Literatur und Wandmalerei II“ (Tübingen 2005) werden die Wandmalereien des Jagdzimmers von Schloss Moos in Eppan von Harald Wolter-von dem Knesebeck eingehend beschrieben und gedeutet. Er bringt den „Wunderbaum“ mit den Aussagen und Deutungen der anderen Bilder des Jagdzimmers in Schloss Moos in Zusammenhang: “Minnemacht und Phallusbaum erscheinen gemeinsam“ - „Aus männlicher Sicht wurzelt dies letztlich in der sexuellen Autonomie der Frauen, ihrem freien und zudem erfolgreichem Zugriff auf das Sexualwesen Mann.“

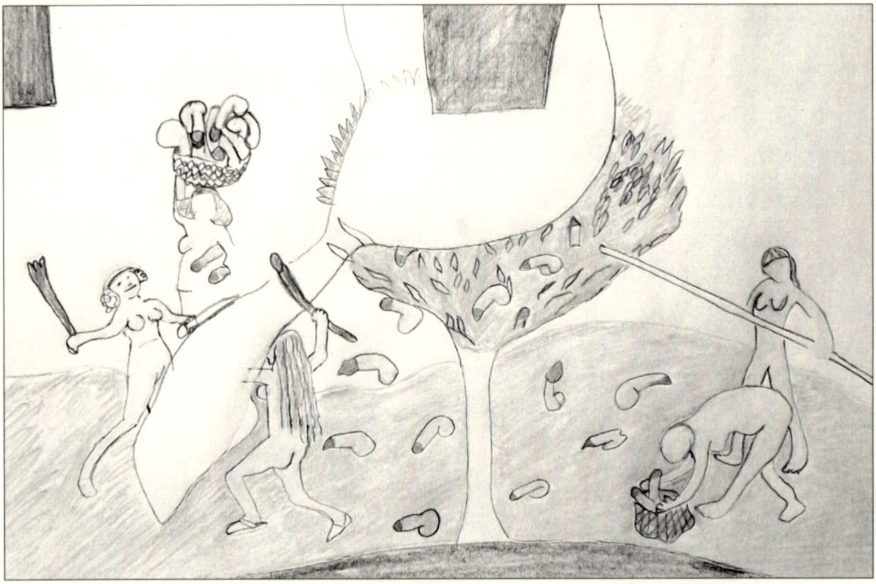

Der „Wunderbaum“ in Schloss Moos (in der Bildmitte, oben und links zwischen den beiden Frauen ist das Bild beschädigt)

Seine Ausführungen insgesamt sind sehr umfangreich und komplex, sie würden den Rahmen dieses Buches sprengen.

Auf jeden Fall sollte dieses Bild offensichtlich die (männlichen) Bewohner von Schloss Moos „vor einer Aussenwelt, in der Frauen und ihre Sexualität in der Folge mehr und mehr als hexenhaft, welt- und wertbedrohend angesehen wurden“, warnen!

Da es zu diesem Wandgemälde allerdings keinerlei zeitgenössische Literatur gibt, ist dies nach über 500 Jahren eben eine mögliche Deutung des Bildinhaltes.

Wer kann schon wissen, was die Künstler damals in ihren Malereien darzustellen versuchten und was die Leute damals in den Malereien zu erkennen glaubten?

Der Text aus dem Hexenhammer wurde bisher offensichtlich noch nicht mit dieser außergewöhnlichen Darstellung in Verbindung gebracht.

Außergewöhnlich für den heutigen Betrachter - damals waren solche Darstellungen vermutlich durchaus üblich und verbreitet.

Wenn man nun den Abschnitt aus dem Hexenhammer dem Bild dieses „Wunderbaums“ gegenüberstellt, kann man davon ausgehen, dass Heinrich Institoris diese oder eine ähnliche Darstellung gekannt hat, zumal er sich 1485/86 nachweislich in Innsbruck und im Bistum Brixen aufgehalten hat.

Institoris hat sich wohl seine eigene Erklärung dieser Wunderbaum-Szene zurechtgebogen. Nach seiner Aussage im Hexenhammer könnte es sich bei den nackten Frauen um Hexen handeln. Bei den Körben, in denen die Phalli aufgesammelt wurden, könnte es sich genauso gut um Vogelnester handeln. Und diese Nester wurden von den Hexen entweder im Baum untergebracht oder nach Hause genommen.

Allerdings könnte es auch völlig andersherum sein, nämlich, dass nicht Institoris sich dies zusammengereimt hat, sondern dass diese Szene vor über 500 Jahren tatsächlich o.g. Aussage beinhaltet hat.

Nämlich, dass es sich bei dieser Darstellung wirklich um die Abbildung von mutmaßlichen Hexen und deren vermuteten und unterstellten Tätigkeiten handelte.

Noch ein anderer, denkbarer Erklärungsversuch: Jeder Phallus auf dem Bild könnte symbolisch einen verheirateten Mann darstellen, der durch eine dieser Frauen „erobert wurde“, eine Trophäe sozusagen. Das hieße, dass diese Frauen durch eine sexuelle Beziehung Macht über bestimmte Männer gewonnen haben. Und diese einzelnen Sünder werden (bzw. nur die Phalli) gesammelt und gespeichert. Dies würde auch erklären, warum zwei der Frauen sich um einen Phallus streiten, obwohl eigentlich genügend da sind. Sie streiten nicht um den Phallus, sondern um die Eroberung, also den Mann, der durch diesen Phallus symbolisiert wird.

Für die betroffenen Männer stellte dies eine permanente Gefahr dar, sollte solch ein Seitensprung oder ein heimliches Verhältnis ans Tageslicht kommen.

Daher ist diese Darstellung vielleicht als Warnung für alle Männer anzusehen, keine zu großen Risiken durch außereheliche Liebesbeziehungen einzugehen.

Solche selbstbewussten Frauen, die vielleicht gekonnt mit ihrem geheimen Wissen taktierten, wurden als böse Frauen, als Hexen verunglimpft. „Rechtschaffene Ehemänner und Familienväter“ wären dann nicht mehr selbst für einen Seitensprung verantwortlich, da sie ja von einer Hexe verführt wurden. Die Schuld wird also auf die „bösen“ Hexen abgewälzt, die nichts anderes im Sinn haben, als möglichst viele Männer durch Zauberei zu verführen und danach zu erpressen.

*

Ein Fresko mit einer ähnlichen Darstellung ist aus der Südtiroler Burg Lichtenberg (bei Prad im Vinschgau) bekannt (heute eine Ruine).

Dort wurde es bereits 1908 abgenommen und ins Landesmuseum nach Innsbruck überführt. Leider ist nur noch die obere Hälfte des Bildes erhalten.

*

Im Franziskanermuseum in Villingen gibt es ein geschnitztes Minnekästchen aus dem 15. Jahrhundert, welches auf der linken Seite ebenfalls die Abbildung eines Phallusbaums zeigt.

Eine höfisch gekleidete Dame erntet die Früchte des Baumes

Wer weiß, wie viele ähnliche Darstellungen im Laufe der Jahrhunderte vernichtet wurden? Oder vielleicht noch in irgendeinem historischen Gebäude unter einer Putz- oder Farbschicht schlummern?

Ein Wallfahrtsort gegen Hexerei: Weingarten

Eine der wichtigsten Wunderzuständigkeiten des Hl. Blutes der Benediktinerabtei Weingarten war neben der Abwehr von Wetterschäden (Missernten) auch die Abwehr der Hexen.

Die Hexe, auf einer Schürgabel fliegend, wie immer hierzulande, hat offene Haare und ist eigentlich nackt (das Tuch ist nur Staffage für die oberschwäbischen prüden Bauern)

Kirchliche Amulette aus Weingarten wie beispielsweise die Benediktusmedaille sollten Dämonen und insbesondere Hexen abwehren. Ein Deckenfresko der 1724 geweihten Basilika von Cosmas Damian Asam stellt die Erhebung Benedikts zu Gott dar.

Unter anderem ist auf dem Gemälde eine Hexe, auf einer Schürgabel fliegend, von einer Fledermaus (teuflisches

Symbol) begleitet, dargestellt. Sie wendet ihren „bösen Blick“ ab, bedeckt schützend ihr Gesicht und flieht vor Benediktusmedaille und Zachariaskreuz, welche ihr von Engeln entgegengehalten werden.

Die Bildbotschaft an das Volk lautet: So wie die Fledermaus das Tageslicht scheut, so scheut die Hexe das Licht von Benediktusmedaille und Zachariaskreuz. Im Klartext: Die kirchliche „Magie“ schützt nicht nur vor Hexen, sondern wehrt diese ab und schützt dadurch vor Missernten durch den Wetterzauber der Hexen.

Quelle: Johannes Dillinger: Die Hexenverfolgung in der Landvogtei Schwaben im 16. und 17. Jahrhundert, in: Schmauder, Andreas (Hg.): Frühe Hexenverfolgung in Ravensburg und am Bodensee, Konstanz 2001

Konrad und Hans, zwei Hexenmänner

Ein Zeitungsbericht im Originalton aus dem Jahre 1904: Wenn man von Hexen hört, oder spricht, so denkt man in der Regel an alte, böse oder hysterische Weibspersonen. Allein es ist bekannt, dass auch Mannspersonen dem Hexenwahn zum Opfer fielen. Das Verzeichnis der Würzburger Hexenbrände von 1627 - 1629 führt Knaben, Männer, Gelehrte, selbst Geistliche auf, welche verbrannt wurden.

Wundern wir uns also nicht, wenn auch in unserer Gegend von Hexenmännern die Rede ist. Was die Akten über diese enthalten ist mindestens ebenso interessant, in gewissem Sinn noch interessanter, als die Nachrichten über Hexenweiber.

Wir nennen hier mit Unterdrückung der Familiennamen zwei männliche Opfer des Hexenwahns in unserer Gegend: Konrad von Hausen und Hans von Seekirch.

Konrad wurde im Juni 1587 unter dem Verdacht der Hexerei in Marchtal gefangen genommen, weil er den Hexen bei ihrem nächtlichen Treffen „zu Tanz gemacht und zu diesem teuflischen Werk geholfen“ haben soll. Er war nämlich ein Spielmann, der mit seiner Geige zum Tanz aufspielte. Bei seinem Verhör gab er an, er habe vor ca. fünf Jahren zu Sauggart gedient und sei bei der Kunkelstube in Oberwachingen gewesen.

Als er nun nachts gen Sauggart heimgegangen sei, habe er im „Brand“ einen Tanz angetroffen und Manns- und Weibspersonen gesehen, besonders Margaretha H., Anna M. und Magdalena R. von Sauggart, diesen habe er auf ihr Begehr zu Tanz gemacht. Nach dem Tanz seien sie auseinandergegangen und in des Teufels Namen fortgefahren, die eine dahin, die andere dorthin, ihn selbst aber haben sie dahintengelassen. Bald darauf sei er mit Margaretha H. wieder in den Brand gefahren und habe dort zum Tanz gespielt. Da sei ihm eine in Gestalt einer Frauensperson mit schwarzem Kleid, schwarzem Rock und einem „beschabten“ Hut, Jhenofeva (Genovefa) genannt, zugeordnet worden. Diese habe ihn mit vielen betrüglichen Worten verführt, worauf er sich ihr versprochen habe. Er gab ihr die rechte, sie ihm die linke Hand, nachdem er Gott Maria und alle Heiligen verleugnet habe.

Er sei mit Greta oft in den Brand gefahren, habe aber von ihr eine eigene braune Salbe erhalten, damit er für sich hinfahren könne, wohin er wolle. Im Brand habe er stets mit den andern guten Mut gehabt mit Essen und Trinken, gutem Saitenspiel, Pfeifen und Geigen, ohne Salz und Brot. Die hl. Kommunion habe er so viel wie möglich aus dem Mund genommen und ohne alle Reverenz ausgespien und mit den Füßen zertreten.

Seine Jhenofeva (d. h. die Teufelin) sei zu ihm am 13. Juni 1587 ins Gefängnis gekommen und habe ihn aufgefordert, alles, was er bekannt habe, zu leugnen, sie wolle ihm heraushelfen. An Weiterem seien sie durch den Wächter verhindert worden. Konrad gestand noch ein anderes Verbrechen, das er begangen habe, als er im Herlighof diente, welches aber mit der Hexerei nichts zu tun hatte.

Konrad war auch von den Hexenweibern Marg. H., Magdalena R. und Anna S. als Spielmann angegeben worden. Die Gret gab an, er sei einmal hinter sie, dann auch hinter Magd. R. gesessen, als sie auf den Tanzplatz fuhren, und zwar auf einem bestrichenen Stecken oder auf einer Schürgabel.

Diese Gespielschaft wurde im Juni 1587 gefänglich eingezogen und zum Feuertod verurteilt. Am 18. Juni wurde Konrad mit seinen Gespielinnen dem Scharfrichter Meister Hans von Biberach übergeben, auf einen Karren geschmiedet zur Richtstätte hinausgeführt und wie die Hexenweiber mit einer Kette an eine Säule gebunden. Neben dem Pulversack wurde dem armen Spielmann seine Geige, mit welcher er den Hexen zum Tanz gemacht hatte, an den Hals gehängt. So wurde Konrad zugleich mit 10 Weibern verbrannt und seine Asche begraben, am 18. Juni 1587.

Von schlimmerer Sorte als der arme Konrad war der Hexenmann Hans. Offenbar haben wir es hier mit einem Verbrecher zu tun. Hans war als Flucher, Schwörer und Gotteslästerer von Jugend auf bekannt. Schon im Juli 1586 stand er vor Marchtals Hexengericht.

Sein Bekenntnis vom 27. Juli umfasst nicht weniger als 39 verschiedene Punkte. Er gestand beim Verhör, er sei vor ca. 15 Jahren von der Alb heimgeritten, da sei auf der Steig bei Zwiefalten, wo er übel fluchte und schwor, der böse Feind zu ihm gekommen, dem er sich auf seine Ansprache hin ergeben habe. Er forderte ihn auf, er solle mit ihm an einen guten Ort fahren, worauf Hans toll und voll mit dem Teufel auf einer Schürgabel fortgefahren sei, der Heimat zu.

Sein Roß habe er stehen gelassen; doch habe es ihm der Teufel später wieder zugeführt.

Damals sei er auch in den Brand und in den Batzeneich (bei Alleshausen) gefahren, wo ihm eine Gesponsin, Genofeva genannt, angemutet worden sei. Sie habe schwarze Frauenkleider und Geißfüße gehabt. Hans verleugnete Gott, alle Heiligen und den Glauben und gab der Teufelin die rechte Hand. Nun fuhr er oft in den Brand in die Sandgrube zum fröhlichen Essen und Trinken (ohne Salz und Brot), Tanzen und Springen und Spielen.

Unholde fahren zum Blocksberg (Holzschnitt von 1489

Er erhielt eine teuflische Salbe zum Bestreichen der Schürgabel und konnte fahren, wohin er wollte. Auf dem Tanzplatz traf er seine Gespielinnen, namentlich das Hexenweib Lena G. von Alleshausen. Zur Mahlzeit brachte er gestohlene Fische mit. Auch auf einer Geiß fuhr er in den Brand und Batzeneich; doch diese ritt er zu Tod. So erzählte Hans vor Gericht und man glaubte ihm alles wie einem Hexenweib.

Auch sonst gestand Hans ähnliche Verbrechen wie die Hexenweiber. Seine Genofeva duldete durchaus nicht, dass er die hl. Kommunion empfange, darum hab er das hl. Sakrament vielmals aus dem Mund in den Busen fallen lassen und draußen vor der Kirche auf den Boden geworfen.

Mit den Hexen Lena G. von Alleshausen und Barbara M. von dort, die ihn vor Gericht als Genossen angegeben hatten und vor ihm mit dem Feuer hingerichtet worden waren, grub er Kinder auf dem Kirchhof aus, wie er sagte. Eine ganze Reihe von Diebstählen gab Hans vor Gericht an. So habe er Fisch aus den Fischgruben bei Tiefenbach, Biberach, Streitberg und Buchau teils allein, teils mit seinen Gesellen, d. h. mit seinem Sohn und einem andern von Seekirch, herausgefangen.

Auch Krebse habe er zu Buchau und Wurzach gefangen, Korn gestohlen usw. Rosse, Geißen, und Schweine habe er beschädigt und umgebracht.

Endlich legte Hans ein Bekenntnis über drei Mordtaten ab, die er fern seiner Heimat verübt habe. Auf der Uracher Steige habe er vor vier oder fünf Jahren einen Bauersmann ermordet und ausgeraubt, desgleichen vor sechs oder sieben Jahren einen Handwerksmann zwischen Nehren und Mössingen, eine Stunde davon an einer Halde, und vor ca. drei Jahren einen Bauersmann beim Rottenburger Wald an der Steige.

Wenn Hans dieser Verbrechen wirklich schuldig war - und für solchen erkannte man ihn - dann hatte er mehrfach das Leben verwirkt; dementsprechend lautete auch das Urteil. Es wurde ihm zugleich gesprochen mit seiner Schwägerin Anna M. von Seekirch, die mit ihm als Hexe eingezogen worden war. Hans, so hieß es im Urteilsspruch, soll auf einen Schlitten gebunden, Anna M. auf einen Karren geschmiedet und beide hinausgeführt werden vor das Hochgericht auf die Steig und Richtstatt, mit unvernünftigen Tieren.

Dort soll Hans auf die Breche gebunden und ihm alle vier Glieder je zweimal gebrochen und abgestoßen werden, dann soll er mit dem Rad gerichtet werden, d. h. in das Rad geflochten werden, das Weib aber soll mit einer Kette an eine Säule gebunden und ihr ein Pulversack an den Hals gehängt werden.

Darauf soll Hans mit seinen zerbrochenen Gliedern zur Frauensperson auf einem Brett in den Rost gesetzt und beide Körper zu Pulver und Asche verbrannt, das Rad, aufgerichtet und erhöht und die Asche vergraben werden. Dieses Urteil wurde nur insoweit gemildert, dass Hans zur Frauensperson auf den Karren geschmiedet und hinausgeführt wurde.

Rädern (1586)

Das Urteil wurde am 8. August 1586 zu Obermarchtal vollstreckt. Die Mutter der hier genannten Anna M., nämlich Anna H. von Seekirch, war bereits vorher als Hexe eingesperrt worden und ist im Gefängnis zu Marchtal gestorben, ehe die Untersuchung stattfinden konnte.

Quelle: Bericht von Pfarrer Theodor Selig (1874-1967) erschienen 1924 in der Riedlinger Zeitung Nr. 256. Freundlicherweise zur Verfügung gestellt von Ferdinand Kramer, Uttenweiler

Eine Geistergeschichte aus alter Zeit

Ein Zeitungsbericht im Originalton aus dem Jahre 1904: Man schrieb das Jahr 1634. Der Schrecken des Krieges durchzog unser Schwabenland; furchtbar wütete die Pest und raffte Hunderte hinweg. Die Folge war, dass die üblichen zahlreichen Wallfahrten zum Grab der seligen Betha in Reute auf einige Zeit unterbrochen wurden. Aber gerade aus dem genannten Jahr ist uns eine seltsame Wallfahrtsgeschichte überliefert, die wir unseren Lesern mitteilen wollen.

Zu Zwiefalten starb die Beamtenwitwe Rosina Reiling, eine Wirtin. Nach ihrem Tode hörte man in der Wirtschaft, die sie bewohnt hatte, ganz besonders in der Wohnstube und im Schlafzimmer, häufig bei Nacht ein Gepolter, das man früher nie bemerkt hatte. Auf dies hin vermuteten die Hausbewohner, der Geist der verstorbenen Frau werde wohl menschliche Hilfe begehren; alle gönnten ihm diese Hilfe, aber niemand wollte sich dazu hergeben.

Als jedoch das Geräusch immer häufiger und auffallender wurde und die Familie in große Unruhe versetzte, bestürmten sie die Jungfrau Maria Felberin von Thalheim, welche mit der Verstorbenen sehr vertraut gewesen und bei ihr in Dienst gestanden war, mit vielen Bitten, sie möchte doch eine Nacht im Hause wachen.

Nach einigem Zögern gab sie nach und entschloss sich, in der Nacht vom 14. auf den 15. October unter Gebet in der Wohnstube zu wachen, um zu erfahren, was für eine Hilfe der Geist wünsche. Sie empfing vorher die hl. Sakramente und begab sich ins Haus. Und siehe, nicht lange dauerte es, da nahm sie zuerst im Schlafraum, hernach in der Stube nahe beim Ofen die Anzeichen eines nahen Geistes wahr.

Sie erhob die Augen und erblickte etwas wie einen Lichtschimmer, fuhr jedoch fort, die Litanei für die Abgestorbene zu beten. Wie sie nun an die Worte kam: „O du Lamm Gottes“ etc., sah sie den Schatten ihrer Herrin nahe bei sich am Tisch stehen, an dem sie selbst saß und vernahm dreimal die Worte: „Fürchte dich nicht, ich bin´s.“

Namenloser Schrecken befiel die Jungfrau; aber sie fasste sich wieder und brachte die Worte heraus: „Ein jeder Geist lobe den Herrn!“ Die Frau antwortete: „Auch ich!“ Jetzt sagte die Magd: „Schreibe doch auf (sie hatte eine Kreide auf den Tisch gelegt) oder sage, was du wünschest, es wird dir geholfen werden so gut als möglich.“ Jene fragte: „Du bist also bereit mir zu helfen?“

Die Jungfrau entgegnete, sie werde tun, was in ihren Kräften stehe. Nun erwiderte der Geist: „So mach denn eine Wallfahrt zur seligen Betha nach Reute und lass das hl. Opfer für mich darbringen, opfere zwei Pfund Wachs und besuche die Kapelle (1624 erbaut) der Seligen zu Waldsee; hierdurch wirst du mir zur Befreiung verhelfen. Zwar leide ich außer dem Ausschluss der Anschauung Gottes keine Qual, aber der göttliche Richter hat das Urteil gesprochen, dass ich bis zum jüngsten Tag sein Angesicht nicht schauen werde, wenn mir niemand helfe! Werde ich nun durch dich oder andere gute Leute von dieser Strafe befreit, so verspreche ich dafür meine Fürbitte bei Gott.“ Sprach´s und verschwand.

Sofort machte sich Maria Felberin mit mehreren Begleiterinnen am 16. October auf den Weg nach Reute. Entsprechend der Bitte der Verstorbenen ließ sie eine hl. Messe zu Reute, eine andere zu Waldsee lesen, opferte das Wachs und ging dann wieder nach Hause.

Als sie auf dem Rückweg mit ihren Begleiterinnen nach Unlingen kam, wo sie einkehrte, merkte sie spät abends, dass etwas Dornenartiges an ihren Kleidern hänge; dann vernahm sie einen Klang und den Ton einer Zymbel bis zum Dorf Zell hin, wo sie, durch einen hellen Lichtstrahl in Schrecken gesetzt, eine Stimme hörte: „Eile schnell, ich bin deine Herrin, der du heute die versprochene Erlösung verschafft hast, hab ewig Dank dafür!“ Besinnungslos stürzte die Jungfrau zu Boden und blieb so lange wie tot am Boden liegen, bis sie sich allmählich erholte und von ihren Begleiterinnen aufgehoben wurde.

Vorstehende Geschichte erzählt der Zwiefalter Benediktinerpater Arsenius Sulger (†1691) und fügt bei, dass Maria Felberin die Wahrheit dieser Sache eidlich bekräftigt hatte.

Quelle: Bericht von Pfarrer Theodor Selig (1874-1967) erschienen im Waldseer Wochenblatt am 10. März 1904

Anmerkungen: Dieser Bericht wirft zwei Fragen auf: Zum einen, was hatte die Wirtin wohl verbrochen, dass der göttliche Richter so hart urteilte und sie von der Gottesschau ausschloss?
Und zum andern, warum stürzte die gehorsame Jungfrau, nachdem sie ihre Herrin erlöst hatte, besinnungslos zu Boden? Ihre Herrin hatte ihr noch unmittelbar davor geraten: „Eile schnell“. Hat hier eine andere Wesenheit ihre Wut an der Jungfrau ausgelassen, nachdem dank dieser die Strafe der Wirtin aufgehoben wurde?

Kinderhexen

Christian Wilhelm, ein Zimmermann aus Au im Bregenzerwald, heiratete am 3. Februar 1664 in Ravensburg Elisabeth Kolb aus Mottlingen. Da das Ehepaar in Ravensburg keine Wohnung fand, zog es nach Engenreute (Gemeinde Bergatreute).

Bis 1676 wurden sieben Kinder geboren, darunter 1669 Katharina und 1673 Maria Anna. Bereits 1677 starb die Mutter der Kinder, und Christian Wilhelm heiratete Anna Maria Schlegler aus Gambach. Engenreute und Gambach gehörten damals wie Bergatreute zur vorderösterreichischen Landvogtei Schwaben. Gerichtsort war Altdorf (Weingarten), Landeshauptstadt war Innsbruck.

Katharina und Maria Anna wurden vermutlich im Juni 1680 der Hexerei angeklagt. Was ihnen genau vorgeworfen wurde, geht aus den vorliegenden Schreiben nicht hervor.

Am 27. Juni 1680 fragten die Beamten der Landvogtei bei ihrer vorgesetzten Behörde in Innsbruck an, was mit den „zwei der Hexerei beschuldigten minderjährigen Töchtern zu geschehen hätte." Von Innsbruck kam die knappe Antwort, sie sollen tun, was „rechtens ist" und was sie „von selbst wissen werden."

In Altdorf wollten die Beamten nun kurzen Prozess machen und fragten am 28. August 1680 in Innsbruck an, ob sie *ad venae sectionem* (zum Venenschnitt) schreiten sollten oder nicht. Die Kinder sollten also in ein warmes Bad gesetzt und durch das Eröffnen einer Vene gerichtet werden.

Doch Innsbruck gab sich mit einer solchen Prozessführung nicht zufrieden. Die Beamten sollten zunächst den Prozess ordentlich führen und ein Urteil verfassen, dieses aber vor dessen Vollstreckung nach Innsbruck schicken.

Auf eine erneute Anfrage aus Altdorf am 6. September 1680 gab Innsbruck die Weisung, einen Rechtsgelehrten beizuziehen, um den Prozess zu führen und das Urteil zu verfassen.

Bereits am 11. September 1680 berichteten dann die Beamten über den formalen Prozess und die vorgesehene Todesstrafe, worauf Innsbruck verfügte: Da die Vollstreckung des Urteils dem Ammann von Altdorf zustehe, soll dieser tun, was rechtens ist, jedoch sollen sie mit der Schöpfung des Urteils über die allzu junge Anna sich nicht überstürzen; auch möchte Innsbruck das von der Universität Ingolstadt eingeholte Rechtsgutachten einsehen und mahnt, den Prozess besser zu führen und die Angeklagten unter Eid zu vernehmen.

Am 18. November 1680 ordnete Innsbruck die Beendigung des Prozesses an. Erst am 20. Februar 1681 waren die Prozessakten wieder in Innsbruck, das nun befahl, beiden „Wilhelminen“ deren Aussagen vorzuhalten, selbige von ihnen bestätigen zu lassen, und alsdann denselben einen Verteidiger zu bestellen. Dann soll das Urteil „wider die unbußfertige Katharina“ von Ammann und Rat von Altdorf den Rechten gemäß gefällt und vollstreckt werden. Was aber die neunjährige Maria betrifft, soll sie sich mühen, „damit sie auf den rechten Weg noch möchte gebracht werden.“

Am 1. August 1681 wurde dann Katharina Wilhelmin wegen Zauberei gerichtet. Sie hat sich „vor dem Tod zu Gott bekehrt und ein glückliches End gefasst“, lautet der Bericht nach Innsbruck.

Innsbruck nahm sich nun der jüngeren Schwester Maria Anna an, die zwar „etwas in besagte Laster inficiert, bisher aber wenig Übles vollbracht habe“. Sie wurde frommen Leuten zur Erziehung übergeben, „damit sie von aller Zauberei“ gefeit werde.

Ein Geistlicher soll das Kind öfters besuchen und es mit geistlichen Mitteln, eifrigem Gebet, durch Predigt und Kinderlehre vom Gift des bösen Feindes befreien, durch die Hilfe des Allerhöchsten.

Am 5. März 1682 konnten die Beamten nach Innsbruck berichten, wie das Kind Maria Wilhelm zwei Eheleuten zu guter Obhut und Besserung übergeben worden sei. Dafür werde diesen wöchentlich ein Taler gereicht. Nach drei Jahren waren den Beamten in Innsbruck die Kosten für das bei den Eheleuten „eingedingte Mädel“ doch zu hoch und die Zahlung wurde eingestellt.

Hiermit endet der Fall. Weiteres ist nicht bekannt.

Quelle: Adalbert Nagel : „Geschichte der Pfarrei Bergatreute“, unveröffentlichtes Manuskript, ca. 1975.

Das Johannisläuten

Von etwa 1639 - 1784 wurden in Bergatreute in der Johannisnacht, vom 23. zum 24. Juni, im Kirchturm alle Glocken die ganze Nacht hindurch geläutet.

Dies sollte die bösen Geister vertreiben, die Hexen und die Teufel, die nach altem Aberglauben in dieser Nacht ganz besonders unterwegs sind, um Unheil anzustiften. Den Leuten wurde befohlen, alle Luken an den Hauswänden in dieser Nacht zu verstopfen. Außer in Bergatreute ist dieser Brauch noch in Rottenburg bezeugt.

Die Marienglocke von 1761, die noch heute im Bergatreuter Kirchturm hängt, kam damals beim Johannisläuten ebenfalls zum Einsatz

Quelle: Adalbert Nagel : „Geschichte der Pfarrei Bergatreute", unveröffentlichtes Manuskript, um 1975.

Anmerkung zum Johannisläuten: Manfred Tschaikner berichtet in seinem Buch: Magie und Hexerei im südlichen Vorarlberg zu Beginn der Neuzeit, ab Seite 226 Folgendes:

„Ein bezeichnender Ausdruck für die große Angst vor den Hexen, der gerade für die Mitte des 17. Jh. in der Stadt Bludenz bezeugte Brauch, am newen und am alten mays abent die Dämonen abwehrenden Glocken zu läuten, und zwar durch sechs vom Stadtrat bezahlte Personen den ganzen Abend lang.

Auf den Maienabend (30. April) folgte nämlich die gefürchtete Walpurgisnacht, vor der auch andernorts vorbeugend mit allen Glocken geläutet wurde, weil die Hexen in dieser Nacht nach allgemeinem Glauben in besonderer Weise ihr Unwesen trieben. [...]. Zu der Zeit der »grooß Häxatöödi« fürchteten sich die Bludenzer auch vor den Hexen aus dem benachbarten Prättigau so sehr, dass sie die bannende Wirkung der Kirchenglocken zusätzlich am alten Maienabend (11. Mai) einsetzten, auf den die Walpurgisnacht der Reformierten folgte, welche die gregorianische Kalenderreform von 1582 nicht nachvollzogen hatten."

Weiter beschreibt er „Während das Hexenläuten in Bludenz gegen Ende des 17. Jh. außer Gebrauch kam, wurde es in Salzburg, wo man übrigens schon 1623 auf Anordnung von Fürstbischof Paris Lodron in der Johannisnacht (23. auf 24. Juni) vom Abend bis zum Morgen durchläutete, erst 1782 abgeschafft."

Der abergläubische Abt

Am 4. Juni 1685 ist der Schussenrieder Abt Tiberius Mangold mit dem Steinhauser Kreuz von Hagnaufurt aus nach Reute zur guten Beth „Wallfahren gegangen". Auf dem Rückweg geriet der Bittgang, wie der Abt schreibt: „in ein starkes Wetter mit Hagelschlossen in der Größe von Baumnüssen, deren eine ich erdabt, welche gewesen ist wie ein Gesicht, welches die Stirnen, Nasen, Augen, Mund, Kün (Kinn), und auch Har, doch nur aus dem Stein, nit natürlich Har, mit einem Wort, alle Zeichen eines Hauptes deutlich gehabt. Auf dem Haupt waren zway recht wohl formierte Bockh Horn."

So weit die Geschichte um den abergläubischen Schussenrieder Abt Tiberius Mangold. Wer hätte gedacht, dass diese Geschichte nach 291 Jahren eine Fortsetzung erfährt? Lesen Sie weiter auf Seite 248.

Quelle: Adalbert Nagel : „Geschichte der Pfarrei Bergatreute", unveröffentlichtes Manuskript, um 1975.

Rundumschutz auf dem Dach

Von „Feierabendziegeln“, davon hat der eine oder andere vielleicht schon einmal gehört. Es handelt sich dabei um individuell gestaltete Dachplatten-Einzelstücke, die manchmal Jahrhunderte auf einem Dach mehr oder weniger gut erhalten überdauert haben. Heute werden solche Unikate gesammelt und es wird vielfach versucht, deren Motive und Gestaltungen unter volkskundlichen Aspekten zu interpretieren.

Wenn man bedenkt, dass ein Ziegler in früheren Zeiten 800 -1000 Ziegel pro Tag von Hand hergestellt hat, ist verständlich, dass er nicht auch noch die Zeit hatte, jeden einzelnen schön zu verzieren. Deshalb haben viele Ziegler den letzten Ziegel vor Feierabend, eben den „Feierabendziegel“, besonders gestaltet. Beinahe künstlerisch muten manche Stücke an.

Mit allerhand Sprüchen, Ornamenten, Jahreszahlen, Namen oder Initialen und teilweise auch mit kleinen geheimen Botschaften, einer Liebeserklärung an die „Zukünftige“ vielleicht. Im Laufe der Jahrhunderte sind diese Feierabendziegel auch einer gewissen Mode gefolgt, haben sich verändert, neue Motive kamen hinzu.

Obwohl der Begriff „Feierabendziegel“ als der letzte Ziegel eines Werktages zu einem festen Begriff geworden ist, so bedarf er doch einer deutlichen Einschränkung: Nur von wenigen Ziegeln wissen wir durch den eingeritzten Text genau, dass es Feierabendziegel sind.

Dachziegel, besonders solche, die einen Abwehrzauber bewirken sollten, könnten vom Bauherrn in Auftrag gegeben worden sein. D.h., dass der Ziegler diese Ziegel während der üblichen Arbeitszeit angefertigt hat.

Solche Dachplatten sind zwar ebenfalls gestaltet, allerdings nicht zur Verzierung, sondern zum Schutz. Magische

Zeichen, Bilder und Symbole sollten das Haus und dessen Bewohner nicht nur vor Blitz, Hagel und Ungewitter schützen, sondern auch vor Hexen, Dämonen, bösen Geistern und diversen anderen Unholden. Diese, so vermutete man, sind in der Luft herumgeflogen und haben ausgespäht, wo sie Unheil stiften und Schaden anrichten könnten. Wenn sie auf einem Dach solche magischen Zeichen wahrgenommen haben, konnten sie diesem Haus und dessen Bewohnern nicht so leicht einen Schaden anzaubern und sind zum Nachbarn weitergeflogen …

Und durch zusätzliche diverse Fruchtbarkeitssymbole wurde dieser Haus- und Hof-Rundumschutz vervollständigt.

*

Nachfolgend einige Deutungsversuche häufig vorkommender Symbole und Zeichen:

Ein Kreuz und ein IHS kann man als allgemeines Schutz- und Segenszeichen ansehen. Das Christusmonogramm IHS wird im Volksmund allgemein als „Jesus-Heiland-Seligmacher“ gedeutet. Dabei handelt es sich um die drei ersten Buchstaben des griechischen Wortes IHS[OUS] = JES[US].

Ein Caravaca-Kreuz (Kreuz mit zwei Querbalken) gilt als Blitzbann und ein Andreaskreuz als Feuerbann.

Die Sonne gilt als Lebenssymbol, auch als Halb- oder Viertelsonne (weniger als eine Viertelsonne stellt angeblich einen Hexenbesen dar und soll diese vertreiben).

Die Raute ist weibliches Sexualsymbol und somit ein Zaubermittel, welches der unter diesem Ziegel(-dach) lebenden Frau Fruchtbarkeit (Kindersegen) bescheren soll.

Zick-zack- und Schlangenlinien werden als männliches Sexual und Fruchtbarkeitssymbol angesehen. Wie das Andreaskreuz begegnet uns die Raute auch oft am oberschwäbischen Fachwerkbau.

Viele verstreute Punkte sollen die Schrättele vertreiben. Ein „Blecker“ dagegen soll die bösen Geister bannen und der Tod (dargestellt als Skelett mit Sense) soll genau diesen fernhalten.

Es finden sich noch viele andere Zeichen auf alten Platten, über deren Sinn man heute nur noch mutmaßen kann. Oft kommen mehrere Symbole miteinander kombiniert vor.

Zu sehen sind solche besonderen Ziegel beispielsweise „Beim Josl - Denkmal, Kneipe und Café“ in Bad Waldsee, in Wilhelmsdorf im „Museum für bäuerliches Handwerk und Kultur“ von Sepp Schelshorn, oder in den Heimatmuseen in Ratzenried und Wangen

Quellen: Michael Barczyk, Magische Zeichen, in Schönes Schwaben, 3/2010 (Silberburg Verlag); „von erd bin ich gemacht“, Hrg. Badisches Landesmuseum, Dr. Wolfram Metzger; Info Verlag 1990

Eine rätselhafte Ritzzeichnung auf einer Dachplatte (Heimatmuseum Ratzenried)

← Halbsonnen, Kreuze, Rauten, Hexenbesen, und ein IHS-Symbol (Museum von Sepp Schelshorn, Wilhelmsdorf)

Diese Sterne bestehen jeweils aus einem Kreuz, gekreuzt mit einem Andreasskreuz. Kombiniert mit Rauten und in jeder Ecke eine Viertelsonne. → (Museum von Sepp Schelshorn, Wilhelmsdorf)

Ritzzeichnung eines Skeletts mit Krone und Sense „der Tod“ ➔
(Museum von Sepp Schelshorn, Wilhelmsdorf)

← Zwei Blecker bzw. Neid- oder Schreckköpfe
(Heimatmuseum Wangen)

Von Reliquien, Wallfahrten und vielen bösen Geistern ...

Auf Umwegen ist 1686 ein wundertätiges Gnadenbild nach Bergatreute gekommen. Bereits 1494 hatte in Re in Oberitalien ein Frevler mit einem Steinwurf eine gemalte Muttergottes an der Stirn getroffen. Daraufhin hat dieses Bild geblutet, ein anerkanntes Wunder. Re ist noch heute ein vielbesuchter Wallfahrtsort.

Viele Menschen aus dieser damals sehr armen Region wanderten aus. Nach Österreich, Böhmen, Ungarn usw. Als Andenken von daheim nahmen sie vielfach eine Kopie dieses wundertätigen Bildes mit, als Andenken und Schutz gleichermaßen.

So gelangte auch eine Kopie des Bildes ins damalige Böhmen, nach Klattau (heute Klatovy, etwa 30 km südlich von Pilsen). Und dort wiederholte sich 1685 das Blutwunder, ebenfalls ein anerkanntes Wunder. Auch Klattau ist bis heute das Ziel vieler Pilger.

In Oberschwaben gab es zu dieser Zeit nach dem 30-jährigen Krieg bereits viele Wallfahrten, und es kamen ständig neue hinzu. Allein im Gebiet des heutigen Kreises Ravensburg gibt es beispielsweise drei Wallfahrtsorte mit Heilig-Blut-Reliquien: Weingarten (seit 1094), Weißenau (seit 1283) und Bad Wurzach (seit 1764).

In Reute (bei Bad Waldsee) sind die sterblichen Überbleibsel der seligen guten Beth, der Patronin Oberschwabens, als Ganzkörperreliquie seit 1420 erhalten und in Berkheim bereits seit 1230 der heilige Willebold, der Schutzpatron des Illertals.

In Rötsee befindet sich die Grablege des seligen Ratperonius aus dem 10. Jh. und in Waldburg die des seligen Habnit, eines Volksheiligen, der im 15. Jh. gelebt hat. Allesamt verehrungswürdige Wallfahrtstätten.

Die Verehrung von Märtyrern, bereits seit frühchristlichen Zeiten, entbrannte im mittelalterlichen Reliquienkult neu. Seinen Höhepunkt erreicht er aber im 17.- und 18.- Jahrhundert.

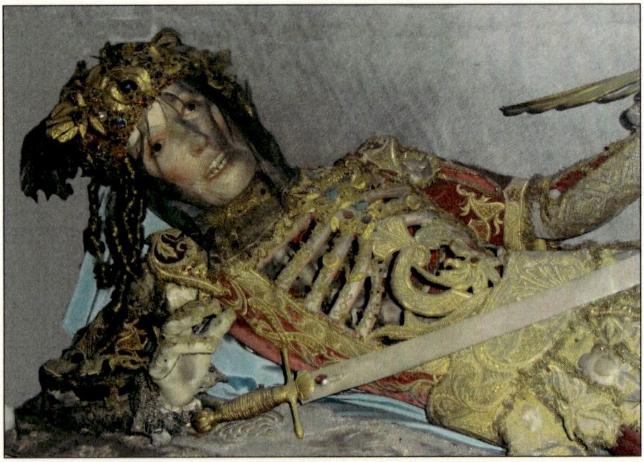

Katakombenheiliger Donatus in Baindt

Katakombenheiliger Saturnius in Weißenau

Als ein Erdrutsch in einem römischen Weinberg Katakomben freigelegt hatte, hielt man die Totengebeine dieser unterirdischen Begräbnisstätten für lauter Märtyrer. Und nach kanonischem Recht sind alle Märtyrer automatisch heilig. Und auf einmal entbrannte vielerorts der Wunsch, solch einen „heiligen Leib“ auch in der eigenen Kirche zu verehren. Vor allem den Klöstern lag viel daran.

Trotz Vorbehalten der Kurie, d.h. der päpstlichen Verwaltung, wurden oft auf Umwegen und durch Beziehungen heilige Gebeine aus Rom herbeigeschafft. In Frauenklöstern, wie beispielsweise in Baindt, wurden aus diesen Knochen wieder komplette Skelette rekonstruiert. Fehlende Teile wurden dabei ersetzt.

Danach wurde der Heilige Leib gefasst. D.h. in prächtige Kleider gehüllt und meist liegend, manchmal auch sitzend oder stehend in Position gebracht und im Triumphzug unter Beteiligung der Bevölkerung in die entsprechende Kirche überführt.

Als erster Heiliger Leib gelangten 1613 die angeblichen Reliquien des Hauptmann Longinus nach Oberschwaben, ins Kloster Weingarten. (Ob es sich bei diesen „Heiligen“ wirklich um heilige Märtyrer, bzw. überhaupt um einen Christen gehandelt hat, ist nicht sichergestellt).

Darauf folgten Ochsenhausen (1624 Innozenz & Emerentia), Schussenried (1651 Vincenz), Weißenau (1665 Saturnius), Gutenzell (1698 Justina). Im 18. Jahrhundert mehrten sich die Reliquienüberführungen, und Oberschwaben wurde von Heiligen Leibern regelrecht überschwemmt.

Zu dieser Flut von Heiligen kamen beinahe unzählige andere verehrungswürdige heilige Gegenstände, die schon immer da waren: Heilige Kreuze, Kreuzpartikel, Christusfiguren, Madonnen, Pietas, Bilder u.v.a.m.

Diese Beispiele nur, um aufzuzeigen, wie es damals von Wallfahrtsorten wimmelte. Beinahe jedes Käppele hatte seine eigene Wallfahrt.

Katakombenheiliger
Renatus in Rot

Katakombenheilige
Christina in Gutenzell

Doch zurück nach Bergatreute. Der Bergatreuter Pfarrer hätte damals wohl auch gerne eine eigene Wallfahrt gehabt. Allerdings wäre dazu das Grab eines heiligen Menschen, eine Erscheinung, ein wundertätiger heiliger Gegenstand oder irgendeine Reliquie notwendig gewesen.

Nun kam der Zufall ins Spiel - oder eine göttliche Fügung - je nach Blickwinkel des Betrachters. Denn der damalige Bergatreuter Pfarrer Mietinger war mit dem Bürgermeister von Klattau verschwägert.

Mietinger, dem das Klattauer Blutwunder zu Ohren gekommen war, bat daraufhin seinen Schwager, ihm eine Kopie des Wunderbildes zukommen zu lassen. Und siehe da, ein Jahr später ist diese Kopie in Bergatreute eingetroffen. Diese Kopie war „in ihrer Gänze" mit dem Original in Klattau berührt worden, damit dessen Wunderkraft darauf überging. Es handelt sich also um eine Reliquie dritter Klasse, eine Berührungsreliquie.

Bei Reliquien erster Klasse handelt es sich um Körperteile von Heiligen (Knochen, Haare, Blut, etc.). Reliquien zweiter Klasse sind echte Berührungsreliquien, also Gegenstände, die Jesus oder ein heiliger Mensch tatsächlich berührt hat (Sandalen Jesu, heiliger Rock, Turiner Grabtuch, Kreuzpartikel, Gürtel Mariens, u.v.a.m.). Eine andere Klassifizierung der Reliquien unterscheidet nach: I. Biblischen-, II. Heiligen- und III. Berührungsreliquien (echte und unechte).

Auf jeden Fall hat die Ankunft dieses Bildes 1686 in Bergatreute sofort hilfesuchende Gläubige angelockt und eine Wallfahrt ausgelöst. Pfarrer Mietinger führte von Anfang an ein „Mirakelbuch", in welchem er „Guttaten" die den Wallfahrern zuteil wurden, notierte (dieses Mirakelbuch ist erhalten).

Als Beispiele einige „Wunderheilungen" und „Gebetserhörungen": Unfall ohne Schaden, Beseitigung von Kopfschmerz, Ohrschmerz, eines Fußleidens, einer Bauchschwellung, Schmerzen im Finger, im Arm und im Knie, glückliche Nabelverheilung eines Säuglings, spätes Gehenlernen eines Kindes. Auch Tieren sollte geholfen werden: Bei einem kranken und einem blinden Pferd sowie bei einer Viehseuche wurde Maria vom Blut angerufen.

Sogar in recht ungewöhnlichen Anliegen wurde geholfen, so bekam ein Ausgeraubter sein Geld wieder zurück.

In einem gesonderten Kapitel wurden einige besondere Heilungsfälle festgehalten. Überschrieben hat Mietinger dieses Kapitel wie folgt:

„Nun hernach Waß Mercks vnd Glaubwürdiges ahn denen Betrüebt Personen allhier zu Bergatrüte geschehen [...] Mit „Betrüebte Personen" sind Besessene gemeint.

Insgesamt sind 17 Fälle aufgeführt. Von „Böser Geist - geheilt", über „Viele böse Geister - geheilt", bis zu „10 Millionen und 1500 böse Geister (bei einer Person) - geheilt" reicht die Palette.

„Viele böse Geister" werden dieser Besessenen gerade ausgetrieben (Deckenfresko in der Kirche in Maria Steinbach, retuschiert)

Lediglich in einem Fall heißt es „Viele böse Geister, aber nit ganz entledigt". Alle anderen wurden geheilt.

Ausführlich ist ein Bericht über die Heilung der besessenen Walburga Steinheubler von Lechbruck (1686). Sieben Jahre zuvor hatte diese alle möglichen Gnadenorte aufgesucht. „Zunächst verbrachte sie vier Jahre in Wertach; dann pilgerte sie von Wallfahrt zu Wallfahrt. Sie kam nach Köln, Schönfeld, Heiligkreuztal, Beißenwangen, St. Leonhardt, Heiligenberg (Andechs), Benediktbeuren, Ettal, Einsiedeln, Mühlheim, Kaltenbrunnen, Ingingen, Stams, Imst, Auersberg, Schießen, und Erolzheim".

„Aus dieser Person habe der Geist gesagt, ehe sie auf das Lechfeld gekommen, diese Kreatur müsse zu einer noch unbekannten Wallfahrt, Bergatreute genannt, alldort werde sie Gnade finden. So sei sie jetzt gekommen, obwohl sie von diesem Ort noch nie gehört habe. Im Gnadenhaus Gottes (Kirche in Bergatreute) sei sie heftig geplagt worden".

Doch: „Nach einer Stund ohngefahr waren viel Malefiz durch eine unreine Materie von ihr ausgebrochen, und zugleich 225 der bösen Geister am selben Tag außgefahren. Andern Tags aber unter der heyl. Meß, [...] die übrigen 33 Geister sie auch völlig verlasßen." Dies hat der böse Geist selbst ausgesagt.

Sie konnte als geheilt ihren Heimweg antreten. Nach einem Jahr wurde ihr dies in Benediktbeuren attestiert. Damit war die Sache „wiederumb bewissen und bekräfftiget". 1694 ist in einem anderen Fall, Maria Schwörberger aus Bußmannshausen, „ein Mägdlein von 10 Jahren", im Beisein ihrer Mutter „durch die Trösterin aller Betrübten" von 10 Millionen und 1500 bösen Geistern (nach Aussage des bösen Geistes) „ganz und gar entledigt worden".

Originalton von Pater Adalbert Nagel zu diesen Vorkommnissen: „Wir können heute nur ahnen, wie die damalige Zeit sich mit den bösen Geistern beschäftigte. Mangelnde religiöse Unterweisung ließ manche der Macht des Bösen verfallen. Auch trug mangelnde Kenntnis natürlicher Vorgänge zum Glauben an böse Geister bei. Noch heute ist es schwer, seelische Erkrankungen von wahrer Besessenheit zu unterscheiden.“

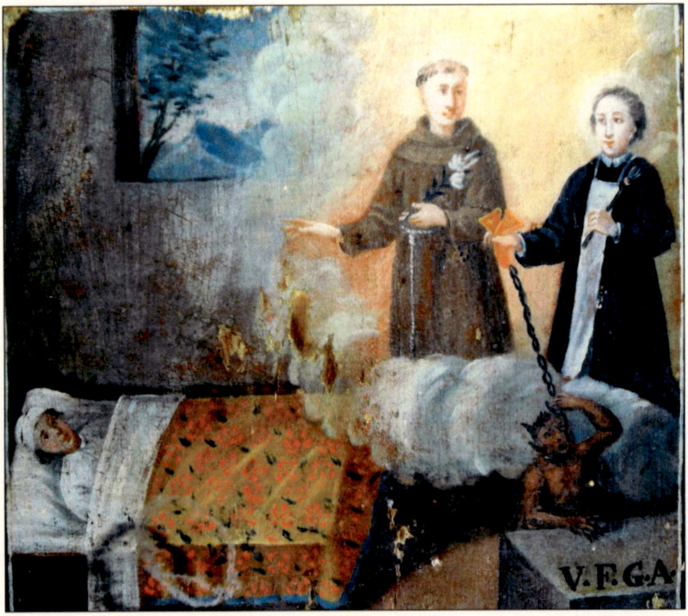

Auf dieser Votivtafel im Steinhauser Wallfahrtsmuseum sind neben einem im Bett liegenden Kranken ein Franziskaner und ein Augustiner Chorherr, auf einer Wolke schwebend, zu sehen, die einen Teufel an die Kette gelegt haben.

Die Herkunft der Tafel ist nicht bekannt, sie könnte aber mit Waldsee in Verbindung gebracht werden, da es dort sowohl ein Franziskanerkloster als auch ein Augustinerchorherrenstift gegeben hat.

Quellen: Adalbert Nagel: Geschichte der Pfarrei Bergatreute, unveröffentlichtes Manuskript, etwa 1975. Reinhard Kallsen: Volksfrömmigkeit in Bergatreute (Zulassungsarbeit Pädag. Hochschule Weingarten), 1969. Zu Fuss zu Pferd ... - Wallfahrten im Kreis Ravensburg, Katalog zur Ausstellung im Kloster Weingarten 1990.

Verbotene Wunder

Neben dem üblichen Wallfahrtsbetrieb in Bergatreute wurden ab 1688 tot geborene und ungetauft verstorbene Kinder zur Taufe gebracht. Dies scheint für uns heutige Menschen mehr als verwunderlich zu sein.

Aber Kirchenlehrer Augustinus (354-430) hat die Lehre von der Erbsünde formuliert. Und er hielt es für ausgeschlossen, dass ungetauft verstorbene Kinder ins Paradies eingehen können, da sie ja von der Erbsünde behaftet seien.

Diese Lehre, wonach die Seelen dieser armen Kinder in der Hölle landeten, wurde im Mittelalter abgemildert. Sie kamen zwar noch immer in die Hölle, allerdings nur an deren Rand, genannt Vorhölle oder *limbus puerorum*. Diese Kinder erlitten dort keine Sinnesstrafen, sondern „[...] existieren in einer natürlichen Glückseligkeit, sind aber von der Anschauung Gottes ausgeschlossen [...]".

In der Vorstellung des „normalen Volkes" war dieser *limbus puerorum* allerdings eine Katastrophe! Besonders für die betroffenen Eltern war es schwer zu ertragen, dass die Seelen ihrer Kinder nicht in den Himmel gelangen konnten, ja, nicht einmal in geweihter Erde begraben werden durften, sondern außerhalb des Friedhofs verscharrt wurden!

1673 bezeichnet der Wiener Augustinerpater Abraham a Sancta Clara, die (getauft) verstorbenen Kinder als: „[...] unschuldige Engele, Patrone und Fürsprecher ihrer Eltern, für die sie bis in alle Ewigkeit vor dem Thron Gottes bitten würden. So manche Mutter hätte nur aufgrund der unschuldigen Kindlein die Seligkeit erreicht".

*

Um den Tod eines Kindes möglichst zu verhindern, bevor es getauft werden konnte, wurden schon früh verschiedene Maßnahmen ergriffen:

Die Nottaufe, die jeder gläubige Christ spenden darf, eine „Bedingungstaufe“, die, wenn das Kind überlebte, sicherheitshalber vom Pfarrer mit der Formel „wenn du noch nicht getauft bist …“ wiederholt wurde.

Eine hohe Kindersterblichkeit war in früheren Jahrhunderten nicht ungewöhnlich (bis 70%). Im Füssener Totentanz von 1602 hat „Der Tod und das Kind“ eine eigene Tafel innerhalb von 20 gesellschaftlichen Ständen erhalten (Kleinkind in der Wiege, größeres Kind mit Steckenpferd).

War bereits während der Geburt absehbar, dass es zu lebensgefährlichen Komplikationen kommen könnte, wurde das Kind bereits im Mutterleib, mittels einer speziellen, in die Gebärmutter eingeführten, mit Weihwasser gefüllten Taufspritze getauft (intrauterinische Taufe).

Schon lange vor dem Kaiserschnitt wurde toten Müttern das Kind aus dem Leib geschnitten, damit es noch getauft werden konnte, bevor es starb, um ihm damit wenigstens den Himmel zu sichern.

Allerdings konnten alle diese Maßnahmen nicht verhindern, dass bei der damals sehr hohen Kindersterblichkeit viele Kinder ungetauft gestorben sind.

Um trotzdem zu verhindern, dass die Seelen dieser armen Kinder in den Limbus „abdrifteten", entwickelte sich bereits seit dem 15. Jh. in fast allen Regionen Europas der volksreligiöse Brauch, solche Kinder mittels der Fürbitten der Gottesmutter oder besonderer Heiliger für kurze Zeit zu erwecken (man erwartete ein Lebens-„Zeichen"), um ihnen das Taufsakrament spenden zu können.

Ab dem 17. und vor allem dem 18. Jh. überzog ein dichtes Netz mit Hunderten von Wallfahrtsstätten allein den deutsch- und französischsprachigen Raum sowie die angrenzenden Regionen. Dabei wird heute unterschieden, ob in den Wallfahrtsorten nur gelegentlich solche Taufen vorgenommen wurden, oder ob dies der Hauptzweck der jeweiligen Wallfahrt war.

Nach Oberschwaben schwappte diese „Taufwelle" erst relativ spät, nach dem 30-jährigen Krieg. Vorher wurden solche toten Kinder vereinzelt nach Imst (in Nordtirol) zur Taufe getragen (beispielsweise 1686 aus Baindt).
Drei „Taufzentren" kristallisierten sich in Oberschwaben schnell heraus, nämlich:

➢ Das Prämonstratenserkloster Ursberg (bei Krumbach), ab September 1686. Ihren Anfang nahmen diese Taufen in Ursberg nach einer Wallfahrt zweier Männer aus Balzhausen nach Spinges (bei Mühlheim/Brixen in Südtirol) im Sommer 1686 und einer „Weissagung" des dortigen Pfarrers bezüglich des Ursberger Kreuzes (in der Quelle wird nicht näher auf diese Weissagung eingegangen).

Am 8. September zeigte (nach vier Gebetstagen) ein tot geborenes Kind aus Zaisertshofen vor dem „alten Kreuz" in der Feldkapelle „kleine Zeichen" und wurde daraufhin bedingt getauft.

Pilger vor dem wundertätigen Kreuz in der Klosterkirche Ursberg. U.a. zwei Frauen mit ihren Kindern. Ausschnitt aus einem Chorfresko in Ursberg (1776, Jakob Fröschle)

Infolgedessen ließ der Abt am 28. Oktober die „alte Kreuzigungsgruppe" wieder in die Klosterkirche übertragen und auf dem neuen Kreuzaltar aufstellen.

Zu Füßen des Kreuzes wurde die in sitzender Haltung gefasste Reliquie des hl. Prosper angebracht. Dieser ursprünglich aus Rom stammende Katakombenheilige war infolge einer Schenkung bereits am 17. Oktober 1686 feierlich von Mindelzell nach Ursberg überführt worden.

In Ursberg wurde offensichtlich beinahe wie am Fließband getauft: Allein von 1686 bis 1720 sollen über 24 000 Taufen gespendet worden sein, das wären jedes Jahr etwa 700 gewesen! Kann diese Zahl stimmen? Laut einem zeitgenössischen Bericht wurden Kinder bis aus Bayern, Österreich und Böhmen zur bedingten Taufe gebracht.

➢ Nach Erolzheim war in der zweiten Hälfte des 17. Jahrhunderts eine Kopie des Gnadenbildes *salus populi romani* aus der Basilika S. Maria maggiore gekommen. Dieses Bild hatte ein Mitglied der Herrschaftsfamilie von Bemmelberg von einer Romwallfahrt mitgebracht und der Pfarrgemeinde geschenkt. Das Bild wurde auf dem Hochaltar aufgestellt und war sofort „Gegenstand großer Verehrung".

1894 wurden auf der Pfarrhofbühne in Erolzheim einige Schriftstücke gefunden, die von der Taufe tot geborener Kinder Zeugnis geben. Aus dem ersten Schriftstück, einem Brief vom 1. März 1688, geht hervor, dass dem Generalvikar in Konstanz „über die nachträglichen Taufen von vor der Geburt verstorbener, ungetaufter Kinder, welche daselbst [in Erolzheim] in vorbezeichneter Weise vorgenommen wurden und wobei auch Missbräuche vorgekommen sein mögen, nach einer Pfarrvisitation Bericht erstattet worden war".

Weiter heißt es, dass man über diese Vorkommnisse „eine Aufklärung, die Hand und Fuß hat", wünsche. Außerdem gab man den „gemessenen Befehl", beeidigte Augenzeugenberichte nach Konstanz zu schicken.

Darauf folgen die Berichte von 23 Augenzeugen. Nur eine Aussage ist datiert, die des dritten Zeugen vom Februar 1688. Also wurde vermutlich kurz zuvor mit dieser Taufpraxis begonnen.

Wie viele Taufen insgesamt vorgenommen wurden, ist nicht bekannt. Eine ungefähre Vorstellung ergibt sich aus einem Schreiben von 1691, in dem von Erolzheim nach Ruderatshofen bei Marktoberdorf gemeldet wurde, dass das von dort nach Erolzheim getragene Kind der 493. Fall gewesen sei. Eine beachtliche Zahl! Pro Jahr wären dies über 120 Taufen gewesen.

➢ In Bergatreute erfahren wir von den ersten vier Taufen tot geborener Kinder aus einem Protokoll über die „Wunderheilungen unter Pfarrer Mietinger“ vom 19. Juli 1688. In diesem Protokoll geht es um die insgesamt erfolgten „Guttaten“ seit Beginn der Wallfahrt 1686 zu „Maria vom Blut“.

Wie war Pfarrer Mietinger wohl darauf gekommen, praktisch von „heute auf morgen“ tot geborene Kinder in Bergatreute zu taufen?

Denkbar ist, dass er von Erolzheim und Ursberg gehört hatte, denn auch in Bergatreute wurden diese Kinder als „unfröhliche Kinder“ bezeichnet. An den meisten anderen Tauforten wurden sie nämlich Zeichenkinder genannt. Außerdem war ihm vermutlich auch bekannt, dass das eine oder andere Kind aus einer Nachbarpfarrei zur „bedingten Taufe“ nach Imst in Tirol getragen worden war.

Auf jeden Fall stellten diese Taufen für den erst 1686 gegründeten Marienwallfahrtsort ein sicher willkommenes Alleinstellungsmerkmal in der Region dar. Nach Erolzheim sind es immerhin ca. 45 km, nach Ursberg ca. 85 km und bis nach Imst sogar 160 km.

1688 wurden bereits 69 „unfröhliche Kinder“ in Bergatreute getauft. Im gleichen Jahr wurde dem bischöflichen

Ordinariat in Konstanz Meldung von den „geschehenen Mirakeln (Wundern)“ gemacht. 1689 wurde schon 250 Kindern diese „bedingte Taufe“ gespendet. Und so ging es weiter, bis einschließlich 1697 waren es über 2000 Kinder.

Mütter mit ihren toten Kindern am Altar. Ausschnitt aus einem Chorfresko in Bergatreute (1730, Johann Georg Schall)

Eine Zwischenbemerkung im Mirakelbuch (1693) lautet: „Zu schweigen ganz der anderen vielen (der)gleichen (Kinder), so die sonderbare Gnad undt sonderliche Zeichen erhalten haben“. Wie diese Bemerkung andeutet, wurden vielleicht gar nicht alle Taufen schriftlich erfasst. Dann wären es wesentlich mehr als die über 2000 dokumentierten gewesen.

Der Großteil der Wallfahrer kam aus einem Radius von etwa 50 - 60 km im Norden, Westen und Süden, vereinzelt auch deutlich darüber hinaus. Aus dem Osten nur bis etwa 20 - 25 km Entfernung, denn weiter westlich begann bereits das Einzugsgebiet von Erolzheim und Ursberg.

*

Wie muss man sich den Ablauf solcher Taufen vorstellen? Da in der Vergangenheit schon vielfach „Mirakelbücher“ solcher Wallfahrtsorte ausgewertet wurden, ist ersichtlich, dass mit relativ geringen Abweichungen solche „Wunder“ und die daraufhin gespendeten Taufen meist recht ähnlich abgelaufen sind.

Am jeweiligen Wallfahrtsort erwartete man von diesen toten Kindern ein „Zeichen“, ein Lebenszeichen, eine minimale „Wiederbelebung“, welche zu einer sofortigen Taufe führte. Nach diesem meist sehr kurzen Zeichen „verstarben“ die Kinder sofort wieder.

Auffallend ist in diesem Zusammenhang, dass nicht nur Kinder gebracht wurden, die erst seit kurzer Zeit tot waren, sondern auch Kinder, die teilweise schon wochenlang begraben gewesen waren!

Im April 1691 beispielsweise wurde ein Kind aus Starzlen bei Hechingen nach Bergatreute gebracht. Dort zeigte es sich „schön rot bezeichnet“ und wurde getauft. Dieses Kind war bereits am 21. Februar tot geboren und begraben worden. Am 18. April wurde es wieder ausgegraben.

Und im April 1693 wurde ein Kind aus Binzdorf (?) gebracht, welches bereits seit sieben Tagen begraben gewesen war. In Bergatreute zeigte es sich „mit roten Wangen und vorgeschossenen Äderlein begabt“ und wurde daraufhin getauft.

*

Das *signum vitae*, das Zeichen des Lebens: Was wurde von den Verantwortlichen der Wallfahrtsorte nun als Lebenszeichen erwartet bzw. akzeptiert?

Mirakelfresko in Maria Steinbach: Ein tot geglaubtes Neugeborenes hatte nach der Geburt mehrere Stunden nicht reagiert. Ohne Erfolg wurde mit einer Kerze seine Schmerzempfindlichkeit getestet. Als die Mutter verspricht, vor dem Gnadenbild eine Messe lesen zu lassen, reagiert das Kind und kann zumindest notgetauft werden. Rechts im Bild der herbeigeeilte Pfarrer. Streng genommen handelt es sich nicht um ein „Zeichenkind“, da es nach der Taufe nicht sofort wieder starb, sondern noch 11 Tage lebte. (1752, Franz Georg Hermann)

Farbveränderungen der Haut, ein als auffallend empfundener Wechsel der Körperfarbe zu einem rötlichen/rosigen Aussehen. Auch nur Röte im Gesicht, an einem Arm, Bein oder Verfärbung der Lippen. Zu diesen Farbveränderungen zählten auch „hervorgeschossene Adern“; Bewegungen der Gliedmaßen, der Finger, des Kopfes, Öffnen eines Auges, Bewegung der Pupille, Öffnen und Schließen des Mundes;

Absonderungen wie Schweiß, Blut aus Nase, Mund, Ohren oder Nabel, Tränen aus den Augen, Schaum aus dem Mund; Weichheit oder Beweglichkeit des Körpers (glimpfig /gleichig, d.h., der Körper wurde gelenkig/beweglich).

Auch das plötzliche Aufhören des Leichengeruches und allgemein nicht näher beschriebene „schöne Lebenszeichen" wurden positiv gewertet. In einigen Fällen sind auch mehrere Lebenszeichen gleichzeitig aufgetreten.

*

Nach der Ankunft am Wallfahrtsort wurde das Kind vor dem Wallfahrtsheiligtum „ausgesetzt", d.h. auf einen hölzernen Tisch (Ursberg) oder ein Kästlein (Bergatreute) neben oder vor dem dafür vorgesehenen Altar gelegt. Danach wurde gewartet, gebetet und beobachtet.

Nicht nur die Familienangehörigen des Kindes haben gebetet; gegen Bezahlung konnten auch Frauen aus dem jeweiligen Wallfahrtsort als zusätzliche Beterinnen engagiert werden. Nicht selten wurde stunden-, ja tagelang auf das Wunder, ein Lebens-Zeichen, gewartet.

Zumindest teilweise scheint man dem erwarteten Wunder ein wenig auf die Sprünge geholfen zu haben. Bei einigen Wallfahrtsorten geht aus den Berichten hervor, dass man natürliche Wiederbelebungsversuche an den Kinderleichen vorgenommen hatte. Sie wurden massiert, heiß gebadet, mit Kohlen erwärmt oder es wurde ihnen sogar Luft eingeblasen.

Auf solch eine Praxis deutet auch ein Taufbericht aus Bergatreute vom 10. Februar 1694 hin: Ein Kind wurde getauft, da es mit „vorgeschossenen Äderlein, schwitzend, schön bezeichnet" war. Im Mirakelbuch ist dazu angemerkt: „Dißen [Zeichen] könnten zwar mehr d(er)gleichen beygebracht werden, so aber Kürze halber unterlaßen worden." Das heißt wohl nichts anderes, als dass man dem

Kind mehr solcher Zeichen hätte beibringen können (wie auch immer); um die Zeit abzukürzen, wurde dies aber unterlassen.

Auch wenn ein bereits steifes oder steif gefrorenes Kind „glimpfig“ (d.h. gelenkig, beweglich) wurde, wurde dies als Zeichen gewertet und daraufhin getauft. Ein deutliches Indiz dafür, dass der Leichnam zumindest bewegt, vielleicht massiert und erwärmt wurde. Wie hätte man sonst merken sollen, dass ein steifer Leichnam gelenkig wurde?

Eine kleine Auswahl von „Zeichen“, die in Bergatreute notiert wurden: „lebhafte Farbe“, getauft; „aus der Nase Blut geschwitzt und dieselbe bewegt“, getauft; Zünglein morgens und abends bewegt“, getauft; „Wassertröpfchen am Auge, nach empfangener Taufe ist das Auge ganz offen stehen geblieben“; „mit roter und lebhafter Farb bezeichnet“, getauft; „der ganze Leib gleich einem Lebendigen“, getauft.

In Erolzheim gab Matthias Schlachtberger 1688 folgende Aussage zu Protokoll: „Ich bin 6 oder 7 mahl von dem Pfarrherrn gerueffen worden für einen Zeügen. Bin zwar nit bey allen gewesen zue Anfang Ihro Herkunfft, bey etlich aber habe gesehen, dass sie ganz schwarz-blau, blaich ausgesehen; absonderlich ganz dötlicht und abscheulich, nachgesehents aber hebe gesehen, dass sie ganz roth, hüpsch lebhafft an augen, mundt, wangen und ohren worden. Zweitens habe gesehen, dass zwei khünd bluet auß der nasen geschwaiset haben. Drittens saindt die khündt gantz waich an allen glüdern sonderlich in der khälte des winters geweßen. Darauf seyn sye getaufft worden“. Die anderen Zeugenaussagen in Erolzheim sind alle sehr ähnlich.

Blieben die erwarteten Zeichen allerdings aus, musste das Kind in ungeweihter Erde begraben werden, oder die Eltern wechselten den Wallfahrtsort.

Ein Beispiel hierzu: Im Januar 1694 wurde ein totes Kind aus Kleinholzleute (bei Isny) nach Bergatreute gebracht. „Vorher war es zwei Tage lang in der Kirche in Beuren bei Isny gelegen". Obwohl man zwei Messen gelesen hatte, blieb ein Zeichen aus! In Bergatreute wurde es trotz großer Kälte „glimpfig" und wurde daraufhin getauft. Dies ein Hinweis, dass auch in Beuren, zumindest vereinzelt, solche Taufen vorgenommen wurden.

*

War eines oder waren mehrere der erhofften Zeichen aufgetreten, wurde, meist unter der Bedingungsformel: „Wenn du noch lebst …", getauft. Diese bedingte Taufe war für den Geistlichen als Absicherung gedacht, um nicht wirklich toten Kindern das Taufsakrament zu spenden.

Auf die anschließende Beerdigung (meist am Wallfahrtsort) hatte diese bedingte Taufe keinen Einfluss, die Kinder wurden in geweihter Erde bestattet. Und dies war für die Eltern das Wichtigste. Teilweise sind für die erfolgten Taufen auch Taufbestätigungen ausgestellt worden.

Spenden bzw. Kosten am Wallfahrtsort sind für Pfarrer, Mesner, Totengräber und Beterinnen angefallen. Dazu kamen Kosten für gelesene Messen, Taufbestätigung, Kerzen und Beerdigung. In den Bergatreuter Mirakelbüchern ist hierzu nichts vermerkt.

*

Von offizieller Seite wurden solche Taufen, zumindest in Oberschwaben, wohl sehr argwöhnisch von den Kirchenbehörden beobachtet, da vielfach meist zu Recht vermutet wurde, „dass es nicht mit rechten Dingen zugehe". Meistens war von „Missbrauch" die Rede!

Zunächst wurde von den zuständigen Bischöfen versucht, durch entsprechende Verbote und strenge Vorschriften die Taufen zumindest stark einzuschränken.

Für Bergatreute wurde das erste Verbot bereits 1698, ein weiteres 1700 erlassen. Dies muss Pfarrer Mietinger hart getroffen haben. Er war ja auf dem besten Weg gewesen, Bergatreute zu einem richtig großen Wallfahrtsort zu entwickeln. Bereits 1693 hatte er die alte Kirche abgebrochen und wohl in Erwartung großer Pilgerströme eine neue, wesentlich größere, im „modernen“ barocken Stil erbaut (Weihe 1697, Seitenaltäre von 1698). Vergebens - wie sich jetzt zeigte.

Bis zu seinem Tod im Juli 1700 gibt es im Mirakelbuch keinen Eintrag mehr über die Taufe eines „unfröhlichen Kindes“. Mietinger hatte offensichtlich auch an der Fertigstellung „seiner“ neuen Kirche kein großes Interesse mehr. Der Chor mit Gewölbe, Fresken und neuem Hochaltar wurde erst 1730 fertiggestellt.

War ihm das Geld ausgegangen? Darüber kann man wohl nur spekulieren. Die gesamten Baukosten der Kirche beliefen sich auf 8393 Gulden. Davon hat er 1548 Gulden aus seinem Privatvermögen bestritten. Offensichtlich stammte der 1641 geborene Mietinger aus einer vermögenden Familie, sein Vater war Bürgermeister in Meersburg.

In einem weiteren Taufverbot aus Konstanz vom Juni 1702 hieß es, dass nur bei ganz deutlichen Lebenszeichen und in Anwesenheit eines Dekans und Arztes getauft werden dürfe. Diese Verbote wurden wohl allesamt mehr oder weniger ignoriert, wie ein Fall (um das Jahr 1719) beweist: Ein Kind aus dem Schwarzwald „war der Gewohnheit nach auf das hierzu verordnete Kinderkästlein gelegt worden und habe angefangen, das »Häuptlein dreimal von einer Seite zur anderen zu wenden«. Gesehen hätten es die bei diesen Kindern betende »Ordinari-Beterin« Johanna Liebherr und eine Wallfahrerin. Die Schwester des Kindes sei alsbald in die Sakristei zu ihrem Vater gelaufen und habe vor dem Pfarrer und anderen Anwesenden gerufen: »Vatter, Vatter, unser Kind ist völlig lebendig geworden«."

In diesem Fall wurden als Zeugen eine Beterin, eine Wallfahrerin und die Schwester des Kindes akzeptiert. Die vorgeschriebene Anwesenheit eines Dekans und eines Arztes als Zeugen wurde also gar nicht beachtet. Wo hätten diese auch herkommen sollen? Sie hätten ja aus Waldsee extra anreisen müssen. Und Waldsee ist neun Kilometer entfernt. Also war dieser Anwesenheitsvorschrift unmöglich Folge zu leisten.

Eine Frau trägt ein totes Kind zum Gnadenort. Ausschnitt aus dem Deckenbild in der Bergatreuter Kirche (1948, Peter Paul Beyerle)

Ein weiteres Verbot erfolgte im Mai 1736. Dieses von Fürstbischof Johannes Franziskus erlassene „Decret" betraf allerdings nicht nur Bergatreute, sondern die ganze Diözese Konstanz. Offensichtlich wurden auch an anderen Orten die Vorschriften und Verbote solche Taufen betreffend recht lax gehandhabt. Als besonders „irrgläubig und skandalös“ wurde die bereits bei einigen „unbedeutenden und trügerischen Lebenszeichen“ gespendete Taufe bezeichnet. Zuwiderhandlungen würden ohne weitere Erklärung mit der Suspension des jeweiligen Pfarrers (Verbot der Amtsausübung) bestraft.

Überraschend ist, dass 1779 ein weiteres, nachdrückliches und endgültiges Taufverbot erfolgte. - 43 Jahre nach dem Verbot von 1736. Dieses Verbot wurde ausgesprochen, nachdem Abt Dominikus II. Schnitzer vom Kloster Weingarten wohl auf Veranlassung des damaligen Bergatreuter Pfarrers Weidacker im Nov. 1778 ein Bittgesuch zur Wiederaufnahme solcher Taufen gestellt hatte.

Wie ist dieses Bittgesuch zu verstehen? Seit dem letzten Verbot 1736 waren auf den damaligen Pfarrer Greißing 1744 J.-G. Rösler, 1754 J.-G. Indikofer und 1766 Nikolaus Weidacker als Pfarrer gefolgt.

Eigentlich müssten nach dieser relativ langen Zeit und nach mehreren Amtswechseln diese Taufen bereits Geschichte gewesen sein. Während dieser Zeit lassen sich auch keine Taufen „unfröhlicher Kinder“ nachweisen. Abt Dominikus begründete den Antrag damit, dass auch in anderen Bistümern bei „derley Lebens-Zeichen“ wenigstens die bedingte Taufe gespendet würde. Doch Maximilian Christoph von Rodt, der damalige Konstanzer Bischof, blieb in seinem Verbot konsequent.

*

In Erolzheim ist es Pfarrer Schneider wohl ähnlich ergangen, ein Brief des Konstanzer Generalvikars vom 8. Februar 1706 hatte folgenden Inhalt:

„Er erhält im Anschluss die erbetene Altarerlaubnis, welche er an ihrem Orte anzeichnen wolle und das Decret beachten, das im decanatamtlichen Visitationsbericht angemerkt gewesen ist, dass kleine Kinder, welche ungetauft verscheiden und zur Wallfahrt nach Erolzheim gebracht werden, fürder nicht mehr getauft werden (dürfen), außer sie hätten die offenkundigsten Lebenszeichen gegeben; dieß; um jeglichen Missbrauch aufzuheben, der an diesem Ort beobachtet wurde."

Dieses „Decret", welches dem „decanatsamtlichen Visitationsbericht" angemerkt war, ist nicht erhalten. Auch keinerlei weitere Informationen, wie es in Erolzheim weitergegangen ist. Da Erolzheim wie Bergatreute zum Bistum Konstanz gehörte, ist anzunehmen, dass die gleichen Verbote erteilt wurden und die Taufen mit der Zeit zwangsweise aufgehört haben.

*

Im Kloster Ursberg (Bistum Augsburg) wurden die Taufen ebenfalls verboten: Am 27. April 1729 erging von der Kongregation für die Glaubenslehre in Rom an den Bischof von Augsburg der Auftrag: „[...] zu verhindern, dass der Missbrauch, in Ursberg tote Kinder zu taufen fortgesetzt werde [...]".

Das Kloster erhob daraufhin im Jahr 1733 Gegenvorstellungen. Diese führten allerdings 1737 zu einer Erneuerung des Verbots. 1738 wurden diese Taufen nochmals für unzulässig erklärt. 1750 setzten die Ursberger noch einmal „Himmel und Erde in Bewegung", um in Rom eine Revision des Urteils zu erreichen - umsonst. Sie erreichten lediglich, dass der Bischof von Augsburg den Auftrag erhielt, eine genaue Untersuchung der angeblichen Wunder vornehmen zu lassen.

Laut dieser 1750 angestellten Untersuchung sollen zwischen 1686 und 1720 über 24 000 Taufen gespendet worden sein (nach einem damals aufgefundenen Dokument). Allerdings wurden in der genannten Zeit über diese Taufen keine Taufbücher geführt. Auch über die Zeit von 1700 bis 1725 waren keine Aufzeichnungen vorhanden.

Ist diese hohe Zahl von 24 000 Taufen von 1688 bis 1720 realistisch? Oder könnte es sein, dass hier ein Lesefehler vorliegt? Bei insgesamt 2400 Taufen wären es pro Jahr etwa 70 gewesen. Und diese Zahl stimmt mit den in den darauffolgenden Jahren dokumentierten Taufen fast überein.

Denn ab November 1725 wurden Taufbücher geführt, die Zahl der Taufen betrug bis 1737 etwa 800 (dies sind etwa 70/Jahr). Der einzige aus jener Zeit noch lebende Priester berichtete damals, er habe nach 1720 etwa ein Jahr und fünf Monate lang diese Taufen besorgt. In diesem Zeitraum seien etwa 300 Kinder gebracht worden, von denen er ein Drittel oder ein Viertel getauft habe (also etwa 50 bis 70/Jahr).

Seit April 1737 war infolge der päpstlichen und bischöflichen Verbote die Erteilung solcher Taufen in Ursberg tatsächlich eingestellt worden, obwohl der Zudrang des Volkes nicht aufhörte. Es kam vereinzelt sogar so weit, dass weltliche Personen den Kindern nach vermeintlichen Lebenszeichen die Taufe spendeten. Nach 1750 war in Ursberg auch damit wohl endgültig Schluss!

*

In Schruns, dem Hauptort des Montafons, wurde mit dem Taufen der Zeichenkinder etwa 1693 begonnen. Nicht nur aus allen Teilen Vorarlbergs, Tirols, Liechtensteins und der Schweiz brachte man Kinder zur bedingten Taufe dorthin, sondern auch aus Oberschwaben. Besonders nachdem diese Taufen dort verboten worden waren.

Der Churer Bischof hatte bereits 1693 die Erlaubnis für die Aussetzung der Kinder bis zu einer künftigen Visitation erteilt. Bei dieser Visitation im darauffolgenden Jahr fand Bischof Ulrich VII. von Federspiel so ein Kind vor und, nachdem er es in Augenschein genommen hatte, soll er gesagt haben: „Behüte mich Gott, dass ich solchen Kindern an ihrer Seligkeit sollte hinderlich sein." Die milde

Beurteilung von Chur aus war damit für längere Zeit sichergestellt. 1740 kamen vom Churer Bischof Josef Benedikt von Rost diverse einschränkende Bestimmung, aber kein Verbot.

Erst 1785 fanden die Taufen in Schruns schließlich ein Ende, nachdem ein Erlass der Innsbrucker Regierung darauf gedrängt hatte, diesen Unfug, der gegen alle Vernunft, gegen die Religion und gegen höchste Vorschriften sei, abzustellen.

*

Die päpstliche Internationale Theologenkommission beschäftigte sich seit November 2005 mit dem Thema Limbus. Diese Kommission kam zu folgendem Ergebnis: Ungetauft sterbende Säuglinge sterben „in der Erwartung auf die universelle Erlösung durch Gott". Und da Gott alle Menschen erlösen wolle, könne davon ausgegangen werden, dass auch die Seelen ungetauft verstorbener Kinder in den Himmel, also direkt ins Paradies kämen.

Im April 2007 wurden von Papst Benedikt XVI. diese Ergebnisse genehmigt. Dies ermöglichte die Aufhebung der Lehre de *limbus puerorum*. Seitdem wird diese theologischen Meinung nicht mehr vom kirchlichen Lehramt unterstützt. Damit wurde der Limbus sozusagen aufgelöst.

*

Warum haben viele Eltern in früheren Jahrhunderten derartige Belastungen auf sich genommen, haben weder Kosten noch Mühen gescheut und sind mit ihrem toten Kind zu einem oft weit entfernten Wallfahrtsort gereist?

Dazu noch einmal die Aussage des Wiener Augustinerpaters Abraham a Sancta Clara, der 1673, die (getauft) verstorbenen Kinder als: „[...] unschuldige Engele, Patrone und Fürsprecher ihrer Eltern" bezeichnet, „für die sie bis in alle Ewigkeit vor dem Thron Gottes bitten würden. So manche Mutter hätte nur aufgrund der unschuldigen Kindlein die Seligkeit erreicht".

Damit wird eines klar: Den Eltern ist es nicht allein um die Seele ihres verstorbenen Kindes gegangen, sondern auch um ihre eigene! Jedes Kind, welches zu einem „Engele" geworden ist, war von unermesslichem Wert als Fürsprecher im Himmel, als persönlicher Engel. Eine Kinderseele im Limbus war für die Eltern dagegen wertlos!

In der Aussage von Abraham a Sancta Clara steckt übrigens auch noch eine deutliche Diskriminierung der Frauen: „So manche »Mutter« hätte nur aufgrund der unschuldigen Kindlein ihre Seligkeit erreicht". Und die Väter? Sie hatten diese Fürsprache wohl nur in geringerem Maß nötig. Warum wohl?

Quellen: F.X. Bär: Chronikalisch statistisches Jahrbuch für die Gemeinde Erolzheim 1894, transkribiert von Alfons Veit, Erolzheim, 2005/06; Georg Rückert: Zur Taufe toter Kinder, in: Volk und Volkstum (Jahrbuch für Volkskunde, Band 2/1937); Reinhard Kallsen: Volksfrömmigkeit in Bergatreute (Zulassungsarbeit Pädag. Hochschule Weingarten 1969); Adalbert Nagel: Geschichte der Pfarrei Bergatreute (unveröffentlichtes Typoskript), ca. 1975;. Alexander Frick, Über die Wallfahrten unserer Vorfahren mit totgeborenen Kindern (Jahrbuch des historischen Vereins für das Fürstentum Liechtenstein, 1981); Alfred Lohmüller: Das Reichsstift Ursberg, Anton H. Konrad Verlag 1987; Michael Barczyk: Die Taufe totgeborener Kinder (Im Oberland 1/1991); Werner Wandl, Taufe totgeborener Kinder [...] unter besonderer Berücksichtigung der Wallfahrt nach Schruns (Universität Wien, Diplomarbeit 1998); Marion Kobelt-Groch und Cornelia Nikus-Moore (Hg.): Tod und Jenseits in der Schriftkultur der frühen Neuzeit, Harrassowitz, (Wiesbaden 2008), Artikel „Limbus"; http://de.wikipedia.org, 22.07.2013; Martina Oberndorfer, Die Mirakel und Mirakelbücher von Maria Steinbach - Der Versuch einer Annäherung, Neu Ulm o.J.

Anmerkung: In folgenden Orten in Oberschwaben wurden vereinzelt ebenfalls solche bedingten Taufen vorgenommen: Beuren bei Isny, Maria Steinbach (noch nach 1750), Moosheim bei Saulgau und Sigmaringen.

Die Gespenster vom Waldseer Frauenberg

Der 1783 als Bürger aufgenommene Franz Joseph Luft aus Schwendi richtete im September 1783 in dem von ihm gekauften ehemaligen Kaplaneihaus auf dem Frauenberg eine Seiden- und Wollkottonweberei ein.

Aber bald hernach sprach man allgemein von der Armut und Not dieser Familien und teilte sich die Überzeugung mit, dass an dem angerühmten Gewerbe gar nichts sei.

Anfang Dezember fing Luft an zu klagen, dass es in seinem Haus spuke, sämtliche Einwohner nachts beunruhigt werden und deshalb kein Geselle bei ihm bleiben könne. Man machte ihm den Vorschlag, zu geistlichen Mitteln zu greifen und sich deshalb an das hiesige Pfarrkloster zu wenden, welches auch einen Geistlichen aus seiner Mitte in das Luft`sche Haus abordnete, der nach seinen alldort verrichteten Funktionen dem Luft versicherte, dass er gewiss Ruhe haben werde.

Allein! Das angewandte Mittel half nicht, die nächtlichen Beunruhigungen und Klagen darüber dauerten fort. Luft ließ sich den behaupteten Geisterglauben nicht ausreden und war sofort angewiesen, die Erscheinungen in einem schriftlichen Aufsatz zu bringen und solchen zu übergeben.

Dies tat er am 3. Februar 1784: Hiernach fing der Spuk in der zweiten Nacht nach seinem Einzug mit dem Auf- und Zugehen der Türen von freien Stücken an. Der Schwager, Johann Seiler, sah zuerst, nachdem er fünf Wochen unbeunruhigt sich im Haus aufgehalten, als er in der Nacht zwischen 9 und 10 Uhr auf den Abtritt ging, darin eine ungewöhnliche Helle und mitten in solcher an der Wand einen schneeweißen sechs Fuß hohen Mann mit gekreuzten Armen, worauf er voller Schrecken in seine Kammer zurücklief und die Erscheinung seinem Weib, dieses aber am folgenden Morgen dem Luft und den übrigen Leuten im Haus erzählte.

Bald darauf sahen die Schwägerin, Luft's Weib und seine Tochter auf dem Abtritt eine blaue Helle wie angezündeter Branntwein und spielten mit den Fingern darin. Nicht lange danach sah das Weib in der Schlafkammer bald an der Wand, bald auf dem Bett eine gar herzige Helle mit Strahlenkranz, die das Gemach zur Taghelle erleuchtete. Auf dem Dachboden hört das Weib ein Schnellen und in der Küche ein Lärmen, als wenn jemand mit den Fingern an die Pfannen klopft und Prügel über den Knien abbricht. In der heiligen Nacht zu Weihnachten erscheint der Geist dem Schwager, welcher in seinem Bett liegt, und wirft sich über ihn hin, dass er kaum atmen und kein Wort sprechen kann, um sein Weib zu wecken. Dieser Zustand dauert eine Viertelstunde.

Die Helle zeigt sich auch öfter in der Kammer der Schwägerin, und die sieht handgroße Flecken einen nach dem anderen daraus aufsteigen, welche an der Bühne Wolken bilden, worin Sterne wie am Firmament glänzen.

Als namentlich in der zweiten Christnacht, wo ihr Mann nicht zu Hause war und ihre 19-jährige Tochter bei ihr schlief, diese Helle wieder erschien und sie die Anwesenheit des Geistes vermutete, nahm die Schwägerin das Herz in beide Hände und befahl ihm im Namen Jesu zu sagen, wer er sei. Da keine Antwort erfolgte, fing sie an zu beten. Nach dem zweiten Vaterunser zeigte sich der schneeweiße, sechs Fuß hohe Mann, blieb eine Zeit lang vor der Bettstatt stehen, neigte sich dann mit dem Oberleib über das Bett hin, so dass die Tochter laut aufschrie:

„Oh Mutter, er kommt auf mich hin!“ und blieb in dieser Stellung eine volle Stund sichtbar, während an der Wand eine Helle wie eine brennende Kerze sich hin und her bewegte. Hände und Füße konnte sie an dem Geist nicht entdecken. Solche Erscheinungen, das Gerassel auf dem Gang, auf der Bühne, im Keller, das Türen-auf-und-zugehen etc. wiederholten sich den Winter hindurch beständig und hatten bereits den Bruder des Luft und einen Gesellen aus dem Haus getrieben. Da Luft hiermit den unumstößlichen Beweis seiner Geisterplage geführt zu haben glaubte, drängte er mit Ungestüm auf Abhilfe.

Das ehemalige Kaplaneihaus

Dem Magistrat kam die ganze Geistergeschichte immer zweifelhafter vor und er schrieb die Erscheinungen der aufgeregten Phantasie der Leute zu; da sich jedoch Luft nicht beruhigen ließ, verwies ihn der Magistrat abermals an die Geistlichkeit. Diese ging aber auf die Sache gar nicht mehr ein, solang nicht alle Tatumstände von der weltlichen Obrigkeit genau und gründlich erhoben sein würden.

In dieser Rücksicht beschloss der Magistrat, das Luft'sche Haus bewachen zu lassen und beauftragte am 20. März die beiden Stadträte L. Wiedenbach, Chirurg, und Th. Steinhauser, Handelsmann, sich ohne Vorwissen des Luft beim Eintritt der Nacht mit je drei beherzten und furchtlosen Männern auf dem Platz zu verfügen, wovon der eine mit seiner Abteilung das Luft'sche Haus besetzen, die Einwohner sämtlich in das benachbarte Mesnerhaus ausschaffen, sodann alle Teile des Hauses in der Stille und ohne Licht durchziehen, überhaupt auf alles, was zu hören und zu sehen ist, genauestens achtzuhaben - der andere aber die Einwohner des Luft'schen Hauses unter seiner Aufsicht behalten und von Zeit zu Zeit das Luft'sche Haus von außen umstreifen und beobachten lassen sollte. Die Angeforderten führten den Auftrag in der Bewachung abwechselnd drei Nächte hindurch mit aller Pünktlichkeit aus, sahen aber und hörten nicht das mindeste Verdächtige. Auf die erstattete Meldung der beiden Rottenführer ließ man die Sache nach Zurechtweisung des Luft auf sich beruhen.

Der Schwager, J. Seiler, mit den Seinigen sah und hörte in der Folge auch nichts Beunruhigendes mehr, bis nach fünf Wochen ein lockerer Türkloben herausfiel und einiges Getöse machte. Luft erkannte hierin wieder einen neuen Geisterspuk. Seiler und sein Weib erklärten es für das, was es war. Darüber veruneinigten sich diese mit Luft und dieser kündigte jedem die Wohnung auf ...

Luft klagt darauf dem bischöflichen Ordinariat seine Geistererscheinungen an, findet aber kein Gehör, da man in Konstanz der festen Überzeugung ist, eine Übertreibung oder gar ein Betrug liege vor. Auch eine weitere städtische Untersuchung zeigt keine Früchte. Luft erscheint im Jahr 1786 als „Armer", sein großer Plan der Seidenweberei in Waldsee war den Geistern auf dem Frauenberg zum Opfer gefallen.

Quelle: Johann Sailer, Chronik der Stadt Waldsee 330-1806 (im Stadtarchiv Bad Waldsee).

Anmerkung: Ein sehr interessanter Fall! Hat Franz Joseph Luft unter Wahnvorstellungen gelitten und seine Mitbewohner regelrecht damit angesteckt oder war die „Spukerei“ eine von Luft inszenierte Aktion? Aber was wollte er damit bezwecken? Letztendlich hat er sich selber am meisten geschadet.

Das Zeitalter der Aufklärung

Neue Erkenntnisse und der Fortschritt in allen Bereichen, vor allem in Philosophie, Medizin, Astronomie, praktisch in allen Wissenschaftszweigen, läuteten zwischen dem 17. und dem 18. Jahrhundert das Zeitalter der „Aufklärung“ ein.

In Deutschland wirkte die Bewegung der Aufklärung vor allem zwischen 1720 und 1800.
Unter dem Begriff „Aufklärung“ versteht man das Vorhaben, durch Wissen und neue Erkenntnisse Antworten auf Fragen zu finden und Zweifel, Vorurteile und falsche Annahmen auszuräumen. Dabei wurde die menschliche Vernunft zum Maßstab eines jeden Handelns erklärt. Jeder sollte sich seines eigenen Verstandes bedienen.

Da die Aufklärer denkende Bürger wünschten, verlangten sie eine allgemeine Volksbildung. Dies hatte zur Folge, dass in den einzelnen Ländern Ende des 18./Anfang des 19. Jahrhunderts die Schulpflicht eingeführt wurde.

Vor allem auch gegen den blinden Gehorsam gegenüber den Kirchen richteten sich diese neuen Denkweisen. Gegen jede Form von Aberglauben, wie beispielsweise den Hexenwahn.

Dem abergläubischen Denken und Handeln in allen Bereichen wurde damit der Kampf angesagt.

Quelle: ANNO 2 - Vom Mittelalter bis zum Ende des Absolutismus, Westermann Schulbuchverlag, Braunschweig 1995

Allerdings wurde den neuen Denkweisen im Bezug auf Hexen, Geister & Co. wohl nicht überall Glaube geschenkt - im Gegenteil. Wie ist es sonst zu erklären, dass sich der Aberglaube oft in krasser Ausprägung teilweise bis heute erhalten hat?

Was über Generationen „als wahr und bewiesen" erachtet worden war, konnte doch nicht plötzlich gänzlich falsch sein. Konnte man der Obrigkeit Glauben schenken? Sicherheitshalber griff man doch lieber zu überlieferten, erprobten und bewährten Mitteln gegen das allgegenwärtig Böse und Unheimliche.

Ein Beispiel, wie die Obrigkeit den Aberglauben versuchte, direkt an der Wurzel, nämlich bereits bei den Kindern, zu bekämpfen.

Paul Beck, (1845-1915, Amtsrichter und Historiker), schreibt 1879 im „Anzeiger für Kunde der deutschen Vorzeit" (Nr. 12) innerhalb eines Aufsatzes zur Hexenverfolgung:

„[...] In dieser Zeit (Ende des 18./Anfang des 19.Jh.) wo unter fortwährendem Kriegsgetümmel der Glaube an Hexen und Gespenster noch stark im Schwang war, erschien mit Bewilligung der hohen geistlichen Obrigkeit als Gegengift ein längst vergessenes und vergriffenes Schriftchen aus geistlicher Feder:

»Hexen- und Geistergeschichten, ein geschriebenes Lesebuch zunächst für die deutschen Schulen, dann auch für alle großen und alten Kinder in der Stadt und auf dem Lande«, (Meersburg u. Rottweil in der Herder'schen Buchhandlung, 1806); und der hohe geistliche Würdenträger, welcher es mit den folgenden Worten: »Möge dieses treffliche Büchlein unter dem christlichen Volke dieses Bistums recht viele Leser finden und von Seelsorgern und Schullehrern nach der edlen Absicht des Verfassers benutzt werden«, einleitete und befürwortete, aber auch sonst [...] gegen den Volksaberglauben als den »fruchtbaren Vater der Unsittlichkeit und menschlichen Elends« zu Felde zog, war kein anderer, als der edle Wessenberg. [...]“

Quelle: Paul Beck Ausgewählte Aufsätze zur Geschichte Oberschwabens, Federsee-Verlag, Bad Buchau 1985 (Neudruck)

Dass „das Reich der Hexen und Gespenster allmählich zerfällt und diese aufhören werden die Phantasie zu verfinstern und die Herzen zu beunruhigen“ war wohl 1806 nicht mehr als ein frommer Wunsch von Ignaz Heinrich von Wessenberg (s.o.), wie uns ein Ausschnitt aus der Oberamtsbeschreibung Waldsee von 1834 vermuten lässt.

Dort heißt es: [...] Wie anderwärts, so herrscht auch hier noch finsterer Aberglaube; dass Kuhherden benediziert (gesegnet), Waschwasser und Trinkwasser für Kälber geweiht, bei einer bevorstehenden Sonnenfinsternis Betstunden veranstaltet werden, davon liefert selbst die neueste Geschichte nicht bloß des Oberamtsbezirks Waldsee, sondern auch andere oberschwäbische Bezirke noch Beispiele. Erst vor ganz kurzer Zeit trieb ein im stillen reisender Exorzist noch Teufel aus!

Wie ist es weitergegangen mit dem Aberglauben im 19. und 20. Jahrhundert?

Wie hat er sich entwickelt?

Und heute anfangs des 21. Jahrhunderts?

Er hat überlebt! Lassen sie sich überraschen im folgenden Kapitel.

Vom 19. Jahrhundert bis heute

Welches abergläubische Denken und Handeln ist der Bevölkerung noch in Erinnerung geblieben und was wird heute noch geglaubt und praktiziert?

Die folgenden Geschichten stammen zu einem großen Teil aus mündlichen Quellen. Bis in die 1970er-Jahre wurden sie noch so erzählt.

Von „früher“ haben die alten Leute damals erzählt, oder von „ganz früher“. Doch wann war „früher“? Lassen sich solche vagen Zeitangaben eingrenzen?

Früher war, als man noch jung war, zur Schule gegangen ist, oder die Zeit als junger Erwachsener. Ganz früher war, was uns die Elterngeneration aus ihrer Jugend erzählt hat. Und „ganz, ganz früher“, das war noch früher, also schon sehr weit zurück.

Ein Rechenbeispiel: Meine Großmutter war Jahrgang 1895, wenn die also von früher erzählte, dann hat sie in etwa die Zeit von 1905 bis in die 1920er-Jahre gemeint.
Wenn sie von ganz früher erzählte, meinte sie noch mal eine Generation, also etwa 30 Jahre zurück. Wenn sie allerdings von ganz, ganz früher erzählte, war dies in Jahren nicht mehr zu fassen. Das konnte sehr lange zurückreichen. Aber nur wenige Geschichten wurden aus der Zeit vor etwa 1880 erzählt.

Die folgenden Geschichten, sofern ich sie aus Erzählungen kenne, erzähle ich ohne Wertung. Die Quellen, ob mündlich oder schriftlich, habe ich jeweils am Ende einer Geschichte angegeben.

*

So um 1970, als ich etwa zwölf Jahre alt war, bin ich oft in der Stube meiner Großtante Senze (1897-1977) gewesen, wenn sich die älteren Nachbarinnen am späten Nachmittag oder Abend zum Plausch trafen (die Tante wohnte im gleichen Haus wie meine Eltern, und zwischen den Wohnungen gab es eine Verbindungstür).

„Hohstube“ wurde so ein Plausch damals genannt. Dieser Begriff stammt noch aus einer Zeit, als sich die Leute gegenseitig an den Winterabenden besuchten, um zu spinnen. In manchen Gegenden nannte man sie auch Spinn- oder Kunkelstube. Dies hatte damals den Vorteil, dass man nur „ein Licht“ brauchte und nur eine Stube geheizt werden musste. Außerdem konnte man sich unterhalten und den neuesten Tratsch austauschen.

Bei meiner Tante wurde natürlich nicht mehr gesponnen, der Begriff Hohstube war zu einem Synonym für eine „Plauderstunde“ geworden. Die Leute sagten: „I gang zum Hohstuba“ und meinten damit, dass sie sich bei jemandem in geselliger Runde trafen, um sich über dies und das zu unterhalten.

Ich war auf jeden Fall gern zu Gast in der Hohstube meiner Tante. Dort wurden teilweise interessante Themen „behandelt“. Wer etwa im Ort ein Kind erwarte - womöglich war diese Frau nicht einmal verheiratet, damals ein Unding. Oder wer mit wem gerade einen Streit hatte u.v.a.m.

Immer wieder kamen auch die alten Zeiten zur Sprache. Da wurde die Zeit, als man noch einen König und einen Kaiser hatte, in der Erinnerung regelrecht glorifiziert. Früher herrschte halt noch Zucht und Ordnung, war der allgemeine Tenor.

Und immer mal wieder kam die Sprache auf allerlei Abergläubisches. Von den Hexen, dem Teufel und den Schrättele. Aber auch von noch lebenden Leuten, die etwa den bösen Blick hatten, wurde hinter vorgehaltener Hand gewarnt!

Diese Geschichten haben mich damals seltsam fasziniert. Sie verursachten ein regelrechtes Gruseln bei mir. Manchmal hatte ich danach Angst, ins Bett zu gehen, und meine

Mutter musste mit der Taschenlampe unter mein Bett oder in den dunklen Schrank leuchten, um sicherzustellen, dass sich nicht irgendwelche „Unholde“ dort eingenistet hatten, um mich in meine Träume zu verfolgen.

„Früher“, in meiner eigenen Schulzeit in den 1960er- und 1970er-Jahren, gab es noch in vielen Häusern einen Herrgottswinkel in der Stube. Und in jedem Zimmer war neben der Tür ein Weihwasserkesselchen angebracht.

Als es einmal besonders schlimm war und ich vor lauter Angst kaum schlafen konnte, hörte ich am nächsten Tag zufällig, wie meine Mutter mit der Tante schimpfte. Sie sollten doch in der Hohstube keine Geistergeschichten erzählen, wenn ich dabei sei, da würde ich mich bloß unnötig ängstigen.

Das hat meine Tante wohl ihren Freundinnen erzählt. Nach ein paar Tagen besuchte mich eine Nachbarin aus der Hohstubenrunde und schenkte mir eine kleine Reliquie. Dazu meinte sie: „Wenn du die dabei hast, brauchst du vor keinem Teufel, keiner Hexe und keinem Schrättele Angst haben. Die können dir nichts antun.“

Diese Reliquie trage ich seitdem in meinem Geldbeutel bei mir. Und ob Sie es glauben oder nicht - ich hatte noch nie ein Problem, weder mit einem Teufel, einer Hexe oder sonst irgendeiner Spukgestalt.

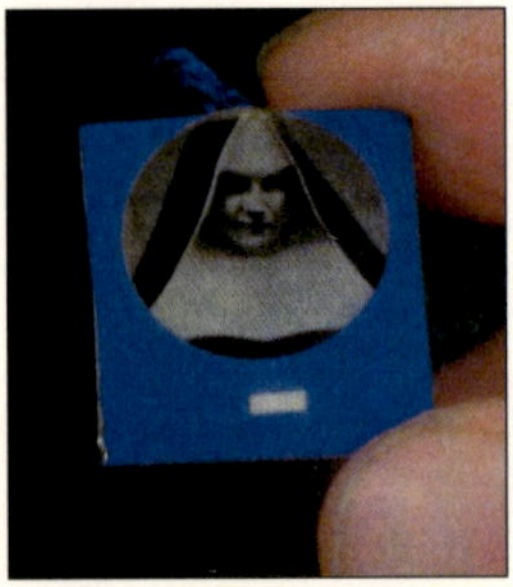

Sr. Blandine
Ursuline
v. Calvarienberg

Die Gruselgeschichten habe ich damals alle in einem Schulheft aufgeschrieben. Leider ist dieses Heft in den 1980er-Jahren verloren gegangen. Allerdings hatte ich die Geschichten bei passender Gelegenheit schon so oft zum Besten gegeben, dass ich die meisten auswendig kannte. Diese Geschichten beinhalten sozusagen den „Sagenschatz" aus Bergatreute und der näheren Umgebung.

In Haisterkirch war Maria Anna Knöpfler (1894 bis 1987) in der zweiten Hälfte der 1930er-Jahre als Lehrerin tätig.

In dieser Zeit hat sie eine „Haisterkircher Dorfchronik" verfasst. Aus dieser bisher unveröffentlichten Sammlung stammen ebenfalls ein paar der Geschichten in diesem Buch.

Was die alten Leute damals noch im Gedächtnis hatten, erzählten und selbst für bare Münze nahmen. Sie waren ja vom Wahrheitsgehalt der Geschichten überzeugt. Allerdings meinten sie schon, dass es heute (also um 1970) nicht mehr so schlimm sei wie „früher". Das führten sie darauf zurück, dass „irgendein Papst" vor etlichen Jahren die bösen Geister für 1000 Jahre in die Lüfte verbannt habe!

Diese teilweise recht gruseligen Geschichten kann man als historische Wandersagen bezeichnen, d. h., eine Geschichte hat sich (vielleicht) einmal irgendwo so oder so ähnlich zugetragen. Zumindest der Kern davon könnte also wahr sein.

Dann wurde die Geschichte in einem anderen Zuhörerkreis weitererzählt. Ein Zuhörer „nahm die Geschichte mit" und hat sie vielleicht im Nachbarort erzählt. Das eine oder andere Detail wurde dabei vielleicht weggelassen, dafür kamen andere Details hinzu. Über die Jahre veränderte sich die Geschichte, verselbstständigte sich, wanderte im wahrsten Sinne des Wortes durch den ganzen deutschen Sprachraum und darüber hinaus.

Wenn man einschlägige Sammlungen, seien sie aus Bayern, Hessen, Oberschwaben oder sonst woher, zur Hand nimmt, fällt schnell auf, wie sich viele dieser Sagen im Grunde gleichen.

Insgesamt betrachtet haben es viele der Geschichten in sich: tolle Storys, spannend erzählt, mit Gruselcharakter und oft einem verblüffenden Schluss.

Wenn man nun bedenkt, dass es bis zum Anfang des 20. Jahrhunderts, zumindest für die Landbevölkerung, wenig Zerstreuung gab (Radio und Fernsehen waren noch nicht angekommen), waren solche Geschichten eine willkommene Abwechslung.

Wenn also damals, in einer nur unzureichend mit Talglicht und Kienspan erhellten Stube, solche Geschichten erzählt wurden, stimmte der Gruselfaktor! Licht war teuer und ein Luxus. Kerzen konnte sich nur die Oberschicht leisten. Erst im Laufe des 19. Jahrhunderts setzte sich die Petroleumlampe durch.

Unheimliche Schatten an den Wänden. Der Wind pfiff ums Haus, rüttelte an den Fensterläden. Knacken und Knirschen im Gebälk des Hauses - da passte alles! Und wenn man dann erst mal im Bett lag, in der dunklen Kammer …

Haben Sie schon einmal in einem alten Fachwerk-Bauernhaus übernachtet? Wenn man sich die Schrättele, Hexen, Dämonen, Geister und alle übrigen Nachtgespenster, von denen man gehört hat, Revue passieren lässt. Da kann jedes Knistern oder Rascheln zum bedrohlichen Geräusch in der Dunkelheit anschwellen.

Also liebe Leser, wenn bei einer Geschichte als Quelle die „Hohstube“ oder die „Haisterkircher Dorfchronik“ angegeben ist, wissen Sie, woher dieser Beitrag stammt.

Das Judabuile

Ein Judabuile (Judenbeinchen, Judenknöchelchen) ist ein seltsam geformter kleiner Knochen aus dem Schädel eines Schweins (ca. 2.5 x 1,5 x 1 cm groß).

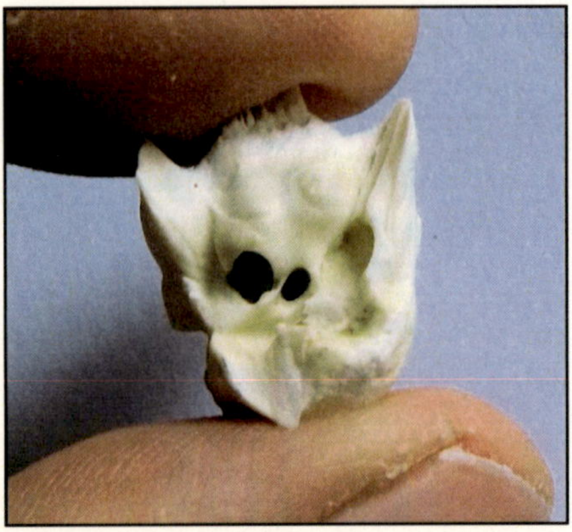

Ein „Judabuile“

Bis in die 1960er-Jahre hatten viele Leute, vor allem die Metzger, ein solches Judabuile im Hosensack oder im Geldbeutel. Es sollte verschiedenen Rückenleiden wie Rheuma, Hexenschuss usw. vorbeugen.

Quellen: Erzählt von meinem Vater Karl Sägmüller (1924 -2007), Bergatreute und „Hohstube“ Bergatreute, 1970er-Jahre

Anmerkung: Auf Nachfrage im Raum Bad Schussenried, Bad Waldsee, Biberach, Ravensburg und Wangen ist dort einigen Leuten so ein „Judabuile“ auch heute noch ein Begriff.

Im „Handwörterbuch des deutschen Aberglaubens“ ist über dieses „Knöchelchen“ Folgendes zu lesen:

Von den Schweinsknochen, welche vielfach als Heilmittel dienen, erscheint am häufigsten das „Saugehör“ (*Pars petrosa*, Felsenbein, „Saug'hör“, „Sauludi“), Gehörbein, gehörntes Beinlein, wegen seiner Ähnlichkeit mit einem Totenkopf auch „Totenköpflein“ genannt; auch als „Judenknöchlein“ bezeichnet, welcher Name wohl von jüdischen Ärzten herrührt, die im Mittelalter im Verdacht der Zauberei standen.

Wegen seiner Härte wurde er auch Auferstehungsknochen genannt und fand in der Volksmedizin vielfach Verwendung. Als Teil der Fraisketten (siehe S. 253), gegen Gichter, Krämpfe, Ohrenschmerzen, Pestanfall,, Rotlauf, Taubheit und Zahnweh.

In Württemberg, so glaubten, bzw. glauben manche noch immer daran, dass es gegen Rückenschmerzen wirkt, wenn man es ständig bei sich trägt.

Von der Schwarzen und Weißen Kunst - die Warnung des Professors

In Weingarten fand Anfang der 1980er-Jahre ein Vortrag über Parapsychologie statt. Professor Schiebeler, der den Vortrag hielt, meinte zum Thema Geister, Schwarze Magie u. ä.: „In der Theorie kann sich jeder mit dem Übersinnlichen beschäftigen. Dies birgt keine Gefahr. Allerdings sollte sich niemand dazu verleiten lassen, bei irgendwelchen Geisterbeschwörungen mitzumachen oder alte Beschwörungsformeln anzuwenden.

Zu schnell kann man in einen gefährlichen Sog geraten, aus dem man nicht mehr herauskommt. Ob man dann im Extremfall als Besessener oder Schizophrener in der Psychiatrie landet und auf Hilfe angewiesen ist, spielt letztendlich keine Rolle!“

Also: Finger weg von der praktischen Anwendung solcher okkulter Dinge.

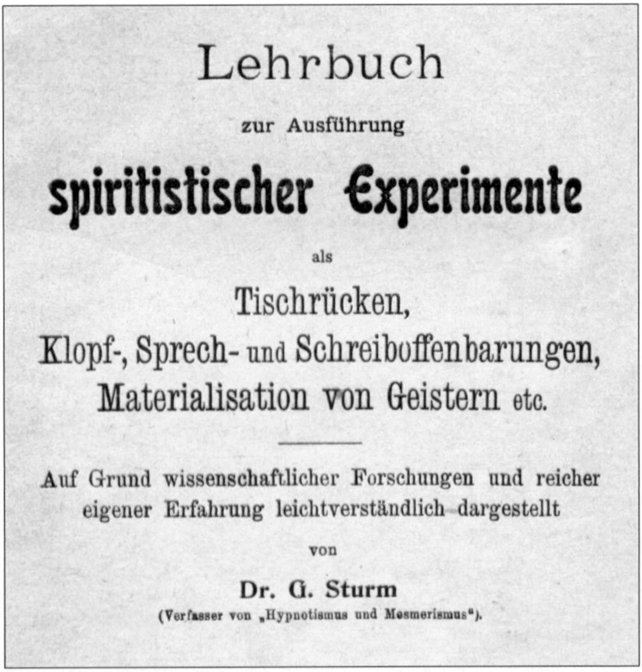

Lehrbuch

zur Ausführung

spiritistischer Experimente

als

Tischrücken,
Klopf-, Sprech- und Schreiboffenbarungen,
Materialisation von Geistern etc.

Auf Grund wissenschaftlicher Forschungen und reicher eigener Erfahrung leichtverständlich dargestellt

von

Dr. G. Sturm

(Verfasser von „Hypnotismus und Mesmerismus“).

Vor der Lektüre solcher und ähnlicher Bücher hat Schiebeler nachdrücklich gewarnt.

Gefährliche Bücher

Vom 6. und 7. Buch Moses wurde in den 1970er-Jahren oft erzählt. Dabei handele es sich um Bücher der Magie. Sie seien nicht zu verwechseln mit den heute noch erhältlichen Büchern gleichen Titels. Laut Aussage seien es uralte handgeschriebene, in Leder gebundene Ausgaben. Sie enthalten genaue Angaben und Rezepte zu Magie und Zauberei. Einem Gerücht zufolge liege am Benutzer, ob er sein darin erworbenes Wissen zu guten (als Weiße Kunst) oder zu schlechten Zwecken (Schwarze Kunst) anwende! Wer darin lese und studiere, müsse einen starken Glauben haben, sonst verfalle er leicht dem Bösen. Die Bücher seien nirgends zu kaufen, sie würden „weitergegeben".

Aber Vorsicht! Ist ein Buch erst aufgeschlagen, kann es erst wieder geschlossen werden, wenn diejenige Person, die es geöffnet hat, es auch gelesen hat. Die Bücher kann man nicht vernichten. Sie können weder zerrissen noch verbrannt werden. Der Besitzer kann sie auch nicht einfach wegwerfen, er ist durch einen inneren Zwang an sie gebunden. Erst wenn sie gelesen sind, können Sie weitergegeben werden. Schon mancher ist verrückt geworden und im Irrenhaus gelandet, weil er das „Wissen um die Macht" nicht ausgehalten hat.

Quellen: Erzählt von meinem Vater Karl Sägmüller (1924 -2007), Bergatreute und „Hohstube" Bergatreute, 1970er-Jahre

Fliegende Steine

Auf einem Bauernhof in der Gegend um Eberhardzell ereignete sich um 1950 folgende Geschichte:

Eines Nachmittags, als ein Bauer die Tenne seines Bauernhofs betrat, schwirrten ihm Steine um den Kopf. Es war nicht genau zu sagen, woher. Teilweise schienen sie von oben, teilweise aus dem Nichts zu kommen. Der Bauer hielt schützend seine Hände über den Kopf und floh in den Stall.

Durch die Türöffnung beobachtete er die herumschwirrenden Steine in der Tenne, die etwa kieselstein- bis walnussgroß waren. Nach ein paar Minuten war der Spuk vorbei. Überall in der Tenne lagen die Kieselsteine herum. Als er, noch sichtlich erschrocken, seiner Familie und den

Dienstboten davon erzählte, wollte ihm niemand so recht glauben. Die Steine in der Tenne konnte sich allerdings niemand erklären.

Der Bauer vermutete, dass vielleicht ein Witzbold die Steine vom Orbet (oberster Stock über der Tenne) heruntergeworfen hatte, um ihn zu ärgern. Allerdings konnte er sich die waagrecht fliegenden Steine nicht erklären. Am nächsten Morgen um sechs Uhr, als er vom Wohnteil des Gehöfts durch die Tenne in den Stall wollte, wiederholte sich die Sache. Diesmal konnten auch anwesende Familienmitglieder das Phänomen beobachten, ehe sie aus der Tenne flüchteten. Der Bauer stieg wutentbrannt die Leiter zum Orbet hoch, um den vermeintlichen Übeltäter zu stellen. Er fand dort allerdings niemanden vor.

Der oberste Stock stand voll Gerümpel und hatte mehrere Zugänge. Deshalb nahm er an, dass der Täter längst geflohen war. Allerdings wiederholte sich die Sache in unregelmäßigen Abständen immer wieder, morgens um sechs und nachmittags um vier. Den Hausbewohnern wurde es immer unheimlicher.

Der Bauer selbst glaubte nach wie vor an einen üblen Scherz. Nach einiger Zeit bestellte er seine Feuerwehrkameraden nachmittags um 16 Uhr zu sich. Tatsächlich trat das Phänomen auf. Zu dritt durchkämmten sie sofort nach dem „Steinhagel", kurz nach vier Uhr nachmittags, den Orbet. Sie schauten hinter jeden Schrank und kämmten das Stockwerk systematisch durch, aber ohne Erfolg. Gleichzeitig hatten die anderen Feuerwehrleute das Haus umstellt, um eine evtl. flüchtende Person abzufangen, ebenfalls ohne Erfolg. Es kam niemand.

Da war auch der Bauer überzeugt, es mit teuflischen Mächten zu tun zu haben. Ein Feuerwehrkamerad riet ihm, den Burgstockwirt in Hittisweiler (bei Haisterkirch) aufzusuchen und diesen um Rat und Hilfe zu bitten. Der Burgstockwirt verstand sich auf die Weiße Kunst und verfügte über eine „große Macht“ in solchen Dingen. Er wurde oft von Leuten aus der Umgebung aufgesucht und um Rat und Hilfe bei unerklärlichen Vorkommnissen gebeten. So auch diesmal.

Nachdem der Bauer sein Problem vorgetragen hatte, besann sich der Burgstockwirt eine Weile und riet dem Bauern Folgendes: Er werde versuchen, dem Übeltäter die böse „Macht“ zu nehmen. Daraufhin werde dieser den Bauern in den nächsten Tagen aufsuchen, ihn um einen Gefallen bitten oder etwas entlehnen, um seine Macht zurückzuerlangen. Weder der Bauer noch ein Familienmitglied dürfte sich darauf einlassen. Mehr noch, man solle die Person überhaupt nicht beachten.

So geschah es. Tatsächlich tauchte bereits am nächsten Tag jemand auf - es war der Stallknecht des Bauern. Er war schon etliche Jahre im Dienst bei dem Bauern und bewohnte eine Kammer im Ausgedinghaus, welches zur Hofanlage gehörte.

Wie der Burgstockwirt vorausgesagt hatte, wollte er etwas ausleihen. Nachdem er merkte, dass er offensichtlich nicht beachtet wurde, wandte er sich mit entsetztem Gesicht ab, bestieg sein Fahrrad und radelte davon. Als er spät abends wieder zurückkam, packte er in seiner Kammer seine Habseligkeiten und verschwand noch in der Nacht, ohne mit dem Bauern noch einmal geredet zu haben.

Wie sich später herausstellte, war er durch eine innere Kraft gezwungen, den Burgstockwirt aufzusuchen. Dieser erwartete ihn bereits und nahm ihm seine Macht vollständig ab.

Der Knecht hatte sich ein Buch über Schwarze Magie beschafft und neugierig begonnen, darin zu lesen und einige Formeln aufzusagen. Daraufhin ereigneten sich seltsame Dinge um ihn herum. Dies hatte zunächst nur er selbst bemerkt und er wollte seine Versuche beenden. Das gelang ihm allerdings nicht. Er hatte bereits etwas entfesselt, das er nicht mehr kontrollieren konnte. Es gipfelte darin, dass manchmal die Steine in der Tenne umherschwirrten, wenn er das Gebäude betreten hatte, und das war jeden Morgen um sechs und nachmittags um vier zur Stallarbeit.

Quelle: Diese Geschichte erzählte mir Josef R., Jg. 1932 aus Immenried, der aus Eberhardzell stammt.

Ein gefährliches Buch

Im Herbst 2002 bittet eine gehbehinderte ältere Bäuerin aus Bergatreute ihre Tochter, ihr doch aus dem Bücherschrank im Zimmer, in dem der verstorbene Onkel früher gewohnt hat, ein paar Bücher zu holen, damit sie sich beim Lesen die Zeit ein wenig vertreiben könne.

Als die Tochter mit einem Arm voller Bücher zurückkommt und diese auf den Tisch stellt, zeigt die alte Frau plötzlich auf ein kleines schwarzes Buch, bekreuzigt sich mehrmals hastig und schreit völlig hysterisch: „Tu das Buch weg, Jesus Maria und Josef! Ich habe gar nicht gewusst, dass es noch im Haus ist. Tut es weg, tut es weg um tausend Gott's Willen!"

Erst als das Buch aus dem Zimmer genommen wird, beruhigt sie sich ein wenig, steht mühsam auf und versprengt im ganzen Zimmer Weihwasser. Die Tochter muss ihr versprechen, dass das Buch möglichst sofort aus dem Haus kommt. Einer Bekannten, die abends zu Besuch kommt, wird der Vorfall erzählt, diese verspricht das Buch mitzunehmen und einem Pater, der ihr bekannt ist, zu zeigen.

Einige Tage später wird sie bei dem Pater vorstellig und zeigt ihm das Buch. Dieser betrachtet es schweigend, blättert ein wenig darin herum, macht ein Kreuzeszeichen und sieht seine Besucherin sehr nachdenklich an. Er fragt nicht, woher das Buch komme, sondern ob sie Angst davor habe. Diese verneint und meint, sie fürchte weder Tod noch Teufel! Daraufhin rät der Pater, dass sie versuchen solle das Buch zu verbrennen.

Wenn sie aber Angst davor habe, soll sie es da lassen, dann würde er versuchen es zu vernichten. Die resolute Frau nimmt das Buch mit nach Hause, heizt den Kachelofen ein und als es brennt, dass die Funken stieben, wirft sie das Buch hinein. Das Feuer kann dem Buch allerdings nichts anhaben, es fängt kein Feuer! Die Frau geht, um neues Holz zu holen. Als sie wieder zurückkommt und die Ofentür öffnen will, zischt es laut und unheimlich, als ob man Wasser auf eine heiße Herdplatte schüttet. Als sie die Ofentür öffnet, ist das Buch verschwunden!

Quelle: Erzählt von der Bekannten, die das Buch mitgenommen hat und die darauffolgende Begebenheit nach eigener Aussage selbst erlebt hat.

Einige Zeit später zieht im Hause der Bäuerin die Enkeltochter ins Zimmer des längst verstorbenen Onkels. Alles ist ruhig, bis ihr Freund bei ihr übernachtet. Um Mitternacht poltert es auf dem Gang, als ob jemand kegelt und die Kugel jedes Mal an die Tür prallt. Wenn die Tür geöffnet wird, ist nichts zu sehen oder zu hören, auch die anderen Hausbewohner nehmen den „Spektakel" nicht wahr.

Sobald die Tür wieder geschlossen wird, setzt auch der Spuk wieder ein. Das wiederholt sich jedes Mal bei der Anwesenheit des Freundes. Erst als auf dem Gang neben der Zimmertür ein Weihwasserkessel aufgehängt wird, ist das unheimliche Kegeln beendet.

Quelle: Ebenfalls von der Bekannten erzählt. Sie hat die Geschichte von der Jungbäuerin erzählt bekommen.

Sterben, Tod, arme Seelen & Geister

Der Tod und die armen Seelen waren ebenfalls oft ein Thema in der Hohstube. Im Nachhinein ist mir allerdings nicht mehr richtig in Erinnerung, ob alle diese Bräuche bei Sterbefällen/Beerdigungen aus der jüngeren Vergangenheit der alten Frauen, die davon berichteten, praktiziert wurden, oder ob sie aus ihrer Erinnerung erzählten. Oder ob sie die erzählten Ereignisse aus Erzählungen ihrer Altvorderen wussten.

Wenn jemand gestorben war, wenn der oder die Verstorbene kaum ausgeschnauft hatte, sollte umgehend ein Fenster geöffnet werden, damit die Seele entweichen könne und nicht im Zimmer bzw. im Haus verbleibe.

Um dies sicherzustellen, mussten alle Spiegel im Haus möglichst mit schwarzen Tüchern verhängt werden. Allgemein wurde befürchtet, die Seele könne sonst, von ihrem Spiegelbild gebannt, länger im Haus verweilen, bzw. irregeleitet werden oder sogar dableiben.

Damals verstarben die Leute meistens zu Hause und wurden bis zur Beerdigung auch dort aufgebahrt. Wenn an einem Leichnam die Augen nicht geschlossen blieben bzw. sich diese immer wieder öffneten, wenn sie von einem Angehörigen „zugemacht“ wurden, war dies ein schlechtes Zeichen.

„Dann ist bald darauf wieder eine Leich’“, hieß es. Strenggenommen bewahrheitete sich diese „Prophezeiung“ eigentlich immer, denn über kurz oder lang ist ja auf jeden Fall jemand verstorben. Und dann hieß es „Aha, da haben wir den Beweis“ - weil die oder der Verstorbene die Augen nicht schließen konnte.

Der Sterberosenkranz wurde an drei Abenden in der Kirche gebetet. Anschließend wurde dem im Trauerhaus aufgebahrten Leichnam Weihwasser gegeben und noch mal gebetet.

In den Nächten wurde von Angehörigen und Nachbarn eine Totenwache gehalten, während der meistens dem Bier und dem Schnaps ausgiebig zugesprochen wurde.

*

Interessant zum Thema Totenwache ist folgender Auszug aus der „Haisterkircher Dorfchronik" (um 1940) von Maria Knöpfler:

Ist ein Dorfbewohner gestorben, so wird zuerst die Leich angesagt. Noch am gleichen Tag wird bei Nachbarn, Verwandten und Bekannten der Tod des Dahingegangenen angesagt und zur Leich gebeten.

Während der beiden Nächte, solange der Tote im Haus aufgebahrt lag, kamen die Nachbarn und Altersgenossen zur Totenwache. Die sehr schöne und uralte Sitte artete aber mit der Zeit zu Gelagen aus, denn um die Anwesenden wach zu halten, wurde Bier und Wurst ausgeteilt.

Je nach der Zahl der Wachehaltenden, dem Alter des Verstorbenen und der Trauer, steigerte sich mit dem Ablauf der Stunden auch die Laune und der Durst der Anwesenden. Nur noch ab und zu schaute irgend einer der Wachhabenden ins Totenzimmer hinein, um eiligst wieder zur „trauernden Gesellschaft" zu eilen. Allerlei Geistergeschichten und auch lustige Begebenheiten aus dem Leben des Toten wurden erzählt, dazwischen der Durst gestillt und zuletzt ging es sehr lustig und oft ausgelassen zu. Bei Kindsleichen soll sogar des öfteren getanzt worden sein.

Der erste Weltkrieg machte diesem Brauch ein rasches Ende. Nach Ende des Krieges wurden diese Totenwachen auch nicht mehr „wiederbelebt" [so weit Knöpfler] !

*

Nach drei Tagen war die Beerdigung auf dem Friedhof. Der Sarg mit der Leiche wurde erst unmittelbar vorher mit dem Leichenwagen (mit Pferden bespannt) daheim abgeholt.

Eine aufgebahrte Leiche im Haus

Ist eine Beerdigung auf einen Montag gefallen, war das Grab über den Sonntag „offen". D.h., der Totengräber hatte es ja bereits am Samstag ausgehoben, da die Beerdigungen damals ja am zeitigen Vormittag stattfanden und da wäre am Montagmorgen keine Zeit mehr zum Grabausheben geblieben. Dies war allerdings ebenfalls ein schlechtes Omen: „Grab über den Sonntag offen" - da stirbt bestimmt bald wieder jemand!

Die Seele der/des Verstorbenen weilte inzwischen auf dem Friedhof, - wenn alles gut gegangen war und sie nicht irgendwie „aufgehalten" wurde. Und dort gehörte sie auch hin. Nicht umsonst heißt es Friedhof. In der ursprünglichen Bedeutung des Wortes hat dies nichts mit „Frieden", sondern mit „Einfriedung" zu tun. Eine Einfriedung wiederum ist eine Mauer, Zaun, etc., welche ein Grundstück, in diesem Fall den Gottesacker, umfriedet, und dieses nur durch ein verschließbares Tor betreten werden kann.

Der Friedhof, der „umfriedete“ Gottesacker, mit Beinhaus

Abends wurde das Friedhofstor geschlossen und erst am nächsten Morgen wieder geöffnet. Warum das alles? Die Leute hatten keine Angst, dass jemand Unbefugter den Friedhof betreten könnte, sondern dass ihn jemand verlässt! Irgendwelche Geister von Verstorbenen, die - warum auch immer - es nicht geschafft haben, ins Jenseits hinüberzutreten oder die daran gehindert wurden. Deshalb wurde der Friedhof in der Dunkelheit über Jahrhunderte als ein gruseliger, unheimlicher Ort gemieden.

Die Trauerkleidung ist schwarz. Nicht nur, um nach außen hin seine Trauer zu bekunden, sondern auch - mehr oder weniger - als Tarnfarbe, da die Seelen bzw. Geister der Verstorbenen schwarz nicht erkennen können (siehe verhängte Spiegel). Und während der Beerdigung ist die Seele der/des Verstorbenen ja noch anwesend und womöglich etliche andere auch. Sie sollten erst einige Zeit später durch Engel, verstorbene Verwandte oder andere jenseitige Wesen abgeholt werden.

Wenn also ein Trauergast in heller Kleidung am Begräbnis teilgenommen hätte, wäre ihm unter Umständen eine orientierungslose Seele nach Hause gefolgt und hätte angefangen, dort herumzuspuken.

*

Das Weihwasser an den Gräbern wurde reichlich verspritzt, da die armen Seelen im Fegefeuer von der Hitze, die dort herrscht, immer Durst hätten und sich am Weihwasser laben konnten.

Wie bereits eingangs erwähnt, ist mir unklar, aus welcher Zeit diese Bräuche stammen. Ältere Leute, die ich in heutiger Zeit dazu befragt habe, konnten sich auf jeden Fall kaum mehr an so etwas erinnern - mit der Ausnahme, dass bald jemand sterben würde, wenn eine Leiche die Augen nicht geschlossen hielt oder ein Grab über den Sonntag offen war. Dies wurde noch in den 1960er-Jahren gemunkelt. Vielerorts wurden die Verstorbenen noch bis Mitte/Ende der 1960er-Jahre zu Hause aufgebahrt.

*

Gebhard K. (Jg. 1950) war von 1960 bis 1965 in Bergatreute Ministrant. Er kann sich noch lebhaft daran erinnern, wie der Ablauf bei den Beerdigungen damals war:

Nachdem jemand im Ort verstorben war, wurde die Totenglocke geläutet und die Leichensagerin trat auf den Plan.

Im Auftrag der Trauer-Familie hat sie die Verwandten, Freunde, Bekannten über den Sterbefall informiert und zum Totenmahl geladen. Dieses Amt bekleidete zu meiner Zeit „Tscholla Viktor“ (Viktoria Tscholl), eine ältere Frau aus dem Ort. Für ihre Dienste wurde sie mit einem Trinkgeld entlohnt und außerdem am Beerdigungstag zum Morgenessen (Frühstück) eingeladen.

Nachdem an mehreren Abenden in der Kirche der Sterberosenkranz gebetet worden war, wurde vor der Beerdigung die bis dahin daheim aufgebahrte Leiche (im Sarg) mit dem Totenwagen abgeholt und auf den Friedhof transportiert. Ein Teil der Kränze wurde an den Leichenwagen gehängt, der andere Teil war in der Kirche bei der Tumba.

Eine Tumba, eine „Sargattrappe", wie sie vielerorts während des Requiems in der Kirche aufgestellt wurde

Die Abfahrt des Leichenwagens war nach dem Eintreffen des Pfarrers und der Ministranten. Die Trauergesellschaft ging betend hinter dem Leichenwagen und dem Pfarrer her. Direkt hinter dem Leichenwagen ging ein Bub, meist aus der Nachbarschaft, welcher das Sterbekreuz tragen musste.

Nach der Beerdigung wurde in der Kirche das Requiem gehalten - mit Tumba - einem Scheinsarkophag, der in der Kirche aufgestellt war, um den Leuten den Tod noch einmal vor Augen zu führen. Ein Teil der Kränze war um diese Tumba herum aufgebaut. Nach dem Requiem ging es zum Totenmahl in eine Wirtschaft.

Die Ministranten holten danach im Pfarrhaus einen großen Handwagen und transportierten die Kränze aus der Kirche auf den Friedhof. Danach gingen sie zum Totenmahl.

Beim Totenmahl gab es meist die obligatorischen Bratwürste mit Kartoffelsalat. War die Beerdigung an einem Freitag, musste beim Pfarrer die Erlaubnis eingeholt werden, das Freitagsgebot (fleischloses Essen) auszusetzen. Ansonsten konnte es sein, dass es zum Totenmahl lediglich Käse und Brot gegeben hat.

Hinter vorgehaltener Hand wurde nach dem Totenmahl darüber gesprochen, ob es eine „gute“ oder eine „weniger gute“ Leich’ war. Der Unterschied lag darin, wie spendabel die Nachkommen der oder des Verstorbenen waren. Gab es nur zwei Bier zum Essen, oder wurde die „Leich“ noch gebührend begossen, bis der Wirt zu vorgerückter Stunde das Ende des Totenmahls und damit des Freibiers bekannt gegeben hat? So weit Gebhard K.

*

Nachdem 1969 ein neuer Pfarrer sein Amt angetreten hatte, wurden so nach und nach die alten Zöpfe abgeschnitten. Zunächst wurde der Leichenwagen abgeschafft. Die Verstorbenen wurden nicht mehr zu Hause sondern in der Friedhofskapelle aufgebahrt.

Das Requiem wurde vor die Beerdigung verlegt und die Tumba wurde ersatzlos gestrichen. Mit Rücksicht auf den Schulunterricht, den die Ministranten bei einer Beerdigung am Vormittag versäumten, wurde diese auf den Nachmittag verlegt.

Am Anfang haben die Leute ein wenig gemurrt, weil plötzlich alles anders war als gewohnt. Heute ist dies längst vergessen und es ist „normal“, so wie es jetzt ist.

*

„Weibersterba kui Vrderba - Vieh vrrecka großer Schrecka“

Dieser Spruch aus früheren Zeiten ist heute noch manchem geläufig. Er stammt aus einer Zeit, als ein Witwer eine „neue“ (Ehe-)Frau praktisch „umsonst“ bekam. Vielleicht sogar noch mit einer Mitgift.

Wenn dagegen ein Pferd oder eine Kuh verendet ist, war der Schrecken groß, da dies ein herber finanzieller Verlust war.

Quelle: „Hohstube“ Bergatreute, 1970er-Jahre; Haisterkircher Dorfchronik; Gespräch mit dem ehemaligen Ministranten Gebhard K. im September 2013

Ein Irrlicht bei Giesenweiler

Ein Feldweg, der von Giesenweiler nach Stocken führt, durchläuft kurz nach Giesenweiler eine Senke durch die Riedwiesen. Dort war früher eine kleine Quelle, die von Schilf und Binsen umgeben war.

In der Dämmerung war vielen Fußgängern ein Irrlicht aufgefallen, welches sich ein Stück unterhalb der Quelle in der Wiese hin und her bewegte und stark flackerte. Die Leute gingen ungern an der Stelle vorbei und nahmen lieber einen Umweg in Kauf, als dem unheimlichen Licht zu begegnen.

Nach etlichen Jahren nahm ein beherzter junger Knecht, der einen Schatz an der Stelle erhoffte, all seinen Mut zusammen, nahm eine Laterne und einen Spaten und ging nachts an den besagten Ort, an dem er tatsächlich das Licht antraf.

Weiter auf Seite 123

Untenstehende „Berichtigung“ erschien 1861 im Waldseer Wochenblatt

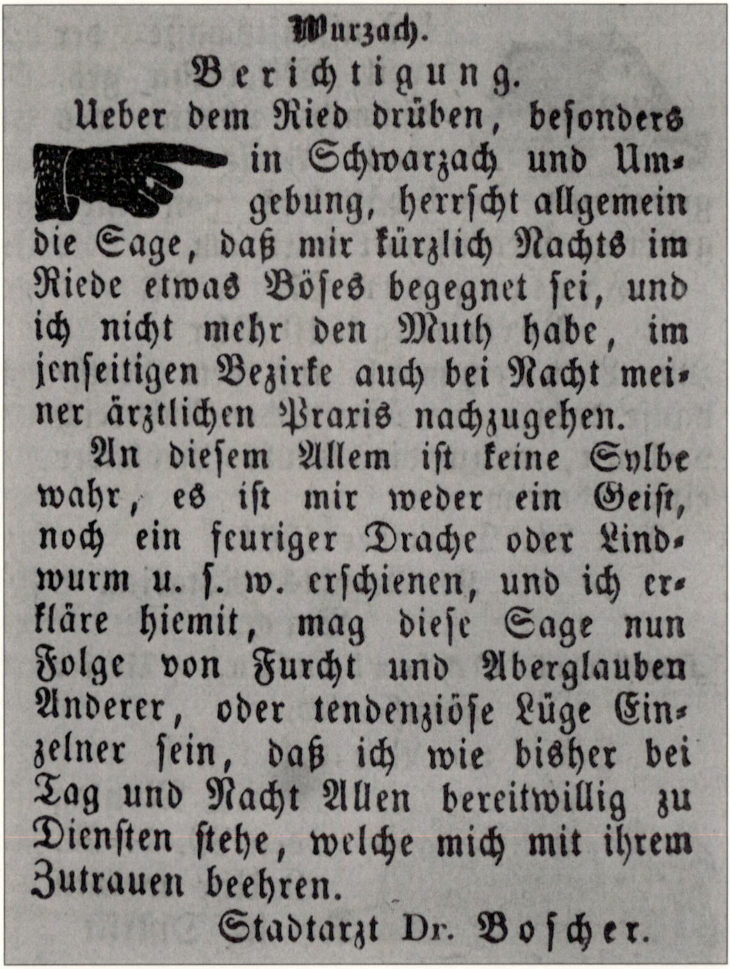

Wurzach.

Berichtigung.

Ueber dem Ried drüben, besonders in Schwarzach und Umgebung, herrscht allgemein die Sage, daß mir kürzlich Nachts im Riede etwas Böses begegnet sei, und ich nicht mehr den Muth habe, im jenseitigen Bezirke auch bei Nacht meiner ärztlichen Praxis nachzugehen.

An diesem Allem ist keine Sylbe wahr, es ist mir weder ein Geist, noch ein feuriger Drache oder Lindwurm u. s. w. erschienen, und ich erkläre hiemit, mag diese Sage nun Folge von Furcht und Aberglauben Anderer, oder tendenziöse Lüge Einzelner sein, daß ich wie bisher bei Tag und Nacht Allen bereitwillig zu Diensten stehe, welche mich mit ihrem Zutrauen beehren.

Stadtarzt Dr. Boscher.

Hatte sich damals jemand einen Schabernack mit dem Stadtarzt erlaubt und entsprechende Gerüchte in Umlauf gebracht?

Fortsetzung von S. 121
Zunächst huschte es flackernd bald hierhin, bald dorthin. Nach einiger Zeit blieb es ruhig an einer Stelle stehen. Der junge Mann fing genau dort an zu graben. Bereits nach kurzer Zeit stieß er auf das Skelett eines Kindes, welches dort verscharrt war. Am nächsten Tag wurde das Skelett auf den Friedhof nach Bergatreute überführt und in geweihter Erde begraben. Seitdem wurde das Licht nie mehr gesehen.

Die Leute glaubten sich zu erinnern, dass vor etlichen Jahren einmal eine Magd in Begleitung eines Kindes kurz bei einem Bauern in Giesenweiler im Dienst war. Diese ist eines Nachts spurlos verschwunden. Ob das gefundene Skelett von diesem Kind stammte und ob es eines natürlichen Todes gestorben oder einem Verbrechen zum Opfer gefallen war, konnte nie aufgeklärt werden.

Quelle: Bea W. Jg. 1964 aus Giesenweiler hat die Geschichte von ihrer Oma gehört. Zugetragen haben soll sich das Ganze um 1880.

Der Teufelshund

Früher hieß es, beim Feldkreuz am Weg von Giesenweiler nach Bergatreute soll angeblich der Teufel als schwarzer Hund ahnungslosen Leuten auflauern. In den 1920er-Jahren ist eine Frau aus Bergatreute in der Dämmerung mit dem Fahrrad auf diesem Weg unterwegs. Mit etwas gemischten Gefühlen fährt sie an dem Kreuz vorbei, als neben ihr plötzlich ein schwarzer Hund aus der Dunkelheit auf sie zuspringt! Die Frau erschrickt so, dass sie fast die Gewalt über ihr Fahrrad verliert. Nach einer Schrecksekunde tritt sie mit aller Kraft in die Pedale. Da es leicht bergab geht, hat sie schnell einen kleinen Vorsprung. Sie hört hinter sich den Hund bellen und eine Kette rasseln. Sie fährt um ihr Leben, da sie meint, der Leibhaftige sei hinter ihr her. Als sie in den Riedweg einbiegt, ist die unheimliche Erscheinung plötzlich verschwunden.

Ganz verstört und völlig erschöpft kommt sie zu Hause an. Zunächst bringt sie kein Wort heraus. Ihr Mann bringt sie erst nach einer Weile dazu, das Erlebte zu erzählen. Am nächsten Tag stellt sich heraus, dass sich bei einem Bauern in Oberstocken der Hund samt der Kette losgerissen hat und dieser nachts im Ried herumgestreunt ist!

Quelle: „Hohstube“ Bergatreute, 1970er-Jahre. Das Besondere an dieser Geschichte: In der Hohstube wurde ein andermal erzählt, dass dieses Feldkreuz 1896 angebracht wurde, um ein Irrlicht zu bannen (siehe unten links). Gegen den Teufel war dieser Bann offensichtlich wirkungslos.

Zwei Wegkreuze gegen das Böse

Links Bergatreute (Riedweg), rechts bei Haisterkirch im Wald

Ein Wegkreuz gegen den Teufel

Auf dem Weg, den die „Grabener“ durch den Wald ins Pfarrdorf Haisterkich zu gehen haben, steht seit langer Zeit ein Wegkreuz (siehe vorige Seirte rechts).

Ehe dieses Kreuz dort errichtet war, soll an dieser Stelle ein schwarzer Pudelhund einem nächtlichen Wanderer zunächst den Weg verlegt haben, bevor er dem armen Manne mit einem Satz auf den Buckel sprang und nicht mehr von ihm abließ. In seiner fürchterlichen Angst und Not bekreuzigte dieser sich und rief laut die drei höchsten Namen Gottes an.

Sofort verschwand der Pudel und der Mann konnte seinen Weg unbehelligt weiterziehen. Weil ihm also der Teufel in höchst eigener Person dergestalt begegnet war, ließ er das Kreuz an diesem Platz errichten, und seither hat auch nie mehr ein Teufel sich blicken lassen.

Quelle: Haisterkircher Dorfchronik

Anmerkung: Wie in der vorherigen Geschichte wird auch hier ein Wegkreuz zum Schutz gegen „das Böse“ installiert.

Die Gespenstererscheinung im Waldbad

Das Waldbad bei Baienfurt wird bereits in einer Urkunde aus dem 15. Jh. als „Bad im Altdorfer Wald“ erwähnt. Es gehörte den Truchsessen von Waldburg und wurde von diesen als Erblehen vergeben.

1819 erwarb Caspar Walser aus Altshausen das gesamte Anwesen für 5000 Gulden.

Nach einem „Medicinal Visitationsprotokoll“ von 1825 stieg die frühere Besucherzahl von 150 - 200 Gästen auf 350 - 400 Heilungssuchende pro Jahr. Die drei Quellen des Bades wirken als Heilquelle: „[...] vorzüglich bei offenen

Schäden, steifen Gliedern, arthritischen Beschwerden und wird besonders bei Hautkrankheiten benützet."

Walser erweiterte das Haus 1844 um einen Anbau. Es gab 19 Gästezimmer und zwei für männliche und weibliche Badegäste getrennte je 20 Personen fassende Badehallen im unteren Stock. Im ersten Stock des Hauses befand sich auch eine kleine Hauskapelle, in der Patres aus benachbarten Klöstern die Messe lasen, wenn sie sich zur Kur im Waldbad aufhielten.

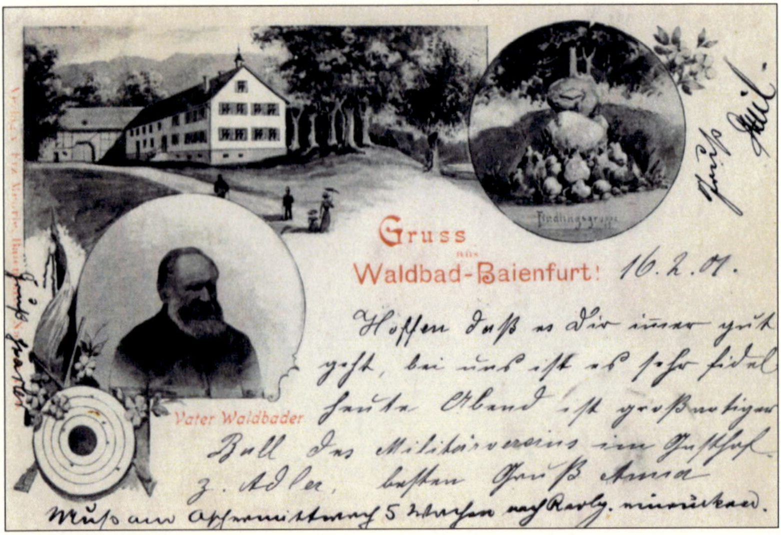

Das Waldbad auf einer Ansichtskarte von 1901

Der Sohn Josef Walser (*1827) übernahm nach dem Tode seines Vaters das Bad und die dazugehörige Landwirtschaft. Außerdem betrieb er eine Fischzucht.

Badwirt Josef Walser verschaffte sich nicht nur durch seine Originalität und Aufgeschlossenheit, sondern auch als guter Jäger und Fischer einen bekannten Namen. Allgemein wurde er der „Vater Waldbader" genannt.

Fritz Siebenpfund, ein Urenkel Josef Walsers, berichtet in seinen Erinnerungen, die er 1975 aufgezeichnet hatte, von rätselhaften Ereignissen, die im Waldbad vorgefallen seien. Seine Mutter verbrachte 1897, damals 17 Jahre alt, ihre Ferien bei ihrem Großvater im Waldbad. Eines Nachts, sie schlief in einem Zimmer im ersten Stock, erwachte sie plötzlich. Sie erhob sich im Bett und blickte schräg durchs Fenster in den durch das Mondlicht hell erleuchteten Hof. Als sie sich zum Hinlegen wieder zurückdrehte, sah sie plötzlich am Fußende ihres Bettes klar und deutlich einen Mönch mit Kapuze und Rosenkranz, der gerade segnend seine Hand erhob …

Voller Entsetzen vor dieser unheimlichen Erscheinung verkroch sie sich schlotternd vor Angst unter der Bettdecke. Sie kam erst wieder hervor, als sie durch markante Hofgeräusche wie Türenschlagen usw. erkannte, dass längst wieder heller Tag war. Nach dem Aufstehen berichtete sie schreckensbleich ihrem Großvater und ihrem Onkel von der Erscheinung. Diese beschwichtigten sie und wollten ihr einreden, sie habe geträumt.

Erst Jahre später erfuhr sie durch ihren Onkel, dass bereits in den 1850er- und 1870er-Jahren jeweils einer jungen Frau im gleichen Zimmer ebenfalls in einer Vollmondnacht ein geisterhafter Mönch erschienen war. Seltsam …

Josef Walser verstarb 1902. Seine Erben verkauften das Anwesen 1918. Am 10. Januar 1926 wurde das Waldbad-Gebäude infolge eines Brandes völlig eingeäschert.

Unter einem neuen Besitzer wurde es wieder aufgebaut und erlebte als Familien-, Licht-, Luft- und Schwimmbad seine Blütezeit in den 1920er- bis 1960er-Jahren. Aber das ist eine andere Geschichte.

Quelle: Das Waldbad bei Baienfurt, in: Der Minister auf der Nudelpackung - Geschichten aus Oberschwaben, Paul Sägmüller, Eppe 2006

Ein Geist zeigt sich

Eines Tages, ich war damals etwa 12 Jahre alt, war ich mit meiner Mutter zu Fuß von Vogt nach Ankenreute unterwegs. Wir hatten einen Handkarren dabei, um dort Kartoffeln zu holen. Wir hatten es recht lustig, schwatzten miteinander und sangen ein paar Lieder vor uns hin. An einer Anhöhe im Wald merkte ich, dass meine Mutter plötzlich recht einsilbig wurde. Mir fiel auch auf, dass sie immer mehr erbleichte. Sie sagte kein Wort mehr, sondern ging weiter, ohne anzuhalten oder sich umzusehen.

Erst als wir bei der Frau angekommen waren, um die Kartoffeln abzuholen, erzählte sie Folgendes: Auf einmal habe sie in einem Fichtenaufwachs abseits des Weges eine weiße Gestalt mit Zipfelmütze wahrgenommen. Diese spreizte die Arme unnatürlich ab und verharrte bewegungslos. Sie hatte den Eindruck, als würde die Gestalt schweben. Sie war überzeugt, einen Geist gesehen zu haben.

Die Frau, bei der wir die Kartoffeln abholten, meinte, man hätte den Geist eventuell ansprechen sollen, da er vielleicht irgendwie verdammt sei. Als meine Mutter wieder Farbe im Gesicht hatte, meinte sie nur, das wäre schlecht möglich gewesen, da die Erscheinung mindestens 50 Meter vom Wegrand entfernt gewesen sei.

Auf dem Rückweg blieb alles ruhig, und an der besagten Stelle zeigte sich niemand mehr.

Quelle: Gespräch mit Anni H., Jahrgang 1928, aus der Gemeinde Vogt am 05. Juni 2013

Der unheimliche Schrank

Otto S. (Jg. 1903) bewirtschaftete in Bergatreute einen Bauernhof. Er wurde als Sonderling angesehen. Die einen erzählten, das Böse habe ihn verfolgt, andere meinten, er habe einfach „einen Sparren“ gehabt (eine „Schraube locker“). Des Öfteren wurde er beobachtet, wie er mit der Mistgabel im Stall auf einen offensichtlich Unsichtbaren losging und immer wieder schrie: „Lass me’ in Ruh, lass me’ in Ruh, lass me’ in Ruh!“

Beim Mähen konnte es sein, dass er bei jedem Schnitt mit der Sense mit dumpfer Stimme und verzerrtem Gesicht vor sich hin sagte: „Gang weg, gang weg, gang weg!“, manchmal so lange, bis er mit Mähen fertig war. Während dieser „Anfälle“ war er nicht ansprechbar.

Er war sehr verschlossen und lebte recht eigenbrötlerisch. Am 9. Juni 1939 fand man ihn auf dem Heustock seines Anwesens erhängt auf. Er hatte sein Leben wohl nicht mehr ausgehalten …
Der Haushalt wurde aufgelöst, und die Gemeinde kaufte das Anwesen.

Bauer Josef Küble aus Witschwende („Sandküble“) kaufte einen Kleiderschrank aus dem Nachlass des Otto S. Diesen Schrank stellte er im obersten Stock seines Bauernhauses auf. Darin wurden Kleider aufbewahrt, die man in der jeweiligen Jahreszeit nicht brauchte. Im gleichen Stock wurden auch die Fruchtvorräte gelagert.

Josef und Johann, damals 19 und 15 Jahre alt, die Söhne des Bauern, hatten ihre Schlafkammer direkt unterhalb dieser Bühne. Eines Nachts wachten sie plötzlich auf, weil sie von oben deutlich Schritte vernahmen und ein Knarren hörten. Sie standen aus ihren Betten auf, öffneten die Kammertür und lauschten hinauf.

Es war gut zu hören, wie oben jemand umherging, die Türen des Kleiderschranks immer wieder öffnete, darin herumrumorte, als ob er etwas suche und dann wieder verschloss. Die Schranktüren knarrten fürchterlich. Die beiden Lauscher schauten einander an und wagten kaum zu atmen. Die Schritte entfernten sich. Plötzlich hörten sie ein Geräusch, als ob jemand mit einer Schaufel den Kornvorrat umschaufeln und gegen die Wand oder ein Sieb schleudern würde. Als der Spuk nach einiger Zeit aufhörte, gingen sie wieder zu Bett, konnten aber vor Angst nicht mehr schlafen.

Am nächsten Morgen erzählten die Söhne das Erlebte ihrem Vater. Der glaubte, sie hätten schlecht geträumt. Als sich die Sache in den darauffolgenden Nächten wiederholte, bekamen es die Jungen so mit der Angst zu tun, dass sie sich weigerten, in der Kammer zu schlafen. Da wurde es auch dem Vater unheimlich. Er suchte den Pfarrer auf und erzählte diesem die Geschichte. Der nahm die Sache sehr ernst. Er besuchte den Bauern, segnete das Haus aus und las am nächsten Tag eine Messe für Otto S. Seither ist der Spuk nicht mehr aufgetreten.

Quellen: Geschichte um Otto S. „Hohstube" Bergatreute, 1970er-Jahre); die Vorkommnisse um den Schrank im Haus Küble erzählte mir ein Sohn des in der Geschichte vorkommenden Johann Küble.

Die Gespensterbaracke in Bad Waldsee

Ein Zeitungsmeldung aus dem Jahr 1962 berichtet: Wilde Gespenstergeschichten machten mehrere Wochen die Runde durch die Stadt. In einer Baracke auf dem Döchtbühl spuke es. Nicht nur die Bewohner der Baracke, sondern viele Zuschauer bezeugten die Tatsache eines unheimlichen Gespenstergeschehens.

Fast Abend für Abend umstanden Neugierige die Baracke und hörten das wilde Rumoren drinnen. Es flogen Steine von der Decke, Stühle und sonstige Hausgeräte wirbelten durch die Stube. Sandalen verschwanden aus einem Koffer und sausten über den Tisch, trafen mit scharfschützenmäßiger Treffsicherheit das Kerzenlicht und löschten es aus, und als dann wieder die Kerze entzündet war, stellte es sich heraus, dass nur noch eine Sandale vorhanden und die andere spurlos verschwunden war.

Die Baracken auf dem Döchtbühl

Überdies bemerkte der Inhaber des Koffers und der Sandalen, dass der Kofferschlüssel, den er im Geldbeutel seiner Hosentasche hatte, unbemerkt herausgesprungen war, sich aber später in seinem Stiefel fand. Also ganz gräuliche gespenstische Dinge.

Wenigstens für die, die an Gespenster glauben. Für die anderen, die Nüchternen, Verstandeskühlen dagegen gab es ein paar Kennzeichen, die nach menschlicher Einfalt und Phantasielosigkeit rochen. Erstens hielt sich dieses angebliche Gespenst nicht an die auf aller Welt gültige Geisterzeit zwischen 24 und 1 Uhr, sondern begann schon mit Eintritt der Dunkelheit zu rumoren.

Es musste daher ein Außenseiter der Gespenstergilde sein. Vielleicht war es wegen Widerspenstigkeit und Missachtung der Gespenstergesetze ausgestoßen oder wegen Nichtbestehens der Gespensterprüfung gar nicht aufgenommen worden. Zweitens suchte sich dieser Anfänger von Gespenst ausgerechnet einen nur mit Kerzenlicht notdürftig erleuchteten Raum aus. Drittens fühlte es sich umso mehr zu Tumult und Lärm angespornt, je mehr Zuschauer draußen vor der Baracke standen.

Es gab offensichtlich richtiggehende Gespenstervorstellungen für das in wohliger Gruseligkeit draußen zuhörende Publikum. Es musste ein sehr dummes und eitles Gespenst sein, zwei Eigenschaften, die doch gar nicht zu einem richtigen Gespenst passen, das, wie man weiß, aller menschlichen Gefhle und Regungen bar ist.

Die Gespenstereien waren zudem sehr primitiv und umfassten nur das Repertoire eines minderbegabten blutigen Eleven. Aber trotzdem gab es offensichtlich viele Menschen, die den lautstarken Spuk halb oder ganz glaubten. Was wurde nicht alles davon erzählt! Die Schwarze Magie, die Weiße Magie, das siebte Buch Moses und was für sonstiges verrücktes und verruchtes Zeug mussten herhalten, um die Menschen gruseln zu machen.

Mit einem Schlag war dann der Spuk zu Ende. Die Polizei ging eines Abends in die Geisterbaracke, wies die Neugierigen zur Tür hinaus und von der Baracke weg. Drinnen nahmen die in solchen Dingen erfahrenen Beamten den Geisterhausbewohner, einen zweifelhaften Marokkaner, unter scharfe Bewachung - und siehe da: die volle Stunde lang ereignete sich keiner der sonst üblichen gespenstischen Vorfälle!

Das Gespenst musste offenbar einen Heidenrespekt vor der Polizei haben und fürchten, am Wickel gepackt zu werden. Das wollte es nicht riskieren und verhielt sich ruhig! Es flogen keine Steine, es geschah überhaupt nichts Verdächtiges, geschweige denn Gespenstisches.

Womit für jeden Vernünftigen der eklatante Beweis erbracht war, dass es sich um ein menschliches Gespenst hatte handeln müssen. Da aber die Unvernünftigen und Dummen nie zu belehren sind, werden sie auch künftig Zeichen ihrer Unvernunft geben und beim nächsten Spuk wieder eilends ihre Beine und ihre klugschwätzenden Zungen in Bewegung setzen und ihre dürftige Phantasie gallige Blasen treiben lassen.

Quelle: Schwäbische Zeitung Bad Waldsee, 7. Dezember 1962

Anmerkung: 1962 befanden sich auf dem Döchtbühl noch die Ende der 1930er-Jahre als RAD-Unterkünfte gebauten Baracken (heute Schulzentrum). Später wurden diese als Flüchtlingsnotunterkünfte genutzt und danach als Sozialwohnungen. Abgebrochen beim Bau der Schulen.

Der Armeseelenwecker

In Giesenweiler erzählte auf einem Bauernhof die Großmutter, die sehr abergläubisch war, von Zeit zu Zeit ihren Enkeln allerlei Gruselgeschichten und Schauermärchen. Sie berichtete u. a., wenn man am nächsten Morgen keinesfalls verschlafen darf, müsse man zu den armen Seelen beten, damit diese einen am nächsten Morgen pünktlich wecken.

Als einige Zeit später eine Enkelin am nächsten Tag einen Schulausflug hat und trotz des eingeschalteten Weckers Angst hat zu verschlafen, erinnert sie sich an diese Geschichte. Sie betet vor dem Einschlafen zu den armen Seelen, sie am nächsten Morgen ja pünktlich zu wecken.

Am nächsten Morgen wird sie, kurz bevor der Wecker rasselt, unsanft an den Haaren gezogen und wacht auf. Sie schlägt die Augen auf und bemerkt zu ihrem Entsetzen, dass sie allein im Zimmer ist. Vor Schreck bleibt sie eine Weile regungslos liegen. Alles ist ruhig. Als sie sich im Bett aufrichten will, wird sie wieder an den Haaren gezupft. Jetzt erst bemerkt sie zu ihrer Erleichterung, dass sich eine Haarsträhne an einem Knopf des Kissenbezugs verfangen hat.

Quelle: Bea W. Jg. 1964: „Diese Geschichte habe ich um 1975 selbst erlebt und obwohl sich der Spuk damals aufgeklärt hat, habe ich seither nie mehr zu den armen Seelen gebetet!“

Der Mann in der Wand

Eine junge Familie war 1992 in ein älteres, renoviertes Einfamilienhaus eingezogen. Im Badezimmer im ersten Stock befand sich über der Badewanne der Wickeltisch. Links von der Badewanne war eine Dachschräge. Kurz nach dem Einzug starrte der etwa zweijährige Bub plötzlich an die Wand der Dachschräge und sagte: "Mama, da ist ein Mann!" Die Frau folgte dem Blick ihres Sprösslings, konnte aber nichts erkennen und nahm die Äußerung des Buben nicht ernst.

Allerdings wiederholte es sich in unregelmäßigen Abständen, dass der Junge den Mann sah, welcher nach seiner Aussage manchmal lachte, aber meist „böse" aussah. Mit der Zeit weigerte sich das Kind das Bad zu betreten, da es vor dem Mann panische Angst bekommen hatte. Auch der Mutter wurde die Sache langsam unheimlich.

Sie bat eine Freundin um Rat. Diese schlug vor, das ganze Haus auszuräuchern, um damit den Spuk, sollte es einer sein, zu vertreiben. Bereits am nächsten Tag wurde das Vorhaben realisiert. Die beiden Frauen räucherten die komplette Wohnung und besonders intensiv das Badezimmer aus. Sie waren sich ihrer Sache sehr sicher, denn sie hatten bei der Aktion ein „gutes Gefühl".

Die Ernüchterung kam, als der Bub das nächste Mal gewickelt werden sollte. Als die Mutter ihn auf den Wickeltisch legte, starrte dieser sofort auf die Wand, zuckte zusammen und schrie vor Angst auf: „Mama, Mama, der Mann hat in einer Hand ein großes Messer und mit der anderen greift er nach mir." Der Frau grauste es, sie riss den Buben vom Wickeltisch und verließ das Bad fluchtartig.

In der nächsten Zeit wurde das Bad nur noch von den Eltern benutzt. Der kleine Bub wurde im Wohnzimmer gewickelt. Die Frau suchte eine Lebensberaterin auf, um Rat und Hilfe zu holen. Diese wollte zuerst eine Liste aller vorherigen Hausbewohner und deren Lebens- und Todesumstände sowie eine Liste von den näheren Verwandten des Ehepaars. Nach einigen Tagen der Recherche hatte die Mutter alle Daten zusammen und der Lebensberaterin gegeben.

Bei der Aufarbeitung dieser Daten stellte sich Folgendes heraus: Ein früherer Besitzer des Hauses, ein Großonkel des Ehemanns, war Ende der 1960er-Jahre bei einem unverschuldeten Verkehrsunfall ums Leben gekommen. Die Lebensberaterin versetzte die Frau in eine Art Trance und diese konnte in dem Zustand, den sie als Traum erlebte, Kontakt mit dem Großonkel aufnehmen.

Dieser gab zu verstehen, dass er (bzw. sein Geist) damals, nach dem Verkehrsunfall, zunächst die Orientierung verloren habe und in sein Haus zurückgekehrt sei. Er hätte bald bemerkt, dass ihn niemand wahrnehmen konnte. Er blieb in dem Haus, da er nicht wusste wohin. So war er all die Jahre sein eigener Gefangener, da er nicht realisiert hatte, dass er gestorben war. Er sah, wie seine Frau starb, wie fremde Leute ein- und auszogen und konnte nicht erlöst werden. Nur der Bub konnte ihn im Badezimmer sehen. Er hatte das Kind mit der Zeit liebgewonnen und wollte es eigentlich beschützen. Es war ihm nicht recht, dass es Angst vor ihm hatte.

Als er durch das Räuchern vertrieben werden sollte, hatte er sich mit dem Messer bewaffnet. Die Frau konnte ihm klarmachen, dass er schon längst tot sei und nicht mehr hierher gehören würde. Er war überrascht, dies zu erfahren und versprach, das Haus nun sofort zu verlassen. Er teilte der Mutter zum Abschied noch mit, dass sie dem damaligen Unfallverursacher, der bei dem Autounfall seinen Tod verursacht hatte, ausrichten solle, er würde ihm den Unfall nicht nachtragen.

Als die Frau wieder aufwachte, konnte sie sich zunächst nur vage an dieses „Erlebnis“ erinnern. Der Bub sah seit dieser Zeit den Mann in der Wand nicht mehr, und er tauchte auch nie mehr auf.

Quelle: Michaela S., Jg. 1968, damals wohnhaft in Bergatreute

Die erschreckte “arme Seele”

2002 bin ich mit meiner Frau in eine andere Wohnung gezogen. Bereits kurz nach dem Einzug hat mich eine Bekannte, die lange Zeit in einem Nachbarhaus gewohnt hatte, gefragt, ob ich den Geist schon gehört habe.

Als ich sie fragte, welchen Geist ich gehört haben soll, erklärte sie mir, dass ein Mann, der in dem Haus gelebt habe, in den 1970er-Jahren im einem Waldstück in der Nähe des Orts Selbstmord begangen habe. Und seitdem spuke es in dem Haus ein wenig. In der Wohnung habe man schon von der Bühne leise Schritte und sonstige „Geräusche“ vernommen. Als sie mein verdutztes Gesicht sah, lachte sie und meinte, das sei schon lange her, aber sie habe die Geräusche damals selbst gehört, als sie hier zu Besuch gewesen sei. Vielleicht sei es ja die „arme Seele“ des Selbstmörders, der keine Ruhe finde, meinte sie lachend.

Einige Zeit später, als ich abends im Bett lag, vernahm ich auch seltsame leise Geräusche von der Bühne. Ich tat dies als Hirngespinste ab, zumal mich meine Frau auslachte, als ich ihr davon erzählte. Ich solle schlafen und nicht ständig nach etwas lauschen, was es wohl nur in meiner Einbildung gäbe.

Ich hörte zwar immer mal wieder ein „leises Schaben“ im oberen Stock, was ich allerdings auch darauf zurückführte, dass die Wohnung recht hellhörig ist. Und wer weiß, dachte ich, vielleicht bilde ich mir ja wirklich etwas ein.

Eines Tages, als ich ins Schlafzimmer gegangen war, hatte ich sofort das Gefühl, als ob außer mir noch jemand im Raum wäre. Und tatsächlich war jemand oder etwas am Fenster. Dieses Etwas sah aus wie ein mit Rauch gefüllter farbloser Luftballon, etwa 30 Zentimeter hoch und 15 cm im Durchmesser. Es schwebte etwa 1,5 Meter über dem Boden. Als ich ein paar Schritte darauf zu machte, um mir dieses „Phänomen“ etwas näher anzusehen, zuckte es, als ob es erschrocken wäre und schwebte „zitternd“ vom Fenster weg durchs Schlafzimmer hindurch, im Bogen an mir vorbei zur Tür hinaus.

Im Hausgang schwebte die Erscheinung zunächst ein Stück den Hausgang entlang, drehte plötzlich um und zwängte sich durch den Türspalt der Tür, welche auf die Bühne führt (da diese Tür ein wenig verzogen ist, ist über dem Türdrücker ein Spalt von etwa fünf Millimetern).

Die Erscheinung presste sich derart zusammen, dass ich dachte, sie müsste jeden Moment platzen! Auf der Bühne habe ich noch nie nachgeschaut, da ich keinen Schlüssel dazu habe. Mein Vermieter, auf die Sache angesprochen, hat mich bloß ausgelacht und erklärt, dass er selbst ein paar Jahre in der Wohnung gelebt habe und weder etwas gehört noch gesehen habe.

Ich bin mir allerdings völlig sicher, das „Phantom“, genauso wie beschrieben, gesehen zu haben!

Quelle: Ludwig G., Jg. 1940, Bergatreute

Anmerkung: Auf Nachfrage bei der vor 35 Jahren verzogenen Bekannten aus dem Nachbarhaus erklärte mir diese, die „arme Seele“ damals mit eigenen Ohren gehört zu haben, wie sie im oberen Stockwerk herumgetappt sei.

Diebeslichter

In früheren Zeiten wurden von den Hebammen oft bei tot geborenen oder früh verstorbenen Kindern die Hände abgeschnitten. Die Hebammen verkauften diese dann an eine Hexe, die um jeden Finger der abgetrennten kleinen Hand einen Docht wickelte und die Hand in Wachs eintauchte.

Von Räubern und Einbrechern waren diese Hände als Diebeslichter hoch begehrt. Wenn sie irgendwo einbrechen wollten, zündeten sie an allen Fingern ein Licht an. Brannte die Flamme ruhig und gleichmäßig, bedeutete das, dass in Haus und Hof alle Bewohner fest schliefen. Wollte eine Flamme oder wollten auch mehrere nicht angehen, bzw. verlöschten sie plötzlich, so hieß dies Vorsicht! Ein oder mehrere Bewohner des Hauses schlafen noch nicht oder sind aufgewacht!

Quelle: „Hohstube“ Bergatreute, 1970er-Jahre

Anmerkung: Eigentlich verwunderlich, dass diese Geschichte um 1970 noch präsent war, da doch diese angeblichen Gräueltaten ja schon vor etlichen Hundert Jahren verübt worden sein sollen.

Milch aus dem Handtuch melken

Im Bergatreuter Teilort Siegenwieden gaben die Kühe eines Bauern plötzlich keine Milch mehr. Daraufhin suchte er Rat bei einem Mann, der von solchen Dingen etwas verstand. Dieser erklärte, dass jemand den Kühen die Milch nehmen könne, indem er in seiner eigenen Stube ein Handtuch über einen Stuhl hänge und daraus die Milch melke. Diese Person könne sich dadurch verraten, dass sie in den nächsten Tagen beim Bauern etwas ausleihen wolle. Wenn dieser Wunsch abgeschlagen würde, so sei der Bann gebrochen.

Tatsächlich kam in den nächsten Tagen eine Frau aus Bergatreute, sie wollte einen Rechen ausleihen, denn ihre Wiese grenzte an die des Bauern. Er schlug der Frau diesen Wunsch ohne nähere Erklärung ab und schickte sie weg. Am gleichen Abend gaben die Kühe beim Melken wieder Milch.

In dieser historischen Darstellung melkt eine Hexe Milch aus einem Axtstiel

Der Frau des Bauern ließ der Vorfall keine Ruhe. Nach einiger Zeit sprach sie am Sonntag nach dem Gottesdienst die Frau an und fragte sie direkt, ob sie eine Hexe sei und ihren Kühen die Milch genommen habe. Die Frau fiel darauf aus allen Wolken und ließ sich die Sache erklären. Sie war fassungslos über den Verdacht und beteuerte ihre Unschuld. Die Bäuerin glaubte ihr. Ihr Mann allerdings war bis an sein Lebensende überzeugt, dass er es mit einer Hexe zu tun gehabt hatte und verbot ihr, den Hof auch nur zu betreten!

Quelle: „Hohstube" Bergatreute, 1970er-Jahre

Eine Küfersfrau als Hexe

Mein Großvater, der auf einem Bauernhof in der Nähe von Horgenzell lebte, erzählte einmal folgende Geschichte: In der Nachbarschaft wohnte ein Küfer. Dessen Frau wurde nachgesagt, dass sie in ihrer Küche regelmäßig Milch aus einem Handtuch melken würde.

Im Stall des Großvaters dagegen gaben die Kühe oft zu wenig Milch. Da die Küferin oft bei meiner Großmutter eine Kleinigkeit ausgeliehen hatte, vermutete man, dass sie dadurch Macht über den Stall gewonnen hat.

Nachdem die Küferin gestorben war, tauchte aus dem Nichts eine schwarze Katze in der Stube des Großvaters auf. Mein Vater, damals noch ein junger Kerl, wollte die Katze mit einem Prügel totschlagen. Allerdings hinderte ihn mein Großvater daran und öffnete ein Fenster, um die Katze hinauszulassen. Diese verließ auch fluchtartig das Haus.

Als man dem Pfarrer von dem Vorfall erzählte, meinte dieser, dass es gut gewesen sei, dass mein Vater nicht nach der Katze geschlagen habe, da dieser Schlag verstärkt auf ihn zurückgefallen wäre.

Meine Großeltern waren überzeugt, dass die schwarze Katze die Seele der Küferin gewesen sei, welche zur Strafe nach ihrem Tod zu den Leuten gehen musste, denen sie jahrelang den Kühen die Milch gestohlen habe.

Ereignet haben soll sich die Geschichte so um 1912.

Quelle: Johann H., Jahrgang 1929 aus der Gemeinde Vogt bei einem Gespräch mit dem Autor am 05. Juni 2013

Die unheimliche Anhalterin

Alois Sonntag aus Bergatreute war um die Jahrhundertwende (1900) mit seiner Chaise von Rötenbach nach Bergatreute unterwegs. Im Wald zwischen Wolfegg und Alttann fragte ihn eine alte Frau, ob sie ein Stück mitfahren dürfe. Sonntag erlaubte es.

Kaum war die Frau aufgestiegen, kam das Pferd kaum noch von der Stelle. Nur mit Mühe und unter großer Kraftanstrengung konnte es die Chaise bewegen. Kurz vor Alttann stieg die Frau wieder aus und verschwand im Wald. Das Pferd fiel sofort in eine schnellere Gangart, als ob eine Zentnerlast von ihm genommen wäre.

Quelle: „Hohstube“ Bergatreute, 1970er Jahre

Der Hund mit den feurigen Augen

Der Mann meiner Großtante war Viehhändler in Sattelbach, Gemeinde Horgenzell. Eines Morgens fuhr er mit seinem Fuhrwerk und einer Ladung Ferkel nach Ravensburg auf den Saumarkt (Entfernung etwa 18 km).

Recht zeitig, bereits morgens um vier, war er losgefahren, da er spätestens um sieben auf dem Markt sein wollte. An einer Steigung der Markdorfer Straße begann das Pferd auf einmal, sich recht merkwürdig zu verhalten. Es trippelte nur noch in ganz kurzen Schritten und schüttelte ständig den Kopf.

Da wurde es ihm unheimlich und er sah sich um. Plötzlich gewahrte er einen großen schwarzen Hund mit feurigen Augen, der auf das Fuhrwerk zugelaufen kam, auf den Wagen sprang und sich auf die Ladefläche legte. Dem Viehhändler grauste es, allerdings getraute er sich nicht, den Hund zu verjagen.

Das Pferd schnaubte und wieherte und kam nur noch ganz langsam von der Stelle. Als endlich der Scheitelpunkt der Steigung erreicht war, sprang der Hund wieder vom Wagen herunter und entfernte sich. Das Pferd fiel wieder in seine normale Gangart, war allerdings völlig verschwitzt, als wenn es hätte stundenlang schwer arbeiten müssen.

Quelle: Johann H., Jg. 1929, aus der Gemeinde Vogt bei einem Gespräch mit dem Autor am 05. Juni 2013

Das verbotene Trinkgeld

Um 1953 lebte ein damals etwa achtjähriger Bub auf dem Bauernhof seiner Eltern in einem Weiler bei Waldburg. Zu dem Ort gehörten etwa zehn Bauernhöfe. Einem der Bauern wurde hinter vorgehaltener Hand nachgesagt, er beherrsche die Schwarze Kunst und wende diese zum Schaden seiner Nachbarn an.

Man machte ihn für allerlei Krankheiten bei Mensch und Tier und für vielerlei Unglück auf Hof und Feld verantwortlich. Allerdings vermieden es die Leute ihn zu erzürnen. Zu groß war ihre Angst vor seiner Rache. Man sprach nur ungern mit dem Mann, vermied es, freitags sein Grundstück zu betreten und versuchte vor allem zu verhindern, dass dieser fremde Grundstücke und Stallungen betrat.

Eines Tages begegnete der Mann dem Buben seines Nachbarn und er bat ihn, ihm am nächsten Tag nach der Schule einen bestellten und bereits bezahlten Rechen vom Kaufhaus Riedesser aus Waldburg mitzubringen. Dafür versprach er ihm 20 Pfennig als Trinkgeld.

Der Bub wusste, dass ihm sein Vater, der sehr abergläubisch war, diesen Botengang niemals erlaubt hätte. Allerdings lockten die 20 Pfennig gewaltig. Zu der Zeit war dies eine große Summe Geld für einen Achtjährigen. Er beschloss, am nächsten Tag den Rechen heimlich mitzubringen.

Nach der Schule machte er einen kleinen Umweg, um den Rechen abzugeben, damit er seinem Vater nicht begegnete. Dieser war allerdings bereits stutzig geworden, als der Bub sich verspätete. Er stand vor der Haustür und sah, wie der Junge aus einer anderen Richtung den Hof betrat. Der Vater fragte recht unwirsch, warum er zu spät komme und was das zu bedeuten habe.

Zwei Zehnerle Trinkgeld

Der kleine Kerl war so verdattert, dass er die Geschichte erzählte. Der Alte tobte daraufhin vor Wut. Er befahl, die zwei Zehnpfennigstücke so weit wie möglich auf das Grundstück des Nachbarn zu schleudern. Dies befolgte der Bub sofort. Zu seiner Überraschung bekam er die 20 Pfennig von seinem Vater ersetzt, der erleichtert war, dass ihm dieses Geld nicht ins Haus gekommen war. Mit dem Geld bekam er die dringende Mahnung, nie wieder von dem Mann etwas anzunehmen.

Am späten Nachmittag dachte sich der Junge, dass er die weggeworfenen zwei Zehnpfennigstücke vielleicht wiederfinden könnte. Dann hätte er die doppelte Belohnung. Er hatte allerdings das Pech, dass ihn sein Vater dabei beobachtete und ihn daraufhin vor Wut „windelweich" prügelte. In seiner Raserei schrie er ihn an, nie mehr von dem Nachbarn etwas anzunehmen, sonst würde er ihn halb totschlagen.

Quelle: Dieses Erlebnis erzählte mir 2005 ein Bekannter (er war 1953 der achtjährige Bub).

Die verhexten Guatsle

In Äpfingen im Kreis Biberach lebte in den 1950er-Jahren eine ältere Frau, von der sich einige Dorfbewohner hinter vorgehaltener Hand erzählten, dass sie zaubern könne und wahrscheinlich eine Hexe sei.

Eine Familie hatte von der Frau eine kleine Wiese gepachtet. Die Pacht wurde in Naturalien bezahlt. Jeden Monat musste der Sohn der Familie (damals 10 Jahre alt) der Frau ein Säckchen Mehl überbringen. Die Mutter hatte ihm eingeschärft, von der Frau ja nichts anzunehmen, wenn er das Mehl ablieferte.

Eines Tages bekam er für seinen Botengang von der Frau ein paar Guetsle (Bonbons). Er wusste nicht recht, was er damit anfangen sollte, nahm sie mit nach Hause und zeigte sie seiner Mutter. Diese nahm aus dem Weihwasserkessel ein paar Tropfen Weihwasser, besprengte die Guetsle damit, sprach ein Gebet und sagte dann: „So, etz kannscht die Guetsle essa, etz ka se [die alte Frau] dir nix me' a' dua!"

*

Ein Nachbar der alten Frau hatte seinen Kuhstall so stehen, dass ein Kuhstallfenster genau gegenüber vom Küchenfenster des Hauses der alten Frau lag. Dazwischen befand sich ein Obstgarten.

Er behauptete steif und fest, dass jede Kuh, die ihren Platz am Stallfenster gehabt hatte, krank geworden sei und keine Milch mehr gegeben habe. Er war überzeugt, dass die Alte der Kuh „die Milch nähme“. Auch wenn er ein Kalb an den Platz gestellt hätte, wäre dieses krank geworden und eingegangen. Deshalb war dieser Platz im Stall schon seit Jahren nicht mehr besetzt.

Quelle: Diese Geschichten erzählte ein ehemaliger Arbeitskollege (Jahrgang 1950) aus Äpfingen um 1995.

Der böse Blick

In den 1960er-Jahren lebte in Bergatreute eine Frau, von der man sagte, sie habe den bösen Blick. Wenn sie zu einem Kind in den Kinderwagen schaute, dann habe das Kind daraufhin nächtelang geschrien und sich in Krämpfen gewälzt, erzählten sich die Leute. Mütter mit ihren Kindern machten deshalb einen großen Bogen um die Frau.

Quelle: „Hohstube“ Bergatreute, 1970er-Jahre

Der alte Besen

In einem Weiler in der Nähe von Wolfegg hat sich um 1970 folgende Geschichte zugetragen:

Eine junge Familie hatte in dem Weiler ein altes, baufälliges Haus gekauft. Das Haus wurde abgerissen und neu aufgebaut. An dem Tag, als der Abbruchbagger da war, standen einige Schaulustige am Gartenzaun und beobachteten den Abbruch. Stück für Stück riss der Bagger die Wände ein. Als er anfing den Schutt auf einen Lastwagen zu laden, war plötzlich ein Besenstiel zu sehen, der aus dem Bauschutt herausragte.

Bunte Glaskugeln im Garten: zur Abwehr des bösen Blicks bzw. eines Schadenzaubers

Aus den Reihen der Zuschauer stürmte plötzlich eine alte Frau zu der Stelle, zog den Besen aus dem Schutt und nahm ihn mit. Zu den verdutzt dreinblickenden Umstehenden meinte sie sinngemäß: „Den kann ich gebrauchen, der wird mir noch gute Dienste leisten."
Nach einiger Zeit stand das neue Haus und die Familie war eingezogen. Der Vorfall mit dem Besen war längst vergessen.

Kurz nach dem Einzug haben die beiden Kinder angefangen zu kränkeln. Der Arzt, der konsultiert wurde, konnte allerdings nichts Genaues feststellen. Nach einiger Zeit bekam das ältere der Kinder eine Blinddarmentzündung und es musste im Krankenhaus operiert werden. Ein paar Wochen später passierte das Gleiche beim zweiten Kind.

Eine „Neidfeige“ zur Abwehr des „bösen Blicks“

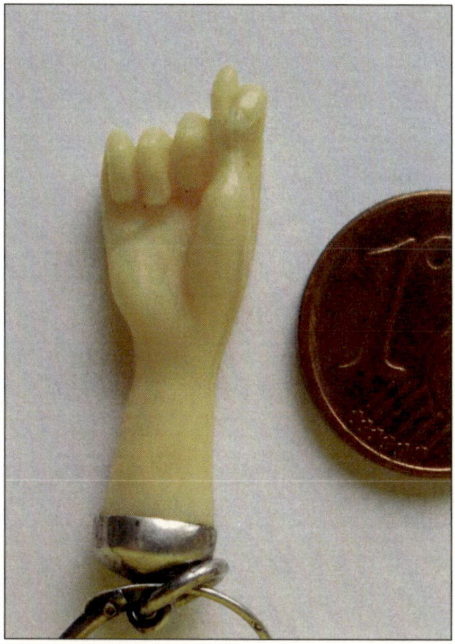

Richtig unheimlich wurde die Sache, nachdem auch der Vater eine Blinddarmentzündung bekommen hatte.

Als der Vater wieder vom Krankenhaus daheim war, bekam die Familie Besuch von einer Nachbarin. Diese befragte die Leute zunächst nach den näheren Umständen der Erkrankungen. Dann erkundigte sie sich, ob die alte Frau, die damals den Besen aus dem Bauschutt gezogen hatte, auch sonst Kontakt zur Familie gesucht habe. Die Leute erzählten ihr, dass die alte Frau tatsächlich öfters Salz, Eier oder sonst eine Kleinigkeit ausgeliehen und den Kindern manchmal Süßigkeiten zugesteckt habe.

Daraufhin erklärte die Nachbarin, dass im Ort schon immer gemunkelt wurde, dass die Alte eine Hexe sei und nur den Schaden anderer Leute im Sinn habe. Durch den Besen aus dem Besitz der Familie habe sie Macht über diese bekommen, welche sie durch das Ausleihen von Gegenständen im Lauf der Zeit noch verstärkt habe.

Sie riet der Familie, um dieses Übel zu beenden, ein Messer mit der Spitze nach draußen in das Schlüsselloch der Haustür zu stecken und mit Weihwasser zu besprengen. Nach drei Tagen sollte das Messer wieder entfernt werden und dafür eine geöffnete Schere, mit Weihwasser besprengt, in irgendeine Schublade im Haus gelegt und dort belassen werden. Außerdem sollten sie der alten Frau nichts mehr ausleihen und kein Geschenk mehr annehmen, am besten jeglichen Kontakt zu ihr unterlassen.

Als die Familie diesen Rat befolgt hatte, verbesserte sich die Gesundheit der Kinder innerhalb kürzester Zeit merklich. Auch von akuten Erkrankungen blieb die Familie verschont.

Quelle: Erzählung einer Bekannten, deren Schwägerin diese Geschichte angeblich selbst erlebt hat.

Die Nebelhexe

Eines Tages, an einem nebligen Tag im Spätherbst (um 1970), traf ich, damals 12 Jahre alt, beim damaligen Kaufladen Neuner in der Rossbergerstraße in Bergatreute zufällig auf meinen Schulkameraden Eugen. Wir beschlossen, einen Schulfreund, der in der Waldseerstraße wohnte, zu besuchen.

Um von der Roßberger- in die Waldseerstraße zu kommen, muss man im Halbkreis durch das ganze Dorf gehen. Daher beschlossen wir, eine Abkürzung quer über die Felder zu machen. Allerdings war der Nebel dort so dicht, dass wir buchstäblich kaum die Hand vor den Augen sehen konnten. Wir wussten allerdings, dass, wenn wir durch Bachys Obstgarten gehen, wir irgendwann auf den Tobelbach treffen müssen. „Da können wir uns orientieren, den Bach entlang bis zur Brücke hochgehen, die Brücke überqueren, und schon sind wir in der Waldseerstraße."

Gesagt - getan. Nach einiger Zeit erreichten wir den Tobelbach. Wir wanderten an ihm entlang, ohne dass wir ein Haus sahen. Um uns wurde es immer stiller, und als wir schon wieder umdrehen wollten, weil eigentlich schon längst bekannte Häuser aus dem Nebel hätten auftauchen müssen, sahen wir durch die Nebelschwaden ein uns völlig unbekanntes Haus. Es war ein altes Bauernhaus. Das Dach war stark beschädigt, es klafften einige Löcher darin, da viele Dachplatten fehlten. Die Fensterläden waren geschlossen. Nur die Haustür und der untere Teil des Tennentores waren auf. Das Ganze wirkte verlassen, baufällig und irgendwie unheimlich. Im Hof stand ein großer Waschkessel, unter dem ein Feuer brannte. Durch ein aufgestecktes Ofenrohr zog der Rauch ab.

Wir kletterten über den Zaun und wollten an dem Haus vorbei, um auf die Straße zu gelangen. Als wir ein paar Schritte weit gegangen waren, kam aus der Tenne eine bucklige alte Frau mit einem Kopftuch. Sie hatte einen Arm voller Holz und feuerte den Kessel damit. Da wir zwei schräg hinter ihr standen, bemerkte sie uns nicht. Nachdem das Feuer aufloderte, hob sie den Deckel des Kessels, streute etwas hinein, und sofort quollen dicke Nebelschwaden heraus, die sich ausbreiteten und den vorhandenen Nebel noch dichter machten.

Eugen entfuhr es: „Des isch d' Nebelhex'!“ In dem Augenblick drehte sich die Frau herum und wir konnten sehen, dass sie eine lange Nase und ein stark vorspringendes Kinn hatte. Sie schrie: „Ihr Saubuabe, kommet sofort do her und saget, wem ihr g' höret!“ Nach einer Schrecksekunde drehten wir uns um, kletterten über den Zaun, sprangen über den Bach und jeder rannte, was er konnte.

Als ich anhielt, weil ich völlig außer Atem war, war Eugen verschwunden. Wir hatten uns wohl im dichten Nebel verloren. Nach Eugen zu rufen traute ich mich nicht, da ich mir nicht sicher war, ob die „Nebelhex"" uns womöglich verfolgte. Lange Zeit irrte ich im Nebel umher und fand nicht nach Hause. Ich war nur von Nebel, Wiesen und gespenstisch anmutenden Bäumen umgeben. Schließlich kam ich an einen schmalen Feldweg, dem ich eine Zeitlang folgte.

Allerdings verschwand der Weg nach einer Weile in einer Senke, die voller Wasser stand. Im Nebel war nicht zu erkennen, wie groß der Tümpel war und ob er umgangen werden konnte. Außerdem fühlte ich mich weit vom Ort entfernt. Ich hatte jede Orientierung verloren! Daher beschloss ich, dem Weg in die andere Richtung zu folgen, irgendwo musste er ja herauskommen.

Nach einiger Zeit endete der Pfad an einem Zaun, der quer darüber verlief. Ich überlegte, ob ich den Zaun überqueren und geradeaus weitergehen sollte, oder ob ich am Zaun entlanggehen sollte. Noch während dieser Überlegung, schlug plötzlich die Kirchturmglocke. Sofort lief ich los in die Richtung, aus der dieser Glockenton kam. Vier Schläge für die volle Stunde. Dann 1, 2, 3, 4, 5 - fünf Uhr.

Noch während der Glockenton in der Luft verhallte, erreichte ich die Ortsgrenze und die ersten Häuser von Bergatreute. Gott sei Dank. Am nächsten Tag, als ich Eugen in der Schule getroffen habe, erzählte er, dass es ihm ähnlich ergangen war. Nachdem er lange im Nebel herumgeirrt war, konnte er sich ebenfalls am Fünf-Uhr-Glockenschlag orientieren und fand nach Hause.

Quelle: Diese Geschichte habe ich selbst erlebt, und ich kann mich noch sehr gut erinnern, wie das Grauen und die Angst in mir hochgekrochen sind, als sich die „Nebelhex"" umgedreht hat. Bis heute kann ich mir nicht erklären, was wir damals an diesem Nachmittag für ein Haus gesehen haben!

Die Riedfrau

Zwischen den beiden Anhöhen der Alt- und Jungmoräne zieht sich langgestreckt die Haisterkircher Ebene hin, die im Norden vom Mühlhauser Ried begrenzt wird. Hier ist das Reich der Riedfrau. Wehe dem fremden Wandersmann, der sich nachts auf dem Weg befindet, wenn die Riedfrau wieder einmal ihr gefährliches Spiel treibt!

In dichten grauen Nebel eingehüllt, kommt sie übers Ried gegangen und wartet bei der Spitzen Kapelle auf den Fremden. Mit wiegenden Schritten lockt sie nun den Armen vom Weg ab, hinein ins neblige Ried. Die Riedfrau schlingt nun ihren dichten Nebelschleier zärtlich und betörend um ihn und tanzt mit ihren Töchtern vor ihm her.

Das wogt und leuchtet um den Wandersmann; bald taucht da ein bläuliches Flämmchen auf, bald schwebt dort ein brennendes Lichtlein. Sinnverwirrt von dem neckischen Spiel entflieht er dem Zauber und findet erst nach Mitternacht oder in den frühen Morgenstunden auf den Weg zurück.

Quelle: Haisterkircher Dorfchronik

Anmerkung: Ähnelt der vorherigen Geschichte von der Nebelhexe.

Die Schere im Schlüsselloch

Um 1985 war in einer Familie in Bergatreute eine Frau schwer erkrankt. Der Arzt kam regelmäßig ins Haus, versuchte alles Mögliche und konnte sich nicht erklären, warum sich der Zustand der Frau nicht besserte. Eines Tages riet eine Bekannte dem Ehemann, abends vor dem Zubettgehen eine Schere mit der spitzigen Seite von innen nach außen in das Schlüsselloch der Wohnungstür zu stecken. Wenn eine Hexe für die Krankheit verantwortlich sei, werde man sie am nächsten Tag an einem Kratzer im Gesicht erkennen. Diesen Rat befolgte der Mann, der schon immer sehr abergläubisch war, ohne das Wissen seiner Frau jeden Abend.

Und tatsächlich, eines Morgens lag die Schere auf dem Boden und es klebte Blut daran. Eine entfernte Bekannte, die in der letzten Zeit häufiger zu Besuch gewesen war, hatte ein Pflaster an der Backe und erklärte, ihre Katze habe sie gekratzt. Nach einiger Zeit ging es der Kranken besser, und langsam wurde sie wieder gesund. Der Mann war überzeugt, dass er eine Hexe aufgespürt hatte. Eines Tages erzählte er die Sache seiner Frau. Diese lachte ihn wegen seinem Aberglauben aus und sagte, er solle sich nicht lächerlich machen! Damit war die Sache erledigt.

Quelle: Erzählt von einem Bekannten meines Vaters, dem diese Geschichte angeblich selbst passiert ist.

21 böse Nonnen

Eine frühere entfernte Bekannte von mir wurde in den 1990er-Jahren einmal von heftigen Rückenschmerzen geplagt. Nach einer Odyssee vom Hausarzt über den Orthopäden zum Neurologen und schließlich zum Psychologen verbesserte sich ihr Zustand nicht wirklich.

Im Gegenteil, es wurde eigentlich immer schlimmer. Auf Anraten einer Freundin suchte sie eine Gesundbeterin am Federsee auf.

Diese stellte folgende „Diagnose“: Sie sei von den „Geistern von 21 bösen Nonnen“ besessen, und nur diese seien für die Rückenschmerzen verantwortlich. Eine Behandlung sei allerdings kein Problem. Mit „all ihrer Macht und Kraft“ werde sie diese Plagegeister vertreiben, und dann sei sie geheilt.

Nach der ersten recht befremdlichen Sitzung mit vielen gemurmelten Gebeten, Beschwörungsformeln, Handauflegen, Ausräuchern und allerlei Hokuspokus hat meine Bekannte die „Behandlung“ abgebrochen (gegen den ausdrücklichen Rat der Heilerin). Die ganze Sache war ihr doch etwas zu abenteuerlich gewesen.

Nachdem sie sich wieder in ärztliche Behandlung begeben hatte, kam sie irgendwann in Kur, vielleicht war sie auch vorher noch im Krankenhaus, daran kann ich mich nicht mehr genau erinnern.

Wie es danach weitergegangen ist, bzw. wie die Genesung verlaufen ist, kann ich nicht sagen, da ich wegen eines Wohnungswechsels die Bekannte damals aus den Augen verloren habe.

Quelle: Karina B. erzählte mir die Geschichte im Juni 2013

Anmerkung: Wie um Gottes willen kommt jemand darauf, dass jemand ausgerechnet von den Geistern 21 böser Nonnen geplagt wird?

Unverschämte Neugier

Meine Frau und ich betreuten bis zu ihrem Tod 2009 eine alleinstehende Frau aus unserem Ort, die an Schizophrenie erkrankt war. Obwohl sie in der Ortsmitte wohnte und Tochter des früher angesehenen fleißigen Dorfschmieds war, unterstellten ihr einige ältere Frauen, sie könne hexen oder zumindest ansteckend wirken.

Folglich wurde sie gemieden und nicht angesprochen, wenn sie mit dem Fahrrad loszog, um Zweige fürs Feueranmachen im Wald zu suchen. Wütend wurde ich nach ihrem Tod, als der Kulturkreis meines Wohnortes mit Zustimmung des Bürgermeisters in ihrem Haus einen großen Flohmarkt veranstaltete, bei dem auch ihre persönlichen Tagebücher und Fotoalben verkauft wurden (die Frau hat sehr viel fotografiert).

Mit Müh und Not habe ich einen Großteil anderen "Interessenten" abgerungen - diese Frauen meinten, sie seien doch neugierig, was "dia Hex" so aufgeschrieben und fotografiert habe.

Quelle: Dr. Lutz-Dietrich Herbst, Ummendorf, erlebte diese Geschichte.

Von einer Hexe ruhiggestellt

2012, nach einem Vortrag zum Thema Aberglaube, den ich in Leutkirch gehalten hatte, erzählte mir eine Frau (ca. 60 bis 70 Jahre alt) folgende Geschichte. Da mir der Name der Frau nicht bekannt ist, nennen wir sie Frau X.

Frau X hat bis vor Kurzem in einem kleinen Ort bei Leutkirch gelebt. Ganz in der Nähe wohnte ihre Freundin, mit der sie regelmäßig Kontakt hatte. Sie haben allerlei zusammen unternommen, sich gegenseitig besucht usw.

Irgendwann habe die Freundin den Kontakt nicht mehr gepflegt. Sie habe kaum noch angerufen, und wenn sie doch einmal mit ihr geredet habe, sei sie meistens „seltsam abwesend" gewesen. Und zweimal, als Frau X sie besuchen wollte, sei ein Auto mit einem Kennzeichen des Nachbarkreises vor dem Haus der Freundin gestanden. Frau X beobachtete beim zweiten Mal das Haus aus einiger Entfernung und sah, dass kurz darauf eine Frau mittleren Alters das Haus verließ und mit dem Auto wegfuhr.

Als sie ihre Freundin darauf ansprach, konnte sich diese nur vage erinnern, dass überhaupt jemand da gewesen war. Den Grund für den Besuch konnte sie sich nicht erklären. Irgendwie hat Frau X dann herausbekommen, wer diese ominöse Frau war. Sie betrieb eine Praxis für Lebensberatung in einem größeren Nachbarort. Nachdem sie nähere Erkundigungen eingezogen hatte, hat sie erfahren, dass diese Lebensberaterin auch Gesundbeterin sei und angeblich auch Geister und Dämonen bannen könne.

Ihr wurde ebenfalls zugetragen, dass man diese Frau beauftragen könne, irgendjemanden „ruhigzustellen“, d.h., dass diese „ruhiggestellte“ Person nicht mehr recht klar ist im Kopf.

Kurz darauf wurde der komplette Haushalt der Freundin aufgelöst und diese zog um in ein Altersheim. Es stellte sich heraus, dass sie ihrer Tochter eine Generalvollmacht unterschrieben hatte (an diese Unterschrift konnte sie sich allerdings nicht mehr erinnern). Mit dieser Generalvollmacht hat die Tochter ihre Mutter gegen deren Willen in ein Altersheim „abgeschoben“ und das Haus danach verkauft.

Daraufhin war für Frau X eines klar: Bei der Lebensberaterin musste es sich um eine Hexe handeln, die im Auftrag der Tochter diese Generalvollmacht eingefädelt hatte.

Die ganze Sache hat ihr keine Ruhe gelassen. Bald darauf hat sie einen Termin in der Lebensberatungspraxis der vermeintlichen Hexe vereinbart, um diese zur Rede zu stellen. Als sie deren Sprechzimmer betrat, sei die Hexe sofort aufgesprungen und habe sie mit völlig verzerrten Gesichtszügen angeschrien, sie solle sofort das Haus verlassen, sonst werde sie die Polizei anrufen. Sie werde schon sehen, was ihr passiere, wenn sie ihr nachschnüffeln würde!

In der nächsten Zeit sei es ihr gesundheitlich nicht besonders gut gegangen. Nichts Konkretes, halt irgendwie nicht recht „auf der Höhe“ sei sie gewesen, ständig müde, schläfrig, unausgeruht, unkonzentriert, vergesslich usw. Und keine vier Wochen später ist der Sohn der Frau aufgetaucht mit einem von ihr unterschriebenen Vertrag, in dem sie diesem ihr Haus überschrieben habe.

Da sei ihr schlagartig klar geworden, dass sie ebenfalls von der Hexe ruhiggestellt worden sei. Das habe sie nun davon. Ihr Sohn wolle sie ebenfalls in ein Altersheim abschieben. Aber da sie nicht entmündigt sei und auch keine

Generalvollmacht unterschrieben habe, sei sie Gott sei dank noch „ihr eigener Herr“. Sie wohne jetzt zur Miete, obwohl ihre kleine Rente kaum zum Leben reiche!

Hexen- „Sprüche“

Im allgemeinen Sprachgebrauch haben sich lediglich ein paar „Hexensprüche“ erhalten:

★ Hexenwerk: Wenn eine Arbeit oder eine Aufgabe recht einfach zu erledigen ist, sagt man: „Das ist auch kein Hexenwerk.“ Im Umkehrschluss heißt das wohl, dass ein Hexenwerk recht schwierig sein muss.

★ Hexenschuss: Wenn einem schlagartig ein stechender, anhaltender Schmerz in den Rücken fährt. Früher dachten die Leute tatsächlich, eine Hexe könne mit einem unsichtbaren Pfeil so einen Hexenschuss bewerkstelligen.

★ Wetterhex': Nennt man eine Frau mit völlig wirren, zerzausten oder ungepflegten Haaren.

★ Hexenring: Nennt man die kreisförmige Ansammlung von Pilzen. Da solche Kreise recht groß werden können, dachte man früher, es handle sich um einen Versammlungsort der Hexen.

★ Hexenfett: Sagte man in meiner Jugendzeit mehrfach rhythmisch hintereinander während des Mischens und Austeilens der Karten beim Glückspiel. Dies sollte den Mitspielern ein schlechteres Blatt bescheren als dem Kartenmischer.

Vom Teufel und dem Beelzebub

Seine Seele dem Teufel verschreiben

Wenn jemand seine Seele dem Teufel verschreiben will, um zu seinem eigenen Vorteil andere zu schädigen, gibt es die Möglichkeit, den Teufel zu treffen. Dazu muss man sich in einer Vollmondnacht auf eine Kreuzung stellen, bei der alle vier Wege an einem Friedhof vorbeiführen. So eine Kreuzung gibt es in Gwigg bei Bergatreute (!).

Zwischen zwölf und ein Uhr nachts erscheint dann der Leibhaftige. Er kommt als Jäger im grünen Anzug mit einer roten Feder am Hut. Wortlos zückt er aus seiner Tasche einen bereits geschriebenen Vertrag. Es fehlt nur noch die Unterschrift. Mit einer Schreibfeder wird der linke Zeigefinger aufgeritzt und mit dem austretenden Blut unterschrieben. Aber Vorsicht! Ab hier gibt es kein Zurück mehr.

Quelle: Erzählt von meinem Vater Karl Sägmüller (1924 -2007), Bergatreute

Angscht vor em Deifl

Hier eine Geschichte, die zum Thema und zur vorhergehenden Geschichte passt, geschrieben in oberschwäbischer Mundart. Entnommen aus dem Buch: „Des derf aber it wohr sei“ (Sägmüller, 2011)

Wo ma amol z Bergatreite im Schportheim am Schtammtisch ghocket isch, ischs Geschpräch uff dr Aberglauba komma. Jeder hot zu dem Thema ebbes gwisst. Von de Hexa, de Schrättele, böse Leut, Goischter und sogar vom „Leibhaftiga“ hot me s ghett.

I hon bei dera Glegaheit vrzellt, daß ma z Gwigg (Teilort von Bergatreute) dr Deifl in era Vollmondnacht treffa ka.

Und zwar uff dr Kreuzung mitta im Ort. Des isch nämlich a ganz bsondere: Jeder Weg führt über kurz oder lang am a Friedhof vrbei!

Und des isch d Voraussetzung, daß er kommt, dr Beelzebua. Wenn er do ischt, holed er en Vrtrag raus, und den muaß ma mit seim oigena Bluat unterschreiba. Und scho isch d Seel vrkauft! Im Gegazug ka ma de Schwaaz Kunscht, ka zaubera und sonscht no allerhand magische Sacha.

Wenns allerdings irgendwenn amol ans Schterba goht, braucht ma sich it wundra, wenn er doschtoht. Zum noch em letschta Schnaufr d Seel abholle - direkt in d Höll nab.

Dia Schtory hon i von meim Vattr kennt, der war furchtbar abergläubisch und hot des oft als wohre Gschicht vrzellt.

Und an dem Obed hon i des am Schtammtisch au so vrzellt, wia wenn i selber dra glauba dät und mi nia getraua dät, an dia Kreuzung nazumschtong. Well wenn dr Deifl tätsächlich komma dät, no hosch vrschpielt, hon i gseit.

Dia Gschicht hot a ziemliche Diskussion ausglöst. De uine hond glachet, andere hond a weng kritisch gugget, und uine hot ma s agsea, daß se sich scho a weng gruslet hond.

Mit Ausnahm vom Kantek. Der war scho ziehmlich agheiteret und hot a Mords-Gosch ghett: „Wa - dr Deifl! So en Scheiß. Wenn der komma dät, dät i dem uine uff seine Hörner naufhaua und saga, du Seckl luag, daß du in dei Höll nabkummscht. Suscht pack de, schpirr de in Keller nab und lass de erscht wieder raus, wenn du mir hundert Käschta Woiza herzauberet hoscht"! So hot er gschwätzt und Schprüch gmacht, daß sich d Balka schier boga hond.

Uff des na seit zmol dr Hansi Z.: „Wisset ihr was, des probieret mir uifach aus. Wirte, bring amol en Kalender her. Noch gugget mir, wenn s nägschd mol Vollmond ischt."

Nochdem er kurz in Kalender gugget hot, seit er: „Do hommr jo Glück ghett, glei nägschta Freitig isch Vollmond. Do treffet mir eis schpäteschtens um elfe dohinna. So kurz vor zwelfe gommr uff Gwigg und des Großmaul dohanna, dr Kantek, soll uff dia Kreuzung schtong. Mir andere schtond so na, daß mr alles genau beobachta könned. Und wenn dr Deifl tatsächlich kommt, seat mir jo, ob dia Gschicht schtimmt.“ No hot er no käsdräcket glachet und gseit: „Und wenn er dr Kantek sofort mitnimmt, isch dr Schada au glei gschätzt!“

Alle waret begeischteret, und ma hot no ausgmacht, wia ma s genau macht. Wer mit wellem Auto mitfahrt und soweiter. I selber hon für mi denkt: I schtand do it so nä na. I schtand am beschta in Richtung zur Kapell. Wenns je irgendwie eng wird, wär i glei uff a ma gweihta Boda - ma woiß jo nia.

Uff jeden Fall hond mir eis an dem Freitigobed im Schportheim troffa. Um neine sind scho alle eitrudlet gwäa - ausser em Kantek. Der isch it komma.

Noch hot uiner a gruafa bei ihm drhuim und gfroget, wo er bleiba dei. Sei Muattr war am Apparat und hot gseit, der sei scho im Bett. Er häb gjommeret, es sei ihm irgendwie it wohl.

Aha, it wohl. Do isch dr Done aber narret worra und hot gseit: „It wohl, den hol i etz, wa glaubt denn der. Etz komm i extra doher zum den Schpetackl agucke und noch ischs dem it wohl!“ Also isch er zum Kantek huim und hot d Treppa naufgschruia, wenn er freiwillig komma dei, sei s reat. Sonscht dei er ihn rabholla. Dia Schproch hot er vrschtanda. Nochdem er im Bad scheints ewig braucht hot, bis er gricht war, isch er mit. Wia an prügleta Hund. Sei Muattr hot bloß dr Kopf gschüttlet.

Im Schportheim hot er sich ganz ruhig vrhalta. Von seiner grossa Gosch war nix me übrig. Von wega em Deifl uff d Hörner naufhaua. Ziemlich kleilaut isch er gwea.

Wenn er uffs Klo isch, hot en amml ebbr begleitet, daß er it hälinga abhaua hot könna. Wo i als „Begleitung" dra war, isch ihm ebbes zum Hosalada rausghanget, was do it naghört hot! Wo i genauer gugget hon, wars en Rosakranz! Etz hot der vor lauter Angscht vor em Deifl en Rosakranz in d Unterhos gschtopft ghett!

Heiligabildla und en Rosakranz gega dr Leibhaftig

Und it bloß des, wo mr wieder in dr Gaschtschtub waret und i des vrzellt hon, hot ma n a weng näher untersucht. Do hot sich rausgschtellt, daß der regelrecht präpariert war mit lauter Heiligabildla, Wallfahrtsmedailla, Rosakränz und soweiter. In jedem Kittl- und Hosasack und sogar in dr Unterwäsch hot er s deponiert ghett.

Inzwischa wars scho kurz noch halb Zwölfe. Zeit zum Aufbruch. „It daß mr dr Deifl no vrpassed", hot dr Hansi glachet. Em Kantek sind d Nerva inzwischa blank gleaga. Der hot zmol gseit, er gang n i c h t mit. Und hot sich am Tisch feschtklammeret. Wo me n hot mit Gwalt mitnehma wella, hot er ganz vrzweiflet gschruia: „Lond me do, i will it mit, i zahl au alles, was heut am Schtammtisch no gessa und trunka wird!“ O.k., des war a Wort. Des simmr eiganga. Und w i a mir gessa und trunka hond! Des hot a saftige Rechnung zämmedgea für dr Kantek. Und der hot dia Zeche zahlt, ohne zum murra.

So hommr em Deifl, beziehungsweis dr Angscht vor ihm, en ausgschprocha netta Obed am Schtammtisch zum vrdanka ghett. Bis morgends, wos hell worra ischt. Etz könned mir endlich huim, hots unter Gelächter ghoissa. „Etz ischs hell, dia böse Nachtgoischter sind etz bannt!“

Quelle: Diese Geschichte habe ich selbst erlebt (um 1984).

Der alte Forster

Der alte Forster lebte, wie sein Name bereits andeutet, im Teilort Forst, einem Einzelgehöft bei Bergatreute. Der Sage nach hatte er seine Seele dem Teufel verschrieben und konnte dafür die Schwarze Kunst für sich nutzen. Es wurde erzählt, dass er Menschen oder Tiere bannen konnte. Dazu zog er am rechten Bein den Hosenärmel übers Knie herauf und schnitt mit seinem Sackmesser ganz langsam Tabak auf dem nackten Knie. Dadurch konnte er bannen, wen er wollte, d.h., diese Personen oder Tiere erstarrten in der Bewegung.

Die Beendigung des Banns konnte nur der Forster selbst bestimmen. Es soll öfter vorgekommen sein, dass er von seiner Stube aus im Wald ein Reh gebannt hatte und zu einem Knecht sagte: „Geh an diese Stelle in den Wald, dort steht ein Reh, hol es ab und bring es her.“ Als der Knecht das bewegungslose Tier gebracht hatte, wurde es geschlachtet.

Einmal soll während eines Krieges ein Trupp französischer Soldaten das Anwesen überfallen haben. Der Forster bannte alle, bevor sie größeren Schaden anrichten konnten. Nach vielen Stunden sagte er zum Anführer der Franzosen, wenn er sofort mit seinen Männern verschwände, löse er den Bann, andernfalls würde es ihnen schlecht ergehen. Als er den Bann gelöst hatte, brachen die Männer vor Erschöpfung zusammen. Sobald sie sich etwas erholt hatten, flohen sie mit Grausen aus dem Haus.

Als der Forster todkrank wurde, konnte er nicht sterben. Er wälzte sich über Wochen im Fieberwahn im Bett hin und her, aber er starb nicht. Der Sage nach kämpften die bösen und die guten Mächte um seine Seele.

Da ließ der Pfarrer einen Pater aus einem besonderen Orden aus dem Schwarzwald kommen. Als dieser am Bett des Todkranken seine Gebete gesprochen hatte, wurde der Forster von seinen Leiden erlöst und konnte sterben.

Nachdem er beerdigt worden war, spukte allerdings der Teufel im Haus herum, da er um die Seele des Verstorbenen betrogen worden war. Er rasselte nachts mit Ketten, verhexte das Vieh, dass es in der Nacht stampfte und schrie und raubte dadurch den Bewohnern den Schlaf. Das mehrmalige Aussegnen des Hauses und des Stalls durch den Pfarrer brachte keinerlei Besserung.

Da ließen die Leute ein Bild malen. Darauf ist der Forster im Krankenbett zu sehen. Am Kopfende steht der Tod als Skelett mit einem Pfeil und einer Sanduhr in den Händen. Am Fußende steht der Teufel, der auf einen sich in einem Buch befindlichen und vom Forster unterschriebenen Vertrag zeigt. Daneben befindet sich der Erzengel Michael, der mit seinem Schild die Blitze des Teufels abwehrt und mit seiner rechten Hand nach oben zu Maria vom Blut (dem Bergatreuter Gnadenbild) zeigt. Diese hat der Maler an den oberen Bildrand gesetzt.

Sie sendet ihre Strahlen zu dem Sterbenden nieder. Umgeben ist die Madonna von sechs Heiligen. Neben dem

Bett kniet der Geistliche aus dem Schwarzwald mit einem Kruzifix in der Hand, der durch seine Gebete und den Beistand der Muttergottes und der Heiligen die Seele des Sterbenden rettet. Dieses Bild wurde nun vom Pfarrer nach einer besonderen Zeremonie geweiht und in Bergatreute in der Kirche aufgehängt. Damit war der Spuk beendet.

Das Gemälde dürfte um 1700 entstanden sein und war ursprünglich wohl am linken Seitenaltar der neu erbauten Wallfahrtskirche angebracht.

Als 1730 das Chorgewölbe erbaut wurde, wurde darin das Motiv noch einmal wiedergegeben. Der Seitenaltar wurde damals neu gefasst und damit dem neu erbauten Hochaltar angeglichen. Gleichzeitig wurde er mit einem neuen Bild ausgestattet.

Heute wird es im „Museum für sakrale Kunst und Liturgie" im Chörle der Bergatreuter Wallfahrtskirche aufbewahrt.

Allerdings heißt es, wer das Bild mutwillig aus der Kirche entferne, riskiere, dass es im Forst und/oder bei ihm zu-Hause zu spuken anfange. Bereits vor 1900 soll das Bild mit den anderen Bildern, Heiligenfiguren etc. während einer Renovierung aus der Kirche entfernt worden sein. Die Gegenstände wurden im Pfarrhaus aufbewahrt. In der darauf folgenden Nacht soll es im Forst und im Pfarrhaus gespukt haben. Daraufhin wurde das Bild sofort wieder in die Kirche gebracht, und der Spuk hörte wieder auf.

Quelle: „Hohstube" Bergatreute, 1970er-Jahre

Anmerkung: Die Bilder auf den folgenden Seiten (Bergatreute, Legau, Ebersbach und Liggersdorf) stellen alle eine recht ähnliche Sterbeszene dar.
Allerdings ist nur zum Bergatreuter Bild eine alte Sage überliefert, deren Wahrheitsgehalt wohl eher dürftig erscheint.

Um dieses Bild im Chörle der Bergatreuter Kirche ranken sich die schaurigen Sagen um den alten Forster

Noch einmal das gleiche Motiv in der Bergatreuter Kirche, Chorfresko von 1730

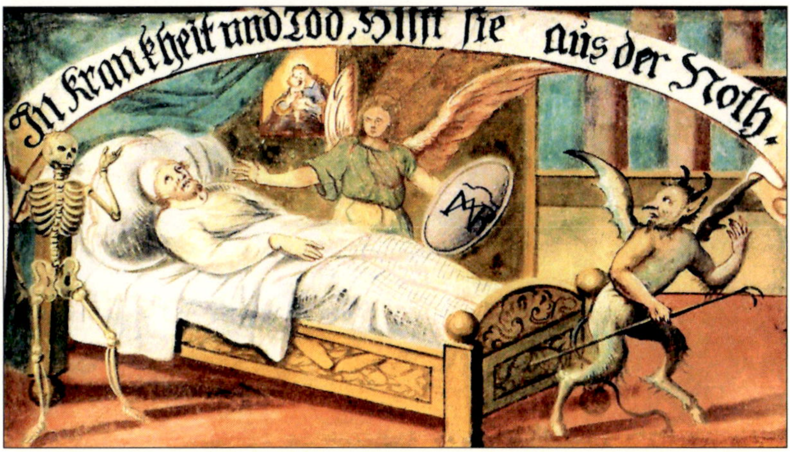

Ein Fresko mit ähnlichem Motiv in der Wallfahrtskirche Maria Schnee bei Legau, erbaut 1715

Fast dieselbe Sterbeszene auf einem ehemaligen Altarblatt in der Kirche in Ebersbach, signiert: Jo. Ca. Koler 1745

Auf der folgenden Seite: „Die Sterbestunde", ehemaliges Altarblatt in der Kirche in Liggersdorf bei Stockach, signiert: Frider. Wocher, 1763

Unheimliches bei Forst

Noch zu Lebzeiten des Forsters schickte der Schultheiß eines Tages den Gemeindediener nach Forst, um dem Bauern zu bestellen, er solle in den nächsten Tagen in die Amtsstube kommen, um eine wichtige Sache zu besprechen. An dem Tag hatte es viel Schnee, und es war sehr kalt. Der Gemeindediener ging zu Fuß und kam gut voran. In Forst angekommen, war er doch etwas verunsichert, weil man von dem Mann allerhand unheimliche Dinge erzählte. Seine Unsicherheit verbarg er durch ein besonders forsches Auftreten. Auf die Fragen des Forsters gab er nur recht patzige Antworten und kehrte seine Autorität als Amtsbote heraus.

Auf dem Nachhauseweg, kurz vor der Witschwender Höhe, kam plötzlich ein starker Sturm auf. Der Amtsbote meinte noch helles Glockengeläut zu hören, als ihn eine starke Windböe umriss und ein Sturm über ihn hinwegfegte. Der Weg war kaum noch zu erkennen, und tiefe Schneewehen machten ein Vorankommen mühsam und Kräfte zehrend. Der Sturm tobte über eine Stunde mit unverminderter Gewalt, bis er sich plötzlich legte. Wieder meinte der Mann helles Glockengebimmel vernommen zu haben.

Als er nach diesen Strapazen endlich beim Schultheiß ankam und ihm berichtete, der Forster wolle in den nächsten Tagen vorbeikommen, lachte ihn dieser aus und erklärte, dass er schon längst da gewesen sei. Mit zwei Pferden am Schlitten sei er schon am Vormittag hier gewesen und nach einer Stunde wieder gegangen. Die Pferde hätten ein neues Geschirr mit lauter kleinen Glöckchen getragen.

Quelle: „Hohstube“ Bergatreute, 1970er-Jahre

*

Um 1910 arbeitete Matthäus Kollros aus Bergatreute in der Ölmühle in der Höll, einem Ortsteil von Alttann.
Den Weg zur Arbeit ging er zu Fuß. Da er oft Nachtschicht hatte, kam er auf dem Nachhauseweg zur Geisterstunde in der Nähe von Forst vorbei. Eines Nachts begegnete er einem Mann ohne Kopf in Jägerkleidung. Er erschrak dabei fast zu Tode.

In der nächsten Zeit traf er immer wieder auf die Erscheinung, auch wenn er größere Umwege in Kauf nahm. Da er nachts nicht mehr schlafen konnte und nur noch über die Erscheinung nachsann, ließ seine Frau für den unbekannten Jäger eine Messe lesen. Danach begegnete er der Spukgestalt nie mehr.

Quelle: „Hohstube" Bergatreute, 1970er-Jahre

*

In den 1920er-Jahren war Josef F. aus Bergatreute mit einem Kameraden in einer Winternacht von Alttann nach Bergatreute zu Fuß unterwegs. Als Wegmarkierungen steckten Holzstangen am Wegrand entlang. Als sie an Forst vorbeikamen, bemerkten sie, dass auf einem der Stecken ein Licht flackerte. Zunächst vermuteten sie, dass ihre Freunde aus Alttann ihnen Angst einjagen wollten und das Licht angebracht hätten.

Mit dem Spazierstock schlug einer das Licht herunter. Dieses sprang im nächsten Augenblick auf den nächsten Stecken. Nachdem sich dies ein paar Mal wiederholt hatte, wurde ihnen recht unheimlich und sie schauten den Weg zurück. Auf allen Stangen flackerte ein Licht. Trotz der Kälte fingen sie vor Angst zu schwitzen an und machten, ohne sich noch mal umzusehen, dass sie nach Hause kamen.

Quelle: „Hohstube" Bergatreute, 1970er-Jahre

*

Ein Feldkreuz, im Volksmund das Schwarze Kreuz genannt, steht an einer Wegabzweigung kurz vor Forst. Manche Leute behaupten, dass es dort spuke! Man könne in einer Vollmondnacht den Teufel treffen, der dort als schwarzer Hund erscheine. Teilweise verfolge er die Leute auch ein Stück weit und erschrecke sie dadurch.

Quelle: „Hohstube" Bergatreute, 1970er-Jahre

*

Wenn man am Schwarzen Kreuz nach rechts auf den Feldweg in Richtung Giras abbiegt, liegt etwa auf halbem Weg links ein kleines Waldstück. Darin soll bis in die 1950er-Jahre das Wuhrenstädele gestanden haben. Das Gebäude war früher wohl ein kleines Anwesen. In den 1950er-Jahren war es schon recht baufällig und ist inzwischen ganz verschwunden.

Im Wohnteil soll sich in einem Zimmer ein Spiegel in einem goldfarbenen Rahmen befunden haben. Wer in den Spiegel schaute, musste darauf gefasst sein, nicht sein Spiegelbild, sondern den Teufel zu erblicken. Der alte Forster soll diesen Spiegel benutzt haben, um mit dem Teufel seine finsteren Pläne zu besprechen. Durch den Spiegel konnte er angeblich auch diejenigen Personen beobachten, denen er schaden wollte.

Bis zum Verschwinden des Wuhrenstädele galt es bei den Buben aus der näheren Umgebung als Mutprobe, das Gebäude zu betreten und einen kurzen Blick in den Spiegel zu werfen.

Quelle: Ein Bekannter aus Bergatreute, Jahrgang 1941.

Anmerkung: Eine Wuhr ist eine ältere Bezeichnung für Wehr, Damm, in diesem Fall hat das Gebäude an einem noch teilweise erhaltenen Wehr eines ehemaligen Fischweihers gestanden.

*

Ebenfalls bis in die heutige Zeit wird berichtet, dass manchmal bei einem Auto der Motor und die komplette Elektrik ausfallen würden, wenn man zur Geisterstunde an Forst vorbeifahre. Nach einigen Minuten spränge der Motor wieder an, so als ob nichts gewesen wäre.

Eine Frau erzählte glaubhaft, dass ihr dies sogar am helllichten Tag Mitte der 1990er-Jahre passiert sei, kurz nachdem ein naher Angehöriger tödlich verunglückt war.

Den Teufel auf den Fersen

Im Februar 1975 hatte ich selbst eine unheimliche Begegnung bei Forst.

Damals war ich sechzehn Jahre alt, und die Geschichten über den alten Forster wurden beim Zelten oder bei sonstigen Gelegenheiten erzählt. Einigen jagten die Geschichten, nachts am Lagerfeuer oder im Zelt erzählt, eine gewaltige Angst ein. Zumindest hinterließen sie bei manchem ein etwas unheimliches Gefühl.

Mein Kumpel Franz erzählte mir, dass am nächsten Freitag, im Februar 1975, bei seinem Schulkameraden in Alttann eine Riesenfete steigen solle. Er sei eingeladen und er könne noch jemanden mitbringen.

Bier, Wein, Schnaps - alles umsonst und jede Menge Frauen! Allerdings müsse er an dem Freitag noch im Hasen in Bergatreute bis um 23 Uhr Kegel aufstellen. Das sah er nicht als Nachteil. Im Gegenteil, er meinte: „Wenn wir dort so spät ankommen, sind die meisten schon besoffen und wir haben leichtes Spiel … (wozu auch immer).“

Mit meinem Moped, ein NSU Quickly Modell F, Zweisitzer mit 1,3 PS, fuhr ich um 23 Uhr am Hasen vor, um meinen Kumpel abzuholen. Allerdings waren die Kegelbrüder mit ihrem Spiel noch nicht fertig. Franz bekäme ein dickes Trinkgeld und ich ein Bier, wenn er noch dabliebe, bis das

Spiel fertig sei. Es zog sich und zog sich, bis wir endlich um 23.45 Uhr starten konnten. Wir berieten noch, ob wir über Forst oder über Rossberg nach Alttann fahren sollten. Rossberg war zwar ein Umweg, aber an Forst würden wir gerade zur Geisterstunde vorbeikommen …

Wir entschlossen uns, über Forst zu fahren. Was sollte schon passieren? Am Ortsausgang von Bergatreute riss der Gaszug, und ich sagte im Spaß: „Etz hot uns bestimmt der alte Forster den Gaszug abg'rissa!"

Wir lachten beide und wickelten das Gaszugende um einen Kugelschreiber, um es besser halten zu können. Franz, auf dem Soziussitz, gab Gas und ich fuhr und schaltete. Das war gar nicht so einfach, denn die Straßen waren glatt, es schneite und es war bitterkalt. Jedes Mal, wenn ich schalten wollte, schrie ich laut: „Jetzt!", Franz nahm das Gas weg, ich schaltete, und er gab mehr oder weniger gefühlvoll wieder Gas.

Wir quälten uns im ersten Gang mit kreischendem Motor die Steigung zur Witschwender Höhe hinauf. In dem Moment, als der Anstieg beendet war und ich in den zweiten Gang schalten wollte, machte es „Batsch!" und die Scheinwerferbirne gab ihren Geist auf. Jetzt standen wir im Dunkeln, und ich hielt an. Franz meinte: „Etz hot uns der Forster au no s'Licht ausg'macht." Uns war allerdings nicht mehr zum Lachen zumute.

Im Mondlicht war die Straße so einigermaßen zu erkennen und wir fuhren langsam weiter. Ich musste mich konzentrieren, da die Straße kaum zu erkennen war und wir auf dem schneeglatten Asphalt mehr rutschten als fuhren. Die Umgebung erschien im fahlen Mondlicht gespenstisch, bizarre Bäume waren neben der Straße zu erkennen, hier und da ein Nebelfetzen …

Als wir am Hof in Forst vorbeifuhren, riskierte ich einen kurzen Blick in den Hofraum. Ich erschrak fast zu Tode.

Etwas Großes, Schwarzes raste vollkommen lautlos auf uns zu. Ich war zu keiner Regung fähig, mein Herzschlag setzte aus! In dem Moment hatte Franz die unheimliche Erscheinung auch bemerkt. Ich hörte von ihm ein lang gezogenes „Uhhhhhhh"! - Und dann gab er Vollgas!

Mir riss es fast den Lenker aus den Händen. Mit Mühe hielt ich das Moped auf der Straße. Da es leicht bergab ging, konnten wir einigermaßen beschleunigten. Allerdings verfolgte uns das schwarze Etwas mit Keuchen und Schnauben. Nach etwa 200 Metern starb plötzlich der Motor ab. Franz hatte so am Gaszug gezogen, dass der Kugelschreiber, der als Notgriff gedient hatte, abgebrochen war.

Wie wir zu unserer Erleichterung bemerkten, hatte der Verfolger von uns abgelassen. Es war totenstill, wir hörten nur unser eigenes Atmen. Vor Angst schlotterten mir die Knie. Die Fete in Alttann war uns gründlich vergangen.

Nachdem der Gaszug wieder befestigt worden war, fuhren wir zunächst nach Rossberg, in der Hoffnung, dass noch eine Wirtschaft offen sein würde, um auf den Schreck einen Schnaps und ein Bier zu trinken. Tatsächlich, eine Wirtschaft hatte noch geöffnet. Als wir den Gastraum betraten, sah uns der Wirt an und sagte: „Wie seht ihr zwei denn aus? Man könnte grad' meinen, ihr seid dem Leibhaftigen begegnet ..."

Anmerkung: Dieses Erlebnis ließ uns keine Ruhe. Nach einigen Tagen fuhren wir um die Mittagszeit noch mal an Forst vorbei - unser Verfolger war sofort zur Stelle, es war ein großer schwarzer Hofhund, der uns wieder ein Stück nachjagte.

Unheimliche Buttervermehrung

Ein ehemaliger Nachbar aus der Gegend um Horgenzell, erzählte einmal folgende Geschichte:

Ein Schuhmacher war einmal vor dem Krieg auf einem Bauernhof bei der Störarbeit. Dort saß er im Hausgang und flickte kaputte Schuhe.

Durch die offene Küchentür konnte er beobachten, wie die Bäuerin Butter herstellte. Sie gab dazu eine kleine Menge Sahne in die Buttermaschine und nachdem sie nach kurzer Zeit mit Buttern fertig war, holte sie einen großen Batzen Butter heraus. Als die Bäuerin die Küche einmal für kurze Zeit verlassen hatte, nahm er heimlich ein paar „Pris" (eine kleine Menge) der Sahne an sich.

Als er Zu Hause war, wollte er probieren, ob er ebenfalls mit so wenig Sahne so viel Butter herstellen konnte. Aber, er erschrak beinahe zu Tode, als plötzlich, wie aus dem Nichts, der „Minore" (Teufel) neben ihm stand. Ohne ein Wort zu sagen, deutete dieser auf einen Vertrag, den der Schuhmacher unterschreiben sollte. Mit dieser Unterschrift hätte er seine Seele dem Teufel verkauft.

Fluchtartig verließ der Schuster sein Haus und begab sich in die Kirche, um zu beten. Als er wieder nach Hause kam, war der Leibhaftige verschwunden. Dass er mit dem Schrecken davongekommen war und nicht noch einmal belästigt wurde, führte er darauf zurück, dass er viel betete und regelmäßig den Gottesdienst besuchte. Irgendwelche zwielichtigen Experimente hat er nach eigener Aussage seiner Lebtag nicht mehr gemacht.

Quelle: Anni H., Jg. 1928, aus der Gemeinde Vogt bei einem Gespräch mit dem Autor am 05. Juni 2013

Der Teufel fährt mit

Hausmetzger Josef G. aus Bergatreute hatte in Gambach ein Schwein geschlachtet. Spätabends fuhr er mit dem Fahrrad nach Hause. Als er am Joosa-Kreuz (Bildstock zwischen Gambach und Bergatreute) vorbeifuhr, meinte er plötzlich schnelle Schritte und ein Keuchen zu hören. Er wollte schon anhalten und nach dem Rechten sehen, als plötzlich jemand auf den Gepäckträger seines Fahrrads sprang.

Ihm grauste so, dass er sich nicht traute, sich umzudrehen. Er hörte hinter sich ein Schnauben und Röcheln, und das Treten fiel ihm immer schwerer. Kurz vor Bergatreute hatte er kaum mehr die Kraft, die Pedale seines Fahrrades zu bewegen, so schwer war seine Last geworden. Mit letzter Anstrengung fuhr er am Friedhof vorbei, als er merkte, dass der Mitfahrer mit einem Fluch vom Fahrrad absprang.

Schweißgebadet und völlig außer Atem kam er zu Hause an. Er war überzeugt, dass ihn ein Teufel oder eine Hexe zum Anhalten zwingen wollte. Was dann passiert wäre, wollte er sich lieber nicht ausmalen. (Passiert um 1960)

Quelle: Christa H., Jg. 1963, Löffelmühle, bei einem Gespräch 2005

Teufelsaustreibung auf dem Misthaufen

Eine Bauernfamilie im Illertal hatte eine sechsjährige Tochter, die nur unverständliche Laute von sich gab und bei kommunikativen Missverständnissen sehr wütend wurde, sich in die Hand biss oder auf die Familienangehörigen einschlug. Das Mädchen galt als geistig behindert.

Als ich den Hausflur des alten Bauernhauses betrat, fiel mir ein Bündel Stroh auf, das hinter den Spiegel geklemmt war. Auf dessen Bedeutung befragt, antwortete mir der damals 55-jährige Vater des Mädchens, immer, wenn seine Tochter in den Spiegel schaue, dann würde der böse Blick des Mädchens in das Stroh hineinfahren. Das Stroh müsse dann im Ofen verbrannt werden. Auf diese Weise würde verhindert, dass das Böse im Spiegel hängen bliebe und sich auf den nächsten, der in den Spiegel schauen würde, übertrüge. Ich fragte damals den Vater, ob er denn auch noch andere Methoden anwende, um mögliche Gefahren, die seinem Verständnis nach von seiner Tochter ausgingen, zu bannen. Er verneinte dies.

Einige Monate später jedoch - es war mittlerweile Winter geworden - wurde ich vom Schulamt erneut auf die Familie aufmerksam gemacht mit der Bitte, die Eltern des Mädchens "behutsam" zu beraten und ggf. das Jugendamt einzuschalten. Was war der Anlass? Nun - das Mädchen, mittlerweile in eine Schule für Geistigbehinderte eingeschult, war seiner Klassenlehrerin aufgefallen, dass es morgens extrem stark nach Kuhmist roch.

Ich fuhr also wieder spätabends nach Beendigung der Stallarbeiten zu den Eltern raus ins Illertal und traute meinen Augen nicht: Da lag das Mädchen im Nachthemd, angebunden auf dem dampfenden Misthaufen vor dem Hof! Entsetzt fragte ich die Eltern, was denn das nun zu bedeuten habe. Die meinten, nur so könne der Teufel aus dem armen Kind ausfahren, denn sie wüssten sich auch nicht mehr zu helfen angesichts der Aggressivität des Mädchens.

Wie ist die Geschichte ausgegangen? Das Mädchen kam runter vom Misthaufen, das Jugendamt, die Polizei und die Staatsanwaltschaft blieben außen vor - es genügte zunächst, mit der gesamten Familie für die Tochter zu beten und das Vaterunser zu sprechen und dann pädagogische Zugangsformen zu dem Kind zu vereinbaren und jede Woche einmal spätabends ins Illertal zu fahren, um nach der Stallarbeit mit der Familie geeignete Verhaltensreaktionen zu besprechen. Abgeschlossen wurde diese Beratung stets mit einem Gebet.

Eingebunden in die Beratung habe ich dann den Ortspfarrer. Auf diese Weise verbesserte sich in der Familie und auf dem Hof sehr vieles. Den Staat hat dies lediglich einen Zuschuss zu meinen Fahrtkosten gekostet - mehr nicht. Für mich als praktizierend evangelischen, gebürtigen Berliner war dies persönlich eine große Herausforderung - ich rechne es der Familie des Mädchens noch heute hoch an, dass sie sich auf meine Religiosität eingelassen hat und wir gemeinsam eine tragfähige Basis finden konnten, ohne die Religiosität, aber auch anerkannte pädagogische Überzeugungen außen vor zu lassen.

Quelle: Dr. Lutz-Dietrich Herbst, Ummendorf. Während seiner Tätigkeit als Sonderschullehrer erlebte er Ende der 1980er Jahre diese Geschichte.

„Weißer Sonntag“ - Abwehr des Teufels

1998 hatte ich eine Bauersfrau (ca. 50 Jahre alt) in der Nähe von Riedlingen zu überzeugen, dass für ihre schwer geistigbehinderte Tochter der Besuch einer Schule für Geistigbehinderte die einzig erfolgversprechende Form schulischer Förderung sei.

Die Mutter meinte, durch den Schulbesuch würde das Mädchen an der Teilhabe des Weißen Sonntags gehindert werden. Befragt, warum sie darin einen Widerspruch sähe und was sie denn befürchten würde, antwortete sie: Wenn ihre Tochter nicht den "Weißen Sonntag hätte", dann komme der Teufel übers Vieh und die ganze Familie mit Haus und Hof würden vollends ins Unglück gestoßen werden.

Der Besuch einer Sonderschule könnte dazu führen, dass „der Staat" dann dem Pfarrer sagen würde, es sei völlig unsinnig, der Tochter den Zugang zum Weißen Sonntag zu gewähren.

Quelle: Dr. Lutz-Dietrich Herbst, Ummendorf. Während seiner Tätigkeit als Sonderschullehrer erlebte er Ende der 1980er-Jahre diese Geschichte.

Vom Teufel geblendet

2012 hatte ich einen Vortrag im Allgäu. Nach dem Vortrag bat mich eine Frau im Alter zwischen 50 und 60 Jahren um meine Telefonnummer. Sie machte einen sehr besorgten Eindruck und sagte, sie wolle mich etwas fragen, aber nachdem noch so viele Leute da seien, würde sie mich lieber morgen anrufen.

Am nächsten Tag erzählte sie mir folgende Geschichte: Vor etwa 12 Jahren habe sie und ihr Mann in dem Ort, in dem sie wohnen, eine Doppelhaushälfte gekauft. Kurz nachdem sie eingezogen waren, hatten sie mitgekriegt, dass die Familie, welche in der anderen Haushälfte wohnte, offensichtlich ein Problem hatte.

Und zwar stellte sich heraus, dass diese Nachbarin psychisch krank war. Vermutlich litt sie unter Depressionen und hatte Halluzinationen. Sie wurde mehrfach, oft für Monate, in eine psychiatrische Klinik eingeliefert.

Wenn sie Zu Hause war, hat sie kaum einmal das Haus verlassen. D.h., sie haben die Frau und auch deren Familie nur sehr oberflächlich kennen gelernt. Und manchmal, meistens in der Nacht, hörten sie die Frau furchtbar schreien. Mehr ein Brüllen, dann hörte man auch noch andere

Stimmen und einigen Tumult, bis sich die Lage wieder beruhigte.

Zunächst glaubten sie, diese vereinzelten nächtlichen Ruhestörungen hätten mit der Erkrankung der Frau zu tun. Allerdings passierten plötzlich in ihrem eigenen Haushalt manchmal die haarsträubendsten Dinge (was genau, darauf ging sie nicht näher ein), zuerst vereinzelt, inzwischen immer öfter.

Inzwischen ist sie zu der Überzeugung gekommen, dass diese Nachbarin von einem Dämon oder vom Teufel besessen ist. Und dieser Dämon drückt unsichtbar durch die Trennwand der Doppelhaushälfte jetzt in ihre Haushälfte und beeinflusst zunehmend ihr Leben und das Leben ihrer Familie. Dies sei inzwischen so schlimm geworden, dass sie seit etwa einem Jahr ernsthaft darüber nachdenken, ihre Haushälfte zu verkaufen.

Und vor gut einem halben Jahr sei es passiert - das Unglaubliche -, ihr Sohn sei während er mit dem Auto vom Einkaufen zurückgefahren sei, von dem Dämon derart heimtückisch geblendet worden, dass er einen Fahrradfahrer übersehen habe und mit diesem kollidiert sei. Der Fahrradfahrer sei nach dem Unfall schwerverletzt ins Krankenhaus gekommen. Gott sei Dank habe er überlebt.

Diese Begebenheit lasse sie inzwischen fast völlig verzweifeln. Sie verlasse kaum noch das Haus. Denn immer wenn sie spazieren oder einkaufen gegangen sei oder anderweitig das Haus verlassen habe, habe sie sich auf dem Heimweg beobachtet, teilweise sogar verfolgt gefühlt. Ein eiskalter Schleier habe sich um sie gelegt.

Und nun wollte sie von mir einen Rat. Ob ich da nicht irgendwie etwas machen könne. Entweder direkt den Dämon, oder was auch immer vertreiben, oder wenigstens zurückdrängen, oder vielleicht feststellen, wer hinter dem Ganzen steckt. Vielleicht irgendeine missgünstige Person aus ihrem Bekanntenkreis? Oder ob ich vielleicht jemanden kennen würde, der mit „solchen Sachen“ Erfahrung habe oder sonst jemanden kenne.

Leider musste ich verneinen, da ich mich mit dem Thema lediglich in der Theorie beschäftige. Ich konnte ihr lediglich raten, einen Pfarrer aufzusuchen.

Teufels „Sprüche“

Es gibt überraschend viele Sprüche und Redensarten, die mit dem Teufel zu tun haben:

★ „Das müsste grad' mit dem Teufel zugehen“, heißt so viel wie „wenn nichts Unvorhergesehenes dazwischenkommt“.

★ „Das hat der Teufel gesehen“, irgendetwas Kniffliges, was sich als recht schwierig erweist.

★ „Der (oder die) ist dem Teufel wohl aus der Butte g'juckt (gesprungen)“, eine Person, die so gewandt ist, dass sie wohl bereits dem Teufel entkommen konnte.

★ „Das ist alles Teufelszeug“ das ist schwierig und bringt nichts, lieber die Finger weglassen ...

★ „Fahren wie der Teufel“, bezeichnet einen risikoreichen, rücksichtslosen Fahrstil.

★ „Den Teufel mit dem Beelzebub austreiben“, da Teufel und Beelzebub beides Bezeichnungen für den Satan sind, heißt dies beispielsweise: das Rauchen aufhören und dafür mit dem Saufen anfangen.

★ „Zum Teufel jagen“, jemand Unliebsamen möglichst weit fortjagen.

★ „In der Not frisst der Teufel Fliegen“, wenn es gar nichts anderes mehr gibt, ist man auch mit wenig zufrieden.

★ „Dahinterher sein wie der Teufel hinter der armen Seele“, wenn jemand geizig ist und auf den letzten Cent pocht.

★ „Angst haben wie der Teufel vor dem Weihwasser“ heißt es, wenn jemand, vielleicht völlig unbegründet, vor irgendetwas panische Angst hat.

★ „Der Teufel ist ein Eichhörnchen“, das Böse kann sich hinter dem nettesten Anschein verbergen.

★ „Den Teufel an die Wand malen“, man soll nicht die schlimmsten Befürchtungen aussprechen, sonst treffen sie womöglich ein.

★ „Wenn man den Teufel nennt, kommt er gerennt“, siehe vorheriger Spruch.

★ „S ka sei wia s'well - dr Deifl ghert in d Hell“ („es kann sein wie es will - der Teufel gehört in die Hölle“), genau so muss es sein, so war es schon immer und nicht anders.

★ „Wenn dr Deifl will, git dr Bock a Mill“ (wenn der Teufel will, kann man sogar den Ziegenbock melken), heißt so viel wie das eigentlich Unmögliche möglich machen.

Von allerlei betrügerischen Geisteraustreibern, Stallenthexern, und Kurpfuschern

Die Spitze des Eisbergs: Was vor Gericht und in der Zeitung alles öffentlich wurde:

Der Teufelsaustreiber vom Oberland

Dieser Fall hat sich 1957 zugetragen und wurde im Sommer 1958 am Amtsgericht Saulgau verhandelt. Eine Zeitungsmeldung aus dem Jahr 1958 berichtet:

Trotz der Ernte fanden sich im Saulgauer Gerichtssaal am Dienstag so viele ländliche Zuhörer ein, dass der Raum überfüllt war. Die Geschichte des unheimlichen Hexenmeisters Karl G. aus W. hatte sich weit herumgesprochen. Die Anklage lautete auf üble Nachrede und Beleidigung, die im Zusammenhang mit einer Hofhexerei stand und den Frieden einer ganzen Gemeinde gestört hatte.

Auf einem Hof in S. bei Altshausen brach die Bäuerin den Fuß, der Gaul schwitzte des Nachts, seine Mähne war oftmals verzopft, der Hund heulte, die Kälblein gingen ein, die Hühner legten keine Eier und die Tochter lag krank im Gips, da ihr angeblich das Blut abgezapft wurde. Diese Krankheiten und Unglücksfälle bewogen die Bauersleute, bei einem Mann der weißen Magie Hilfe zu suchen. Er fand sich in der Person eines 34jährigen Bauern aus W., Kreis Ravensburg, mit Namen Karl G., der sich einbildet, im Besitz außerordentlichen Wissens und dämonenbezwingender Kräfte zu sein.

Schon bei dem Besuch der Hilfesuchenden gab er ein Musterbeispiel seiner Kunst. Während die beiden nämlich in der Dunkelheit warten mussten, trieb der Hexenmeister den Teufel auf der Straße aus, der angeblich von ihm eine Seele gefordert hatte. Genau um 24 Uhr besiegte er den

Dämonen; die Tochter und ihr Vater hörten angeblich ferner das Zischen des Unholds. Sie waren bestärkt in dem Glauben, dass ihnen und ihrem bedrohten Hof geholfen werden könne.

In der Bauernstube vollzog der Meister eine seltsame Prozedur. Er legte einen Spiegel auf den Tisch, sprach Gebete und Beschwörungsformeln, ließ sich zehn Eier geben, die er unter Wasser drückte und von denen er drei auswählte. Diese schlug er auf und ließ sie sich als Spiegeleier braten. Nun machte er die kränkelnde Tochter darauf aufmerksam, dass eine Hexe am Werk sei. Ihr Name werde in Blockschrift auf der Eierschale erscheinen.

Das Mädchen gab an, dass der Vor- und Zuname der bösen Frau erschienen sei, und sprachlos erfuhr sie, dass die 76jährige Nachbarin die Ursache von allem Unglück gewesen sei. "Du musst eine offene Stelle am Leib haben", sagte der Meister, „von der die Nachbarin M. dir das Blut abzapft."

Als die insgeheim beschuldigte Nachbarin ahnungslos ins Haus kam, kurz vor dem vergangenen Weihnachten, um sich mit Zucker für die Mitfahrt im Auto zu bedanken, erfuhr sie eine hasserfüllte Abweisung, und die empörten Leute fielen mit Beschuldigungen über sie her, dass sie den Hof verhext habe. „Bei euch daheim schwimmt Weißes im Weihwasser und ihr hext nach dem sechsten und siebten Buch Moses", so wurde ihr und ihrem Sohn gesagt. Das führte zu üblen Nachreden und Beleidigungen und es kam in dem kleinen Weiler zu Tratsch und Klatsch.

Da die Justiz aber die Aufgabe hat, wie der Staatsanwalt ausführte, die Opfer des mittelalterlichen Aberglaubens im öffentlichen Interesse zu schützen, wurde der Hexenmeister, der die anderen irregeführt hatte und zu einer Gefahr für die Öffentlichkeit geworden war, wegen übler Nachrede und Beleidigung anstelle von zwei Monaten Gefängnis zur

Zahlung von 600 Mark verurteilt. Mit der Tochter des gefährdeten Hofes zusammen hat er die Kosten zu tragen. G. schwieg sich darüber aus, ob er künftig seine Hexerei weiter zu betreiben gedenke.

Quelle: Dem Autor liegen zwei Zeitungsberichte vor: Aus der Schwäbischen und aus der Stuttgarter Zeitung. Leider konnte das genaue Datum der Verhandlung und das Datum der Zeitungsberichte nicht ermittelt werden.

Der Aberglaube trieb die tollsten Blüten

Eine Zeitungsmeldung aus dem Jahr 1958 berichtet: Ein moderner „Hexenmeister" aus Oberschwaben stand vor Gericht.

Vor dem Schöffengericht in Ravensburg, unter Vorsitz von Amtsgerichtsrat Dr. Friedel, rollte ein zweitägiger „Hexenprozess" ab, in dem sich ein 51 Jahre alter Hilfsarbeiter aus Schussenried wegen Anstiftung zu falschen uneidlichen Aussagen wegen fortgesetzten Betrugs und Verstoßes gegen das Heilpraktikergesetz zu verantworten hatte. Gegen den wegen anderer Delikte dreimal vorbestraften Angeklagten, der sich einmal in einem amtlichen Formular als „Heizer und Gesundbeter" bezeichnet hatte und sich in der Verhandlung als Vertreter der „Weißen Magie" ausgab, sind in der Nachkriegszeit schon dreimal ähnliche Verfahren gelaufen.

Das erste endete 1949 mit einem Freispruch mangels Beweisen, das zweite fiel 1951 unter eine Amnestie und das dritte wurde, ebenfalls 1951, mit einer Verurteilung des „Hexenmeisters" zu einer mehrmonatigen Gefängnisstrafe abgeschlossen. Das primitive Wissen des Angeklagten um Hexenbeschwörung und mystische Behandlungsarten kranker Menschen und Tiere hatte er zusammen mit einigen einschlägigen Büchern von seinem Vater, einem Bauern aus der Gegend von Neu-Ulm, geerbt.

In einem dieser Bücher steht als Einleitung der Satz: „Dieses Buch stammt aus dem Mittelalter und bringt neben manchem Blödsinn, an dem man sich gesund lachen kann, auch manches Gute." Der Gesundbeter hatte aus diesen Büchern offensichtlich den Unsinn dem Guten - alten Volksmitteln der Heilkunde - vorgezogen, teilweise auch miteinander vermischt.

In dem Prozess kamen 70 Fälle der Menschenbehandlung und 60 Fälle der Tierbehandlung in den Kreisen Ravensburg, Saulgau, und Biberach aus den Jahren 1952 bis 1956 zur Sprache. Dies war jedoch nur ein Teil; denn der Angeklagte hatte sich bei der ländlichen Bevölkerung den Ruf zu verschaffen gewusst, er besitze übernatürliche Kräfte.

Der im bäuerlichen Volk immer noch weitverbreitete Aberglaube führte ihm Patienten in großer Zahl zu. Bald konnte er seine Hilfsarbeitertätigkeit aufgeben. Er stand als Tierheilkundiger im Telefonbuch und fuhr im eigenen Wagen vor, wenn er es nicht vorzog, eine Fernbehandlung vorzunehmen, bei der er zu Hause angeblich ägyptische Gebete sprach. Diese Gebete murmelte er auch an Krankenbetten und in Ställen, wobei er beschwörende Gesten vollführte und Zettel mit Glaubenssymbolen schrieb, die von Mensch und Tier am Körper oder an den kranken Gliedmaßen zu tragen waren bzw. ins Essen oder ins Futter beigemischt werden mussten.

Außerdem verordnete er das Einreiben mit Salben, Schnaps, Erbsensud, Rettichlaub und allerlei Umschläge. Einen Eiterzahn behandelter er durch Berühren mit einem Hufnagel, der dann in eine Kellerwand eingeschlagen werden musste. Einen anderen Kranken ließ er sich drei Kopfhaare ausreißen und diese zwischen Rinde und Holz eines Baumes schieben; wieder anderen strich er mit einem

Stahldraht, einem Magneten oder mit den bloßen Händen den Körper entlang.

Die rentabelste Arbeit des „Hexenmeisters“ war das „Versiegeln“ von Ställen, das dazu dienen sollte, krankes Vieh zu heilen oder vor Krankheiten zu schützen. Er nahm im Stall eine Geisteraustreibung vor und ließ dann seine Zettel aufhängen. Der Preis dafür lag, je nach Stückzahl des Viehs, zwischen 5 und 150 DM. Der Geisteraustreibung folgte abends jeweils im Holzschopf des Angeklagten die Geisterbannung, von der er behauptete, sie habe ihn stets so ins Schwitzen gebracht, dass er danach sein Hemd habe auswinden können.

Über die Ursachen von Krankheiten an Tieren und Menschen machte der Angeklagte meist vage Andeutungen über böse Geister und gebot, in den ersten drei Tagen, die auf seine Behandlung folgten, nichts auszuleihen. Dies wurde von den Kunden vielfach so aufgefasst, dass die Frau, die in den drei Tagen als Erste kam, um etwas auszuleihen, die Hexe sein müsse, die ihnen Böses wünsche und deshalb für ihre Erkrankung oder für ihr Unglück im Stall verantwortlich sei. Tiefe Feindschaften in den Dörfern waren die Folgen. Dies ging so weit, dass Frauen auf der Straße als „Hexen“ beschimpft wurden.

Der Aberglaube an die Zauberkraft des Hilfsarbeiters wurde am deutlichsten an folgenden Fällen: Zwei Mädchen gingen den „Hexenmeister“ an, er möge doch dafür sorgen, dass ihre Freunde, die sich von ihnen abgewandt hätten, zurückkämen. Den Aberglauben dieser Mädchen nützte der Angeklagte maßlos aus, indem er sie überzeugte, dass sie sich ihm zuerst hingeben müssten, ehe er die Freunde zurückführen könne.

In einem Vaterschaftsverfahren, das eines der beiden Mädchen später anstrengte, überredete der Angeklagte das Mädchen zu seinen Gunsten falsch auszusagen. Ein weiteres Zeichen für den Aberglauben, der den Gesundbeter jetzt auch noch umgibt, ist, dass manche Zeuginnen aus Furcht vor ihm in der Verhandlung nicht alles auszusagen wagten.

Der tierärztliche Sachverständige verneinte den Wert der Methoden des Angeklagten. Der medizinische Sachverständige betonte, die Behandlung von Krankheiten durch den Angeklagten hätte in vielen Fällen eine Lebensgefahr herbeiführen können. Der psychiatrische Sachverständige sah den Angeklagten als voll zurechnungsfähig, aber mit psychopathischen Neigungen behaftet an. Erster Staatsanwalt Viergutz beantragte ein Jahr und 6 Monate Gefängnis, während der Verteidiger auf Freispruch plädierte.

Das Gericht erkannte auf 10 Monate Gefängnis wegen Anstiftung zum Meineid und wegen fortgesetzten Betrugs, teilweise in Tateinheit mit unerlaubter Ausübung der Heilkunde. Der Betrug und die unerlaubte Ausübung der Heilkunde bezögen sich, so hieß es in der Urteilsbegründung, auf die Menschenbehandlung, an deren Erfolg der Angeklagte selbst nicht geglaubt habe. Für die Behandlung von Tieren, von deren Wirkung der Angeklagte überzeugt sei, sei keine Bestrafung erfolgt.

Quelle: Schwäbische Zeitung, Landesüberblick vom 12.06.1958

Hexengläubige Menschen noch unter uns

Eine Zeitungsmeldung aus dem Jahr 1958 berichtet: Der Geisteraustreiber aus Schussenried im Berufungsverfahren schärfer bestraft.

Zum zweiten Male in diesem Jahr stand ein 51 Jahre alter Hilfsarbeiter aus Schussenried in Ravensburg vor dem Richter.

Er war Mitte Juni - wie seinerzeit berichtet - vom Ravensburger Schöffengericht zu 10 Monaten Gefängnis verurteilt worden, weil er sich von 1952 bis 1956 in den oberschwäbischen Kreisen Biberach, Saulgau und Ravensburg als Heilkundiger, Gesundbeter und Geisteraustreiber betätigt und des Betrugs schuldig gemacht hatte. Gegen dieses Urteil hatten sowohl der Hilfsarbeiter als auch der Staatsanwalt, der damals ein Jahr und sechs Monate Gefängnis beantragt hatte, Berufung eingelegt.

Als zweite Instanz hat nun nach zweitägiger Verhandlung die große Strafkammer des Landgerichts die Berufung des Hilfsarbeiters nicht nur verworfen, sondern auch noch die Strafe heraufgesetzt. Das Urteil der Strafkammer lautet auf ein Jahr Gefängnis mit Anrechnung der Untersuchungshaft wegen fortgesetzter unerlaubter Ausübung der Heilkunde, wegen Betrugs und wegen Anstiftung zu uneidlicher Falschaussage.

Der Hilfsarbeiter hatte sich - wie schon nach der ersten Verhandlung berichtet - „magische Kräfte“ zugeschrieben. Den offensichtlich immer noch tief verwurzelten Aberglauben der ländlichen Bevölkerung hatte er in allen 130 nachgewiesenen „Behandlungsfällen“ ausgenützt, darunter in 70 Fällen der Menschenbehandlung und in 60 Fällen der Tierbehandlung. Seine Behandlungsarten waren ein Gemisch von Gesundbeterei und alten Volksmitteln. Aus seinen vagen Angaben über die bösen Geister, die schuldig an Krankheiten von Mensch und Tier waren, ergaben sich in mehreren Dörfern tiefe Feindschaften und biedere Frauen wurden als „Hexen“ verschrien.

Seine „Magischen Kräfte“ ließen ihn gut verdienen; jedenfalls hat er ein Vermögen von 40 000 DM versteuert. Im Gegensatz zur ersten Instanz sah die Strafkammer nur noch die beiden extremsten Fälle der „Behandlungen“ durch den Angeklagten als Betrug an. Bei diesen Fällen hatte der Angeklagte zwei Mädchen davon überzeugt, dass ihre Freunde wieder zu ihnen zurückkämen, wenn sie sich zuerst ihm hingeben würden. In einem Unterhaltsprozess, der sich schließlich aus dieser „Behandlung“ ergab, hatte der Angeklagte eines der beiden Mädchen dazu angestiftet, zu seinen Gunsten falsch auszusagen.

Noch heute findet man zwischen Donau und Bodensee solche „Hexenschwerter“. Hexengläubige Menschen unserer Zeit befestigen ein Sensenblatt (oder gar zwei wie auf unserem Bild) an einer langen Stange, die am Zaun aufgestellt wird, um das Anwesen gegen böse Geister zu schützen.

Quelle: Schwäbische Zeitung, Landesüberblick vom 12.09.1958

Einer Kurpfuscherin das Handwerk gelegt

Eine Zeitungsmeldung aus dem Jahr 1963 berichtet: Kurpfuscherin versprach Krebskranken Heilung / Mit makabrem Zauber gegen „böse Geister“

Die Zuhörer schüttelten ungläubig die Köpfe oder blickten betroffen drein. Was am Dienstag vor dem Schöffengericht in Ravensburg in mehr als fünfstündiger Verhandlung zur Sprache kam, konnte nicht wahr sein! In welchem Jahrhundert leben wir? Ist es möglich, dass sich in unserer Zeit, in der der menschliche Geist immer neue Triumphe feiert, Kurpfuscherei, schwarze Magie und Bräuche aus dem finsteren Mittelalter behaupten und Menschen in ihren Bann schlagen können. Menschen, die mitten unter uns leben?

Kann es wahr sein, dass es Menschen gibt, die aus der Todesangst anderer Kapital schlagen, in ihnen falsche Hoffnungen auf Gesundheit oder Linderung erwecken und sie mit abstoßenden Tricks unter abscheulichem Missbrauch ihrer religiösen Gefühle von sich abhängig zu machen versuchen?

Was in der Verhandlung gegen ein Ehepaar aus Friedrichshafen zur Sprache kam, wäre selbst für einen der schlechtesten Schundromane noch zu schlecht, es entstammt entweder einem eiskalt berechnenden, gefühllosen und unmenschlichen Herzen oder einem krankhaften, von dämonischem Wahn befallenen Hirn. Doch wer vermag auf diese Frage eine Antwort zu geben.

Der Mann stammt aus Rumänien ist 100prozentig kriegsbeschädigt und steht offenbar in völliger Abhängigkeit von seiner um zehn Jahre älteren Frau. Sie war die treibende Kraft, die all den irren Hokuspokus in ihrem Behelfsheim am Unterösch inszenierte. Mit einer Stimme, als wenn sie das Evangelium auswendig aufsagte, berichtete sie von ihrer „Begnadung“.

Ihr sei die „kleine heilige Maria Theresia“ im Schlaf erschienen und habe gesagt, als Belohnung für ihr langes und inbrünstiges Beten habe der Herrgott etwas Besonderes mit ihr vor, wenn die Zeit reif sei. Mehrere Wochen später habe sie dann von dem hl. Stephanus durch Auflegen seiner Hände auf ihr Haupt eine wundertätige Kraft erhalten. „Damals waren Sie doch noch evangelisch?“ fragte der Richter, „Sie sind doch erst vor zwei Jahren konvertiert, haben sie denn trotzdem schon vorher die Erscheinung der Heiligen gehabt?“ „Ja, Herr Richter, schon vorher“, antwortete die Angeklagte. Ihr erster Heilungsversuch habe dem Hund ihrer Nachbarin gegolten, der ein Auge verloren hatte. Sie habe über dem Kopf des Tieres ein Kreuz geschlagen, und nach neun Tagen sei die Wunde verheilt gewesen.

Es fiel der Beschuldigten nicht schwer, vor labil und sensibel veranlagten Frauen den Eindruck einer Wunderheilerin zu erwecken. Ihr „Ruf“ als „Gesundbeterin von der Ach“ pflanzte sich fort wie ein Bazillus, immer mehr kranke Menschen schlugen den Weg zum Unteröschweg am Rande des Seewaldes ein, zu Fuß und im Kraftwagen.

Ein Nachbar berichtete, er habe an den Autos Kennzeichen aus allen Kreisen zwischen Lindau, Ulm und Freiburg feststellen können. Die Wartezeit der Kranken betrug mitunter drei bis vier Stunden. Während die Frau ihre Besucher von 10 bis 17 Uhr „behandelte“, besorgte der Mann den Haushalt und kochte das Essen. Hin und wieder war er aber auch mit im „Betrieb“ tätig, sofern es sich als erforderlich erwies.

Die Behandlung erfolgte überwiegend durch Auflegen der Hand, wobei hin und wieder auch aus einem Grammophon das „Ave Maria“ erklang. Stets murmelte die „Gesundbeterin“ unverständliche Worte. Es kam aber auch vor, dass sie mit einem geweihten Kreuz über entblößte Körperteile der Patienten strich.

Handauflegen gegen Krebs

Kranken gegenüber behauptete sie, auch Krebs heilen zu können. Sie habe das schon öfter getan. So wurde sie immer wieder zur Zuflucht hoffnungsvoller, gläubiger oder verzweifelter Menschen. Nie forderte die Angeklagte Geld für ihre „Hilfe", aber sie nahm, was ihr in die Hand gedrückt oder irgendwo niedergelegt wurde. Die intensiven Nachforschungen der Kriminalpolizei und die Beweisaufnahme des Schöffengerichts führten zu einer erschütternden Bilanz: sechs Menschen aus Friedrichshafen und Umgebung, die bei ihr in „Behandlung" waren, haben allein in den Jahren 1961 und 1962 durch Krebs den Tod gefunden. Da ist zunächst Frau T., erkrankt an Unterleibskrebs. Sie ging über ein Jahr in dem Haus am Unteröschweg aus und ein. Ihr Leiden verschlimmerte sich immer mehr. „Dann müssen wir eben mal den Himmelsfürsten anrufen", erklärte die Kurpfuscherin.

Als schließlich kein Handauflegen gegen die unerträglichen Schmerzen der Kranken weiterhelfen wollte, lag plötzlich die Ursache ihres Leidens in Wasseradern, die angeblich unter ihrem Haus hindurchflossen. Kurz darauf meldete sich ein „Wünschelrutengänger" bei der Kranken und erklärte, im Auftrag der Heilkundigen zu kommen. Er entdeckte selbstverständlich „Wasseradern", und nun tauchte der Mann der Angeklagten auf und verkaufte der gutgläubigen Frau als „Gegenmittel" gegen die schädlichen Strahlen der „Wasseradern" sechs Kupferrollen zum Preis von 150 DM.

Vor ihrem Tode berichtete Frau T. in einer schriftlichen, polizeilichen Vernehmung, die „Gesundbeterin" habe ihr auch geweihte Eier zum Preis von 2 DM pro Stück verkauft, die sie mit Essig übergießen und zu sich nehmen sollte. Ihre Krankheit verschlimmerte sich immer mehr. Als sie schließlich nach vielem gutem Zureden ihres Mannes und einer bekannten Familie einen Facharzt aufsuchte, war es zu spät. Sie starb unter qualvollen Schmerzen am 2. April 1962.

Ein Friedrichshafener Arzt, der sie untersucht hatte, erklärte vor Gericht: „Die Patientin hätte mit 90prozentiger Wahrscheinlichkeit gerettet werden können, wenn sie rechtzeitig fachkundig behandelt worden wäre …"

Tödlich endete auch das Leben von Frau Sp., die schon von den Ärzten aufgegeben worden war, als sie die Angeklagte aufsuchte. Aber wenn ihr die Kurpfuscherin nicht Hoffnung auf Heilung gemacht hätte, wäre sie nicht in ihrer Behandlung geblieben.

Auch der Landwirt Johann S. aus Untereisenbach suchte in seiner verzweifelten Lage die Quacksalberin auf, nachdem ihn die Ärzte wegen seines Kehlkopfkrebses aufgegeben hatten. Als er am 27. April 1961 die Augen für immer schloss, schob die Angeklagte seinen Tod dem Umstand zu, dass er seine Obstbäume mit einem Schädlingsbekämpfungsmittel gespritzt habe, sonst hätte sie ihm helfen können. Etwa 700 DM soll S. der Angeklagten für ihr Handauflegen bezahlt haben.

Erschütternd ist auch die Leidensgeschichte von Frau Sch. Sie zeigt aber auch, wie gewissenlos die Angeklagte mit den Todkranken verfuhr. Sie verstand es, in Frau Sch. den Wunsch nach einer Romfahrt zu erwecken, und begleitete sie selbstverständlich. „Hat die Kranke die Reise für Sie bezahlt?" fragte der Richter. „Nein", lautete die Antwort. „Ich habe die Kosten selbst bestritten." „Wovon denn?", wollte der Richter wissen. „Sie behaupten doch, Sie hätten von den Kranken niemals Geld genommen?" Der an Brustkrebs erkrankten Frau, die ihr Ende nahen fühlte, sagte die „Gesundbeterin“ eines Tages, eine Stimme habe ihr in der Nacht verkündet, sie sei als geheilt entlassen. Der 17. Februar 1961 war der Todestag von Frau Sch.

Am 9. August folgte ihr Frau J., eine weiter „Patientin“ der Angeklagten, unheilbar an Unterleibskrebs erkrankt, und am 2. Januar 1962 starb Frau S. an Brustkrebs. Sie alle hatten in ihrer Verzweiflung von der „Gesundbeterin“ Hilfe erhofft. Bei allen hatte die gewissenlose Angeklagte Hoffnungen erweckt und sie in grausamer, unmenschlicher Weise noch im Angesicht ihres Todes getäuscht. In einem „Hexenbuch“, das die Polizei bei der Beschuldigten sicherstellte, beginnt ein Rezept als „Mittel gegen den Krebs“: „Man brenne ein Wasser aus faulen Äpfeln ...“ Was hatte sie den Hilfesuchenden erklärt: Sie könne Krebs heilen und habe dies schon öfter getan ...

Doch alle diese Heilversuche werden von dem in den Schatten gestellt, was die Angeklagte mit einer Frau aus Waggershausen trieb. Diese war auf Empfehlung einer „Patientin“ in die „Sprechstunde“ am Unteröschweg erschienen, weil sie an Kopfschmerzen, Schlaflosigkeit und Mattigkeit litt. Mit einem geweihten Kreuz strich die Angeklagte über den entblößten Oberkörper der Frau und stellte ein angebliches Leberleiden fest. Sie verschrieb der Besucherin Tee und gab ihr ein Stärkungsmittel in Tablettenform, das rezeptpflichtig war. Im weiteren Verlauf der sich über mehrere Wochen erstreckenden Behandlung rief die Quacksalberin zweimal absichtlich Eiterungen an den Ohren der Patientin hervor, die mit „Heilig-Blut-Öl“ wieder geheilt wurden.

Als die Frau aus Waggershausen bei einem weiteren Besuch von einem bösen Traum berichtete, der sie in der Nacht zuvor verfolgt habe, erklärte die Angeklagte: „Da muss ich Ihren Engel fragen.“ Die Antwort des „Engels“ lautete: „Die Frau ist von bösen Geistern befallen.“ Außerdem würden die Hausleute der Besucherin „schwarze Magie“ betreiben und ihr das Geld aus der Tasche ziehen, ohne dass sie es merke. Man sollte es nicht für möglich halten, aber die Besucherin glaubte der Kurpfuscherin jedes Wort. Sie ließ sich zum Austreiben der bösen Geister in ein Dorf in das Allgäu schicken und befolgte auch den Rat, in der Kirche kräftig Weihwasser um sich zu verspritzen, um die Geister zu vertreiben.

Damit die bösen „Mächte“ von ihrem Schlafzimmer fernblieben, solle sie ein Küchenmesser in Weihwasser tauchen und es in das Schlüsselloch stecken.

Aber alle Mühe, die sich die verzweifelte Frau gab, die bösen Geister, die sie befallen haben sollten, loszuwerden, schien vergeblich zu sein. Die Frau am Unteröschweg, die ihr ganzes Vertrauen genoss, erklärte ihr, die „Mächte des Bösen“ hätten sich von 3 über 7 auf insgesamt 30 erhöht. Nun schritt man zu einer „Geisterbeschwörung“, die so makaber ist, dass sie nur einem kranken Hirn entstammen kann:

Beim Klang der Abendglocken werden Urin und Weihwasser in einer Konservendose vermengt, die der Mann der Angeklagten dann im Schuppen in ein Erdloch steckte. Anschließend holte er glühende Kieselsteine aus dem Waschkücheofen und schüttete sie in die Konservendose. Darauf musste sich die Patientin über die Dose stellen und von den aufsteigenden Dämpfen bestreichen lassen.

Aber das ist noch nicht alles. Die Besucherin, die im Laufe der Zeit immer mehr zu einem Nervenbündel geworden war, wurde von der Quacksalberin auch vor Kothaufen gewarnt, die sich vor ihrem Schlafzimmer befinden könnten. Diese Haufen bedeuteten den Tod; denn sie seien mit schweren Krankheiten behext. Um sich vor dem Zauber zu schützen, müsse sie den Kot herbringen, damit er sofort verbrannt werden könne. Zu ihrem Entsetzen entdeckte sie bald darauf tatsächlich menschliche und tierische Exkremente vor dem Fenster ihres Schlafzimmers. Sie brachte sie, wie ihr geheißen worden war, zum Unteröschweg und ließ für die „Bemühungen“ zu deren Beseitigung einen ansehnlichen Geldbetrag zurück. Nicht lange danach machte sie eine erneute „Entdeckung“ vor ihrem Schlafzimmerfenster. Wieder ließ sie Geld zurück, nachdem alles verbrannt worden war, Geld zum Lesen von Messen und als Entschädigung für die Angeklagte und deren Mann. Zehnmal wurde die Frau auf diese Weise in Angst und Schrecken versetzt, und zehnmal zahlte sie für die Aufhebung des „Zaubers“ erhebliche Beträge, nach ihren eigenen Angaben waren es insgesamt etwa 1000 DM, die die Kurpfuscherin von ihr empfangen hatte. Tatsächlich behielt die Angeklagte die erhaltenen Gelder nicht ausschließlich für sich. Nach Auskunft einer kirchlichen Stelle zahlte sie von September 1960 bis April 1963 insgesamt 4670 DM an Messegeldern in Beträgen zwischen 50 und 420 DM ein.

Noch heute glaubt die Zeugin aus Waggershausen an die übernatürlichen Kräfte der Angeklagten. Sie scheint nicht die Einzige zu sein, die noch immer unter deren verhängnisvollem Einfluss steht. Eine Zeugin aus Ailingen war in der Gerichtsverhandlung nicht fähig, eine Aussage zu machen. Sie zitterte am ganzen Körper, als verspüre sie den dämonischen Blick der Angeklagten hinter sich und brachte kein Wort heraus. Zwei der insgesamt 14 Zeugen hatten sich von vornherein gescheut, zur Verhandlung zu erscheinen. Sie wurde wegen unentschuldigten Fehlens mit einer Ordnungsstrafe von je 20 DM belegt.

Die Staatsanwältin wies in ihrem Plädoyer auf die Gefährlichkeit der Tätigkeit der Angeklagten hin, die ihren unheilvollen Einfluss auf Gutgläubige und Heilungssuchende noch bis einen Tag vor Beginn des Prozesses ausgeübt habe, obwohl ihr bereits im Juni die Anklageschrift zugestellt worden sei. Sie forderte für die Angeklagte, die schon wegen Abtreibung und vier anderen Delikten vor dem Richter stand, zwei Jahre Gefängnis wegen fortgesetzten Betrugs und fortgesetzten Verstoßes gegen das Heilpraktikergesetz sowie fahrlässiger Körperverletzung im Falle der Frau T. Der Antrag gegen ihren Mann lautete auf 5 Monate Gefängnis.

Der Verteidiger hatte angesichts des erdrückenden Beweismaterials keinen leichten Stand. Er plädierte für seine beiden Mandanten auf Freispruch, da ihnen nach seiner Ansicht kein Delikt im Sinne der Anklage nachgewiesen sei.

Das Urteil lautete für die Angeklagte auf ein Jahr Gefängnis wegen fortgesetzten Vergehens gegen das Heilpraktikergesetz und gemeinschaftlichen Betrugs sowie der Körperverletzung in einem Fall. Der Mann der „Gesundbeterin von der Ach“ muss wegen eines fortgesetzten Vergehens des gemeinschaftlichen Betrugs 4 Monate ins Gefängnis.

Quelle: Schwäbische Zeitung vom 24.08.1963

Der Aberglaube war nicht angeklagt

Eine Zeitungsmeldung aus dem Jahr 1964 berichtet: Acht Monate Gefängnis für den „Hexenmeister von Kehlen“

Gespenstisch anmutende Reflexe warf jener Prozess in den Verhandlungssaal des Schöffengerichts Ravensburg, in dem sich gestern der als „Hexenmeister von Kehlen“ bekannt gewordene Hermann D. und vier weitere Angeklagte wegen verschiedener Vergehen zu verantworten hatten.

Der Publikumsandrang war so groß, dass der Gerichtssaal bei der Eröffnung geradezu gestürmt wurde. Er musste von einem Polizeikommando wieder geräumt werden. Nur wer sich am Vortag Platzkarten besorgt hatte, durfte bleiben. Nachrichtenagenturen, Tageszeitungen und Illustrierte hatten zahlreiche Vertreter zu diesem Prozess entsandt, der weniger wegen seiner Tatbestände und der verhältnismäßig geringen Strafen als wegen seiner ungewöhnlichen Hintergründe Aufsehen erregte.

Den Vorsitz in der Verhandlung führte Amtsgerichtsrat Dr. Friedel. Gegenstand der Anklage waren die Geistergeschichten, die sich in den Jahren 1959 - 1961 auf einem 29 Morgen großen Hof in Staig, Gemeinde Wolfegg abgespielt hatten und an deren Ende eine völlig zerrüttete Ehe und ein Ehescheidungsprozess stand, der als eigentlicher Ausgangspunkt für das jetzige Strafverfahren anzusehen ist.

Bei dem Prozess, der im Dezember 1962 abgewickelt wurde, hatten die drei Schwestern eines 36jährigen Landwirts dem Gericht beteuert, den heute 52jährigen „Hexenmeister" Hermann D. nicht zu kennen und auf dem Hof nicht gesehen zu haben. Andererseits hatte D. versichert, den Landwirt und seine drei Schwestern nicht zu kennen und nie auf deren Hof gewesen zu sein. Mit ihrer uneidlichen Falschaussage vor der Zivilkammer des Landgerichts Ravensburg wollten die Schwestern nicht nur ein zugunsten ihres Bruders lautendes Urteil erwirken, sondern auch den „Hexenmeister" D. vor einer Bestrafung bewahren.

D. stand gestern unter der Anklage des versuchten und fortgesetzten Betrugs sowie der fortgesetzten unerlaubten Ausübung der Heilkunde im Sinne des aus dem Jahr 1939 stammenden Heilpraktikergesetzes. In diesem Anklagepunkt war der ganze unsinnige Hokuspokus zusammengefasst, den Hermann D. auf dem Hof in Staig inszeniert hat, um böse Geister vom Hof zu bannen.

Mit seiner „weißen Kunst" behandelte der moderne Scharlatan auch die Ehefrau des Landwirts, die er dem Ehemann gegenüber angeblich als Hexe bezeichnet hatte, die für das Unglück im Stall verantwortlich sei. In der Verhandlung leugnete D. allerdings, die Frau als Hexe bezeichnet zu haben. Diese Ausdrucksweise stamme vielmehr von den Angehörigen selber. Für die Behandlung von Menschen und Tieren hatte der Hexenbanner - wie er zugab - von dem Landwirt nach und nach annähernd 300 Mark verlangt und auch erhalten.

Der Hauptangeklagte D. stammt aus einem Dörfchen bei Buchau am Federsee und arbeitete in seiner Jugend in der elterlichen Landwirtschaft oder im Torfwerk Schussenried, bis er vom Jahre 1934 an in Friedrichshafen auf dem Bau und später in der Industrie tätig war. 1936 baute er sich in Kehlen bei Friedrichshafen ein Einfamilienhaus, nachdem er ein Jahr zuvor mit 22 Jahren geheiratet hatte.

Aus der Ehe sind fünf Kinder hervorgegangen, die heute zwischen 14 und 28 Jahre alt sind. Schon während des Krieges, in dem er die meiste Zeit u. k. (unabkömmlich) gestellt war, nahm D. in großem Umfang Heilbehandlungen durch „Gesundbeten“ vor und erhielt 1943 deswegen vom Landgericht Ravensburg seine erste Strafe in Höhe von zwei Monaten Gefängnis.

Nach eigenen Angaben war D. schon mit 12 Jahren von einem Hexenmeister aus Ehingen/Donau, der im Stall seiner Eltern böse Geister bannen sollte, darauf aufmerksam gemacht worden, dass er „magnetische Kräfte“ besitze. Mit 18 Jahren begann er dann, leichtere Krankheitsfälle „durch Magnetismus zu heilen“. Nach seiner Entlassung aus französischer Kriegsgefangenschaft fand D. bei der Bundesbahn Arbeit., bis er 1951 wegen wiederholter Straffälligkeit fristlos entlassen wurde.

Seit dieser Zeit übte D. die Heilkunst und die „sogenannte „weiße Kunst“ hauptberuflich aus und hielt 1955 sogar Sprechstunden an verschiedenen Orten ab, wobei er starken Zulauf hatte. In der Vernehmung behauptete D., er habe nie an Hexen, wohl aber stets an Dämonen geglaubt, und er sei heute noch von seinen besonderen Fähigkeiten, Dämonen von Menschen und Tieren zu vertreiben, überzeugt. Nach Staig sei er nur gegangen, weil er von einem guten Bekannten, dem Ehemann einer der angeklagten Schwestern, mehrmals beständig gebeten worden sei.

Im Stall des Landwirts wendete er, wie auch bei anderen Fällen, stets dieselbe Methode an, die er angeblich aus einschlägigen Büchern kannte. Diese seien ihm aber in einem früheren Strafverfahren abgenommen worden. Um die bösen Geister zu bannen, nahm er ein Blatt Papier, schrieb darauf einige Zauberformeln und nagelte sie zusammen mit einem alten Stück Schuhleder an die Stalltüre, wozu der Landwirt eigens beim Dorfschmied alte Hufnägel besorgen musste. Außerdem musste die Milch kranker Tiere abgekocht und, nachdem sie über Nacht stehen geblieben war, weggeschüttet werden, wobei der Bauer oder eine der Schwestern sagen musste: „Im Namen des Vaters und des Sohnes und des heiligen Geistes".

Während des Kochens rührte er die Milch mit einem Metzgermesser um. Bei kranken Kühen wandte er aber auch die Methode an, mit seinem Zauberstab über den Leib der Tiere zu streichen und Zaubersprüche zu murmeln. Das gleiche Verfahren praktizierte D. auch im Stall einer der angeklagten Schwestern in Ailingen im Kreis Tettnang.

Über den Aussagen der übrigen vier Angeklagten, des Landwirts und seiner drei Schwestern, die in der Nähe von Friedrichshafen und Meersburg wohnhaft sind, hing wie ein dunkler Schatten die Furcht vor dem Bannstrahl des „Hexenmeisters" - ein Eindruck, der von einem als Zeugen vernommenen Kriminalbeamten bestätigt wurde. Die vier Angeklagten schienen alle an chronischer Gedächtnisschwäche zu leiden und wanden sich um jede konkrete

Antwort herum. Ihr Bemühen war offensichtlich möglichst „wenig zu wissen“ und auszusagen.

Da sie vor allem auch bestritten, die 34jährige Ehefrau des Landwirts als Hexe verfemt, schikaniert und von ihr abgesondert zu haben, musste diese Frau eigens mit einem Polizeiauto aus ihrem derzeitigen Wohnort in der Gemeinde Wolfegg als Zeugin herangeholt werden. Sie bestätigte, dass sie nicht nur als Hexe bezeichnet worden, sondern aus dem Familienkreis weitgehend ausgeschlossen worden sei.

Die Angaben ihres Mannes bezeichnete sie glattweg als Lügen. „Ich durfte ihn ja gar nicht mehr ansehen“, so sagte die aufgebrachte Frau, „sonst hätte er gleich wieder gesagt: Die will mir wieder etwas antun!“ Zeitweise durfte sie nicht mehr kochen und nicht mehr an den gemeinsamen Tisch sitzen. „Von deine dreckige Teufelshänd“, so habe ihr Mann einmal zu ihr gesagt, „will ich kein Essen haben“. Die Zeugin blieb unvereidigt.

Obwohl die Angeklagten wiederholt bekundeten, dass sie eigentlich nicht an Hexen glauben und zunächst auch den Praktiken des Hexenmeisters etwas skeptisch gegenübergestanden seien, hörte man von ihnen mehr als einmal, dass sie mit dem Erfolg von D.´s Dämonenvertreibung zufrieden gewesen seien, und zwar hinsichtlich ihrer eigenen Person als auch ihrer Stalltiere. Sogar die als Hexe denunzierte Ehefrau des Angeklagten habe, wie Hermann D. sagte, zunächst an seine Heilkräfte geglaubt.

Der Vertreter der Anklagebehörde, Gerichtsassessor Dietz, beantragte folgende Strafen: für Hermann D. eine Gesamtstrafe von einem Jahr und acht Monaten, für den angeklagten Landwirt eine Gefängnisstrafe von sechs Monaten, für zwei seiner Schwestern vier und für die dritte Schwester drei Monate Gefängnis. Die Interessen der Angeklagten wurden von drei Rechtsanwälten aus Ravensburg und Konstanz vertreten.

Das Gericht verkündete am späten Abend folgendes Urteil: Der Angeklagte Hermann D. wird wegen eines fortgesetzten Vergehens gegen das Heilpraktikergesetz in Tateinheit mit einem Vergehen des fortgesetzten Betruges, eines Vergehens des versuchten Prozessbetrugs und eines Vergehens der uneidlichen Falschaussage zu einer zusammengefassten Gefängnisstrafe von acht Monaten verurteilt. Die Aussetzung der Strafe zur Bewährung wurde ihm versagt, nachdem er schon wiederholt vorbestraft war.

Der Landwirt erhielt wegen eines Vergehens des fortgesetzten versuchten Betruges und der fortgesetzten Begünstigung vier Monate Gefängnis, zwei seiner Schwestern wegen uneidlicher Falschaussage und Begünstigung drei Monate Gefängnis. Die dritte Schwester wurde freigesprochen, da ihr uneidliche Falschaussage nicht nachgewiesen werden konnte. Für alle Angeklagten außer D. werden die Strafen zur Bewährung auf drei Jahre ausgesetzt.

In der Urteilsbegründung befasste sich der Richter vor allem mit dem Hauptangeklagten. Das Gericht vermöge seinem Vorbringen, er sei vom Erfolg seiner Geisterbeschwörung und seiner „weißen Kunst" überzeugt gewesen, keinen Glauben zu schenken, zumal er bei der polizeilichen Vernehmung das Gegenteil gesagt habe. Seine Handlungsweise sei einfach als Hokuspokus anzusehen. Auch den versuchten Prozessbetrug anlässlich des Ehescheidungsprozesses sah das Gericht als erwiesen an. Der Richter wies darauf hin, dass der Scheidungsprozess seinerzeit ausgesetzt wurde, bis das Strafverfahren abgeschlossen sei. Die Landwirtseheleute seien also nicht etwa geschieden, sondern noch verheiratet.

Den betrüblichsten und deprimierendsten Eindruck an diesem Prozess hinterließ die Aussage einer der angeklagten Schwestern, die den ganzen Vorgang zu verharmlosen suchte. Sie sagte: „De oine ganget halt zum Biesinger, die andere zum Ochsareiter und wieder andere zum D." Mit dieser Feststellung wollte sie erklären, dass der Hokuspokus des Hexenmeisters D. keineswegs ungewöhnlich, sondern weit verbreitet sei.

Quelle: Schwäbische Zeitung vom Freitag 13. März 1964

Engel, Teufel und Kräutersäfte

Eine Zeitungsmeldung aus dem Jahr 1974 berichtet: Kurpfuscher sind am Bodensee nicht auszurotten.

Seine Diagnosen stellte er anhand der Haare von Kuhschwänzen, um die heilenden Mixturen aus geheimen Kräutern zusammenzustellen, bemühte er den Erzengel Samuel. Jetzt wurde ein 43jähriger Heilpraktiker, Hellseher und Stallenthexer aus dem Kreis Lindau vom Schöffengericht Ravensburg zu sechs Monaten Gefängnis verurteilt.

Das Gericht sah in den Künsten des Mannes schlichten Betrug, gewährte ihm jedoch Bewährungszeit. Lange genug konnte er sein Handwerk ausüben. Der fast blinde Mann gab sich eine Zeitlang sogar als Schweizer Betriebspsychologe aus und vollführte gleichzeitig im Allgäu und Oberschwaben wundersame Heilungen.

Eine Tinktur auf Kräuterbasis war nicht billig, drei Liter kosteten bis zu 10 000 DM. Noch vor Gericht behauptete der 43jährige, der Erzengel Samuel habe ihm beim Rezeptschreiben die Hand geführt.

Die Enthexung eines vom Teufel befallenen Viehstalls im Allgäu brachte gar 44 000 DM ein, wobei fast 30 000 DM für den Ankauf einer Heiligenstatue verwendet worden sein sollen. Dass die Heilkräfte eine Gnade von drüben sind, daran glaubten die zumeist aus bäuerlichen Kreisen stammenden Patienten fest.

Eine ebenfalls interessante Art, Krankheiten festzustellen und - gegen Honorar - zu heilen wurde auch aus Vorarlberg bekannt. In Nenzingen jagt eine 53jährige Frau mit ihrem Sohn Kranken und solchen, die es zu sein glauben, mit ihren Fußsohlendiagnosen Angst und Schrecken ein.

Eine aus dem fernen Osten erworbene geheime Möglichkeit, mit Druckempfindlichkeits-Testen an der Sohle auf Krankheiten in der Blase, Lunge, Milz oder gar auf vorhandene Geschwüre im Kopf zu schließen, ist äußerst originell. Mit Handauflegen wird natürlich alles rasch und sicher geheilt, ehe die beiden ohne Erlaubnis wirkenden Heilkundler ihre Hand aufhalten.

Auch im Bodenseekreis wirkt ein Gesundheitsapostel eigener Art. Wie der Kräutermann aus Lindau hat er sich auf das Enthexen von Ställen spezialisiert. Als in einem Bauernhof die Wirtschaft nicht mehr florierte, die Kühe verkalbten, die Hühner nicht legen wollten und auf dem Felde kaum noch etwas wuchs, da wurde erst der Herr Pfarrer bemüht. Er erklärte jedoch unumwunden, hier auch nicht helfen zu können.

Dann wurde der Enthexer aus einem Dorf bei Friedrichshafen geholt. Mit einer Art Wünschelrute streifte er durch Haus und Hof. Dann holte er einen großen Hufnagel aus der Tasche und einen Hammer, pendelte noch mit dem Ehering der Bäuerin über den Boden der guten Stube und schlug dann mit kräftigen Schlägen den Nagel in ein Fußbodenbrett. Nun werde alles wieder gut auf dem Hof - sagte er voraus - , nur dürften die Bauersleute nicht vergessen, täglich dreimal mit dem rechten Absatz kräftig auf den Nagel in der Stube zu treten.

Dort sei der Teufel, der bisher Unglück auf dem Hof verursacht habe, unter dem Dielenbrett angenagelt. Der Enthexer versprach, kassierte und ging. Bislang floriert der

Bauernhof immer noch nicht richtig, und die Bauersleute wollen dennoch abwarten, bevor sie Anzeige erstatten. Wenn - dann sollten sie es gleich bei der Staatsanwaltschaft in Ravensburg tun, wo man in dererlei Dingen schon ungeheuer viel Praxis hat und sich weder vor Teufeln noch Erzengeln fürchtet.

Quelle: Ein Zeitungsausriss, der sich nicht genau zuordnen lässt. Evtl. Schwäbische Zeitung 1974

Der Teufel behielt 5000 Euro lieber für sich selbst

Eine Zeitungsmeldung aus dem Jahr 2006 berichtet: Um Magie, Teufelsaustreibung und grenzenlose Naivität ging es gestern in einem Verfahren am Landgericht Ravensburg.

Das Gericht hielt die Angeklagte zwar des Betrugs für schuldig, schwächte ein erstinstanzliches Urteil des Amtsgerichts Wangen jedoch ab. Die 29-jährige Angeklagte muss nur für drei Monate hinter Gitter.

Das Verbrechen klingt nach finsterem Mittelalter: Eine 41-jährige Hausfrau wollte im April 2005 in der Wangener Innenstadt ein Geburtstagsgeschenk für ihre Schwester kaufen. Plötzlich wurde sie von einer jüngeren Frau angesprochen. Der Tenor: „ Ich sehe, dass es Ihnen nicht gut geht. Aber ich kann Ihnen helfen." Weil die Hausfrau zu der Zeit wirklich unter gesundheitlichen und psychischen Problemen gelitten habe, sei sie für die Ansprache empfänglich gewesen. „Sonst bin ich nicht leichtgläubig, sondern eher misstrauisch", sagte die Wangenerin mit leiser Stimme.

Das Ganze war ihr sichtlich peinlich, denn rückblickend war sie doch sehr naiv gewesen: Sie ließ sich von der jüngeren Frau zu einem Sonderangebot von 500 Euro (normalerweise betrage der Preis 8000 Euro) eine Marienwurzel verkaufen, die magische Heilkräfte haben sollte. Zwar sei sie nicht vollends überzeugt gewesen, sie habe aber auch gedacht: Schaden kann es nicht. Mit dem schnell verdienten Geld gab sich die vermeintliche Zauberin aber nicht zufrieden.

Als sie bemerkte, wie labil die Hausfrau gerade war, bot sie ihr an, das „Böse“ aus ihrem Körper auszutreiben. Dafür müsste sie freilich ein größeres Opfer bringen: entweder ihren Hund, das Einverständnis, die Schmerzen auf jemand anders zu übertragen oder einen Geldbetrag, der ihr weh täte. Die Wangenerin entschied sich für die letzte Möglichkeit und hob sofort 5000 Euro von der Bank ab. Dieses Geld wollte die jüngere Frau in einem Ritual dem Teufel ausleihen und der anderen am nächsten Tag zurückgeben. Nach diesem Handel gingen die beiden Frauen noch gemütlich in einem Bistro essen.

Am späten Nachmittag wurde der Hausfrau nach Rücksprache mit ihrem Mann jedoch klar, einer Betrügerin auf den Leim gegangen zu sein. Sie erstattete Anzeige, die Polizei fertigte ein Phantombild. Selbstredend erschien die Zauberin am nächsten Morgen nicht am verabredeten Treffpunkt, um der anderen die dem Teufel geliehenen 5000 Euro zurückzugeben.

Als kurze Zeit später eine Diebin in Lindau auf frischer Tat ertappt wurde, erkannten die Polizeibeamten die Frau auf dem Phantombild, das bei ihnen am Schwarzen Brett hing, wieder. Die 29-jährige Mutter von fünf Kindern, mehrfach wegen Diebstahls und schwerer Körperverletzung vorbestraft, bestritt den Betrug an der Wangener Hausfrau jedoch vehement. Sie akzeptierte die vom Amtsgericht Wangen ausgesprochene Haftstrafe von sechs Monaten ohne Bewährung nicht. Eine frühere Bekannte von ihr, die ihr zum Verwechseln ähnlich sehe, könne die Tat begangen haben.

Ihrem Rechtsanwalt, Florian Evertz, gelang es gestern, Zweifel zu säen. Vor allem, weil das Opfer aussagte, die Täterin habe sich die Telefonnummer notiert und die Speisekarte im Restaurant studiert. Nicht ganz leicht für eine Analphabetin. Zudem fand er es merkwürdig, dass der Wangener Hausfrau nicht aufgefallen war, wie verfault die Zähne seiner Mandantin zum Tatzeitpunkt gewesen seien. Sie habe sich das Gebiss erst vor kurzem im Gefängnis richten lassen.

Zerstreut wurden die Zweifel allerdings wieder durch den Zeugenauftritt der vermeintlichen Doppelgängerin, die außer Haarfarbe und -länge keine große Ähnlichkeit mit der Angeklagten aufwies. Auch das Opfer identifizierte noch einmal die Angeklagte als Täterin.

Diese weinte bitterlich, nachdem Staatsanwalt Peter Spieler sein Plädoyer gehalten hatte. "Ich war es nicht gewesen, so wahr ich hier sitze! Wo ist die Gerechtigkeit? Wie lange wollen Sie mich von meinen Kindern trennen?" Mag sein, dass sich das Gericht davon berühren ließ. Jedenfalls halbierte es die Strafe wegen Betrugs von sechs auf drei Monate. Die Indizien, meinte Richter Hermann Wieland, seien doch eher "spröde" gewesen.

Quelle: Beitrag in der Schwäbischen Zeitung vom 07.09.2006

Vorsicht Schrättele

Die Schrättele waren in früheren Zeiten nicht nur in Oberschwaben gefürchtete Plagegeister. Sie wurden allgemein für das Alpdrücken (schlimme Alpträume) verantwortlich gemacht. Man sagte ihnen nach, sich Schlafenden heimlich auf die Brust zu setzen und ihnen die Luft abzudrücken. Sogar kleine Kinder in der Wiege sollen sie gepeinigt haben.

Auch das Vieh im Stall verschonten sie nicht, besonders auf die Pferde hatten sie es abgesehen. Wenn sie diese geplagt und „geritten" hatten, standen sie am Morgen zitternd und schwitzend im Stall, die Mähnen und Schwänze verzopft.

Im Großen und Ganzen waren sich die Leute in den unterschiedlichen Landstrichen und Gegenden einig, was die Schrättele alles anstellten und wofür sie verantwortlich zu machen waren. Aber wer waren diese Schrättele? Und wo kamen sie her? Von Gegend zu Gegend gab es da ziemlich abweichende Vorstellungen.

In den 1970er Jahren hat eine alte Frau (Jg. 1895) aus Bergatreute die Schrättele wie folgt beschrieben:

„Schrättele, das waren meistens Frauen, die dazu verdammt waren, nachts von 12 bis 1 Uhr ihren Körper zu verlassen und als „Geist" oft Kinder und junge Frauen aber auch ältere Menschen aufzusuchen. Sie setzten sich diesen im Schlaf auf die Brust und drückten ihnen die Luft ab. Die „Gedrückten" wurden dadurch stark geschwächt. Sie wachten am Morgen müde und zerschlagen auf. Ist ein Schrättele regelmäßig gekommen, so konnte es bei den derart Gepeinigten zu schweren Erkrankungen durch Entkräftung kommen.

Wachte ein Opfer auf, während es gedrückt wurde, konnte es weder schreien noch aufstehen. Für die Gepeinigten waren diese „Druckgeister" unsichtbar. Die Geplagten konnten vielleicht etwas greifen, aber nicht wegschleudern oder von sich herunterziehen. Das Schrättele fühlte sich haarig, zottig und feucht an. Wenn eine andere Person ins Zimmer gekommen ist, hat diese das Schrättele als schwarze Katze oder schwarze Henne wahrgenommen.

Diese Mädchen und Frauen, die derart „schrattweis" gehen mussten, hatten das von ihrer Mutter geerbt. Und diese ebenfalls von ihrer Mutter. Jede Frau, die dazu verdammt war und Kinder bekommen hat, vererbt dieses Übel an eine ihrer Töchter."

Nach einer Stunde musste der „Geist" wieder zurück in den Körper der zum Schrättele „Verdammten", da diese sonst nicht mehr aufwachte und starb.
Diese eigentlich bedauernswerten Personen konnten dadurch erlöst werden, wenn ihnen ein Tier geschenkt wurde und sie dieses zu Tode drücken durften.

Mit leichten Abweichungen war in Oberschwaben diese Erklärung relativ weit verbreitet. Im alemannischen Raum wurde als Schrättele (Schrätteli) in einer weiteren Bedeutung ein Kobold, Waldschrat oder Waldgeist bezeichnet. Dieser erzeugte nur gelegentlich den Alpdruck und die anderen Schreckenstaten des schwäbischen Schrättele. Die Übergänge vom Einen zum Anderen waren fließend.

In Bayern dagegen wurden die Schrättele als Druden bezeichnet. In anderen Gegenden Deutschlands waren die Druckgeister als Alp, Alf, Elbe oder Nachtmahr bekannt.

Eines scheint allerdings sicher zu sein: Schrättele waren bzw. sind keine Hexen. Schrättele sind Geister, Druckgeister, um genau zu sein. Und diese Geister sind eben die Seelen solcher Frauen, in einigen Gegenden auch Waldgeister, die bzw. der als Schrättele geht, um die Leute und das Vieh zu plagen. Diese Geister konnten in der Vorstellung der

Leute die unterschiedlichsten Tiergestalten annehmen - oder auch unsichtbar sein.

Im Gegensatz dazu ist eine angebliche Hexe immer als die Person aufgetreten, die sie war. Ihr wurde Teufelspakt, Teufelsbuhlschaft, Hexenflug, Hexensabbat und Schadenszauber, vor allem das Wetter- und Hagelmachen, vorgeworfen. Also sind Schrättele und Hexe zwei völlig unterschiedliche Figuren, denen lediglich die Gestalt einer alten Frau gemein ist.

Der Altmeister der oberschwäbischen Volkskunde, Anton Birlinger, brachte es in seinem Werk „Volksthümliches aus Schwaben“ (Freiburg/B., 1861 - 1862) auf den Punkt:

„Das Schrättele wird vielfältig mit der Hexe verwechselt. Es unterscheidet sich aber dadurch von der Hexe, dass diese freiwillig Hexe wird, jenes das Schrattweisgehen von der Mutter erbe und sie daher unter Zwang handle. Es ist daher mehr zu bedauern, als zu hassen.“

Quelle: „Hohstube“ Bergatreute, 1970er-Jahre; Hanns Bächtold-Stäubli u.a., Handwörterbuch des deutschen Aberglaubens, Unveränderter Nachdruck der Ausgabe Berlin und Leipzig, de Gruyter, Guttentag, Reimer, Trübner, Veit, 1927, 3. Aufl. - 2000

Anmerkung: In der einschlägigen Literatur werden Schrättele nicht nur in der Gestalt einer schwarzen Katze oder Henne beschrieben, sondern auch als schwarze Maus, schwarzer Hund u.a.m.

Eine Magd muss als Schrättele gehen

Um 1900 soll im Bergatreuter Teilort Abetsweiler auf dem Hof Daiber eine junge Frau als Magd beschäftigt gewesen sein, die dazu verdammt war, als Schrättele zu gehen. Dies ist lange Zeit niemandem aufgefallen. Doch eines Nachts, bei einem schweren Gewitter, waren alle Hausbewohner aufgestanden und saßen um den Tisch, auf dem eine Wetterkerze (geweihte Kerze) brannte und beteten den Rosenkranz. Durch das Gebet sollte die Hofstelle vor dem Einschlag eines Blitzes geschützt werden.

Um Mitternnacht sank die Magd plötzlich vom Stuhl, glitt auf den Boden und erstarrte. Die anderen Dienstboten erschraken und wollten sich um die offensichtlich Ohnmächtige kümmern. Da gebot der Bauer sie in Ruhe zu lassen. Um ein Uhr kehrte Leben in den Körper der Magd zurück. Sie kam zu sich, stand auf und stand unsicher in der Stube. Alle starrten sie an. Da nahm der Bauer, der von diesen Dingen etwas verstand, das Mädchen zur Seite und sagte: „Nicht wahr, du gehst als Schrättele und plagst andere Menschen."

Die Magd brach in Tränen aus und erklärte, dass der Bauer recht habe. Sie sei dazu verdammt und müsse von Zeit zu Zeit als Schrättele gehen. Darauf fragte sie der Bauer, ob sie von diesem Übel befreit werden könne. Die Magd antwortete, wenn ihr jemand freiwillig zugestehe, ein lebendiges Wesen zu Tode zu drücken, wäre sie von dem Fluch erlöst!

Da der Bauer ein gutes Herz hatte und mit der Magd sehr zufrieden war, erlaubte er ihr, sein bestes Stück Vieh im Stall zu erdrücken. Dies lehnte die Magd ab und sagte, es brauche kein wertvolles Tier sein, es genüge auch eine Henne. Am nächsten Tag drückte sie eine Henne zu Tode und war erlöst.

Quelle: „Hohstube" Bergatreute, 1970er-Jahre

Die Katze im Bubenzimmer

Eine Frau aus Bergatreute, die Ende der 1930er-Jahre in Ravensburg in Stellung war, erzählte folgende Geschichte, die sich in den 1930er-Jahren in Mühlenreute bei Schlier zugetragen haben soll: Dort lebte die Schwester ihrer „Chefin" mit ihrer Familie. Sie hatte zwei Buben im Alter von etwa 6 und 8 Jahren. Der ältere der beiden war seit einiger Zeit kränklich, blass und hatte keinen Appetit mehr. Niemand konnte sich die Sache erklären. Auch ein Arzt, der konsultiert wurde, wusste keinen Rat.

Eines Nachts, als der Vater der Kinder erst spätabends nach Hause kam, schaute er noch kurz ins Bubenzimmer und war nicht schlecht überrascht, als er auf der Brust des älteren Jungen eine große schwarze Katze sitzen sah. Diese sah ihn misstrauisch an und ließ sich nicht so leicht verscheuchen. Im Gegenteil, als der Mann sie mit der Hand hinunterjagen wollte, kratzte sie ihn in die Hand, dass es blutete. Erst nach einigen Schlägen mit einem Spazierstock ließ die Katze von dem Jungen ab und sprang vom Bett herunter. Sie schlüpfte unters Bett und war spurlos verschwunden.

Obwohl Fenster und Türen verschlossen waren, war die Katze in der Wohnung nicht mehr zu finden. Den Eltern der Buben wurde es unheimlich und sie waren überzeugt, dass es hier nicht mit rechten Dingen zuging! In den darauf folgenden Nächten war die Katze in unregelmäßigen Abständen immer wieder im Bett des Buben. Das Verspritzen von Weihwasser, ein Schrättelesfuß, der ans Bett gemalt wurde, oder ein Rosenkranz brachten keinerlei Erfolg. Die Katze ließ sich, wenn sie bemerkt wurde, nur mit roher Gewalt vertreiben, kam allerdings immer wieder.

In ihrer Not schrieb die Frau an ihren Onkel, der als Domkapitular in einer entfernten Stadt wirkte, und schilderte ihm ihre missliche Lage. Der Domkapitular antwortete umgehend, man solle die Katze mit einem glühenden Schürhaken ohne Vorwarnung auf den Kopf schlagen. Nach Möglichkeit so fest, dass sie krepiere.

Die nächsten Nächte schlich der Mann mit einem glühenden Schürhaken in das Zimmer, ohne die Katze anzutreffen. Erst in der vierten Nacht war sie wieder da. Ohne

Vorwarnung holte der Mann aus und schlug der Katze mit voller Wucht auf den Kopf. Diese kugelte vom Bett auf den Boden und bevor der Mann einen zweiten Streich anbringen konnte, war das Tier spurlos verschwunden! Von da an war Ruhe. Der Bub erholte sich in der darauf folgenden Zeit zusehends.

In Greudt bei Schlier ging eine alte Frau, bei der viele vermuteten, dass sie eine Hexe sei, nur noch mit verbundenem Kopf aus dem Haus. Als sie nach einiger Zeit den Verband abnahm, war gut das Brandmal in der Form eines Schürhakens an ihrer Stirn zu erkennen.

Quelle: „Hohstube" Bergatreute, 1970er-Jahre

Schrättelesdrücken - ein Augenzeugenbericht

In der Nähe von Vogt in einem kleinen Weiler bin ich aufgewachsen. So um 1942, ich war etwa 16 Jahre alt, passierte es. Als ich abends bereits im Bett war, wurde es mir auf einmal ganz herb und schwer. Ich bin ziemlich erschrocken, wusste gar nicht, wie mir geschah - weil ich es auf einmal kaum mehr „verschnaufte". Als wenn mir ein Zentnergewicht auf die Brust gelegt worden wäre. Nach einiger Zeit ließ der Druck langsam nach und ich schlief völlig erschöpft ein.

Am Morgen konnte ich mich zwar noch an den Vorfall erinnern, dachte aber, es sei nur ein böser Traum gewesen. Am Abend passierte es allerdings wieder, kaum war ich im Bett, breitete sich ein unangenehmer Druck auf mir aus, der mir schier den Atem nahm. Ich versuchte in meiner Not nach der Last zu greifen, zu ertasten, was mich derart drückte. Allerdings bekam ich meine Hände nicht unter der Bettdecke hervor. Durch die Decke hindurch konnte ich eine Art „Stecken" spüren, der eigentlich nicht für den großflächigen Druck verantwortlich sein konnte. Und dieser Stecken lastete nicht ruhig auf der Decke, sondern er bewegte sich.

Einige Nächte blieb alles ruhig, dann begann das Drücken wieder. Nachdem das Ganze sich etwa acht bis zehn Mal wiederholt hatte und ich mir sicher war, dass ich nicht geträumt hatte, erzählte ich meiner Mutter von diesen unheimlichen Erlebnissen.

Diese war überrascht und meinte, dass mich ein Schrättele drücke. Sie erzählte, dass bei ihr vor etlichen Wochen das Gleiche passiert sei, allerdings habe der Druckgeist von ihr abgelassen. Jetzt sei ihr klar, warum - weil er jetzt mich als Opfer auserkoren habe.

Nachdem mein Vater gehört hatte, was passiert war, meinte er nur, wenn es noch mal passiere, solle ich nach ihm rufen.

Das Schrättele ließ nicht lange auf sich warten, und sofort als ich es spürte, rief ich nach meinem Vater. Dieser stürzte in die Kammer, so schnell, als ob er bereits vor der Tür gewartet hätte. Er hatte einen großen Prügel in der Hand, mit dem er wild gestikulierend in der Luft herumfuchtelte und kreisend durch die ganze Kammer ging.

Plötzlich fiel der Druck von mir ab, und ab da hatte ich Ruhe. Ob mein Vater „nur so" in der Luft herumgefuchtelt hat, oder ob er irgendein Gebet oder eine Beschwörungsformel dazu gemurmelt hat, kann ich nicht sagen.
Auf jeden Fall wurde seitdem in unserer Familie niemand mehr von einem Schrättele heimgesucht.

Quelle: Anni H., Jg. 1928, aus der Gemeinde Vogt bei einem Gespräch mit dem Autor am 05. Juni 2013

Schrättelesabwehr bei Menschen

Zur Abwehr der Schrättele wurde vielfach an das Kopfende des Bettes oder über die Stalltür ein Schrättelesfuß (auch Drudenfuß genannt) gemalt. Dies ist ein Stern mit fünf Zacken. Er solle in einem Zug gezeichnet werden, wenn er wirken soll.

Man könne natürlich auch solch ein Pentagramm aus Blech anfertigen. Auch ein Stein mit einem Loch könne ein Schrättele abwehren.

Schrättelesfuß aus Blech

Schrättelesstein

Der Schrättelesrechen

Um ein Schrättele abzuwehren, gab es mehrere Mittel. Zum einen sägte man ein Brett etwa in der Größe eines durchschnittlichen Oberkörpers zurecht und schlug in dieses viele angespitzte Holzstifte (wie an einem Holzrechen, daher der Name) oder Nägel ein, die auf der anderen Seite des Bretts hervorstanden.

Dieses Brett legte sich der Schläfer mit der glatten Seite auf die Brust, wenn er zu Bett ging. Kam ein Schrättele, bemerkte es das Brett in der Dunkelheit nicht und sprang darauf. Dies verursachte ihm große Schmerzen und je stärker es drückte, desto mehr stachen die spitzen Holzstifte bzw. Nägel. Es musste von seinem Opfer ablassen und sich ein anderes suchen.

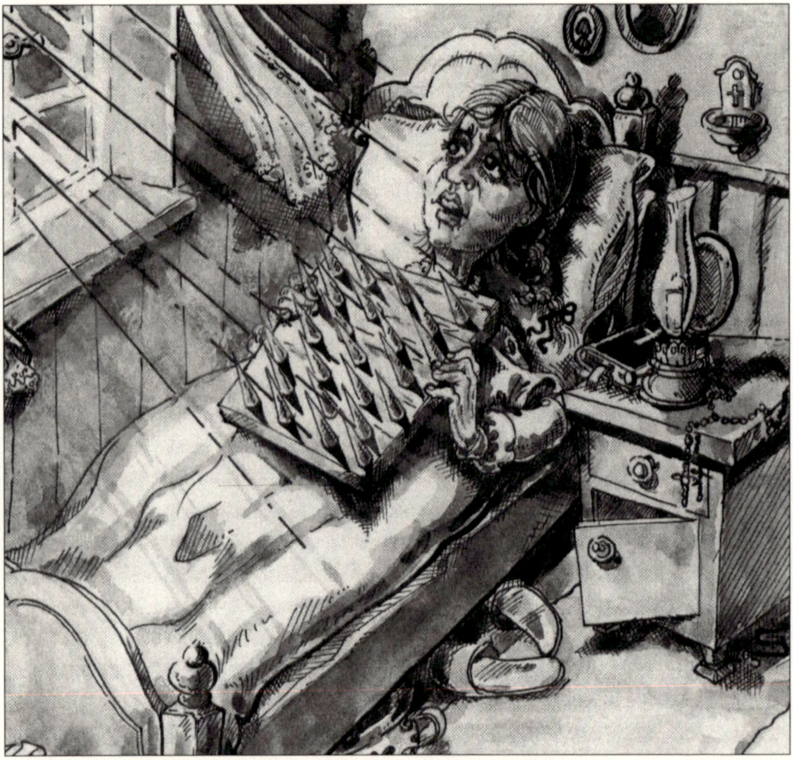

Junge Frau mit Schrättelesrechen

Einmal soll eine Magd, der man geraten hatte, den Schrättelesrechen als Abwehr zu benutzen, sich diesen verkehrt herum auf ihren Oberkörper gelegt haben. Sie hatte die Anleitung zum Gebrauch falsch verstanden. Als das Schrättele kam und zudrückte, bohrten sich die Nägel in die Brust der Schläferin. Sie erwachte zwar von den Schmerzen und versuchte das Schrättele abzuschütteln, allerdings ohne Erfolg. Sie wurde am nächsten Morgen tot in ihrem Bett aufgefunden. Sie war verblutet.

Das Bettzeug war zerrissen und blutverschmiert, was wohl daher rührte, dass sie sich verzweifelt gewehrt hatte.

Quelle: „Hohstube" Bergatreute, 1970er-Jahre

Hexenspuk im Stall (oder war´s ein Schrättele?)

Im Bergatreuter Teilort Abetsweiler hatte ein Bauer ein Pferd angeschafft. Nachdem er vorher lediglich ein Kuhgespann sein Eigen nannte, bedeutete dies einen gewissen sozialen Aufstieg. Eines Nachts war das Tier sehr unruhig im Stall, es schlug aus, wieherte und schnaubte. Als der Bauer mit der Laterne nach dem Rechten sah, sah es aus, als ob eine unsichtbare Person auf das Pferd einschlüge. Nachdem die Schläge aufgehört hatten, stand das Pferd zitternd und schweißüberströmt an seinem Platz.

In unregelmäßigen Abständen wiederholte sich dieser Vorfall. Da das Pferd dadurch krank wurde und abmagerte, suchte sich der Bauer Rat bei einem Nachbarn, der etwas von der Weißen Kunst verstand. Dieser Nachbar konnte bei Verbrennungen oder Verbrühungen eines Menschen den „Brand löschen", d. h., er konnte durch bestimmte Formeln oder Gebete, die außer ihm nur wenige Eingeweihte kannten, den Schmerz nehmen, die Heilung fördern und eine Narbenbildung verhindern.

Außerdem konnte er Warzen und Hautflechten wegbeten. Auch sonst hat er bei allerlei Krankheiten von Mensch und Vieh mit seiner Kunst zu helfen versucht.

Dieser Nachbar war sehr erschrocken, nachdem ihm die Sache geschildert worden war. Nach einigen Tagen Bedenkzeit meinte er, dies sei wohl eine „sehr starke Macht", die das Pferd plage und er bezweifelte, ob seine „Macht" stark genug sei, das Übel abzustellen. Er riet dem Bauern, im Stall zu wachen und nachts um zwölf Uhr im Stall Weihwasser zu verspritzen und von zwölf bis ein Uhr den Rosenkranz zu beten. Nachdem es einige Nächte ruhig gewesen war, setzte der Spuk plötzlich wieder ein. Der Mann tat wie ihm geraten, versprengte das Weihwasser und betete den Rosenkranz. Mit Grauen sah er, wie das Pferd von unsichtbarer Hand mit Ruten oder einer Peitsche geschlagen wurde. Um Schlag ein Uhr war der Spuk vorbei. Das Pferd zitterte völlig verängstigt am ganzen Körper, und auf dem Fell waren Striemen von den unsichtbaren Schlägen zu erkennen.

Nachdem sich der Vorfall in der nächsten Zeit mehrfach wiederholte und weder das Weihwasser noch das Beten eine Wirkung zeigten, suchte der Bauer wieder seinen Nachbarn auf und berichtete von seinem Unglück. Der Nachbar wiegte bedenklich den Kopf und erklärte, dass, wie bereits von ihm vermutet, eine sehr starke Macht bzw. Kraft dahinterstecken müsse. Als letzten Ausweg riet er, den Burgstockwirt in Hittisweiler aufzusuchen und dessen Rat einzuholen. Der Burgstockwirt wäre seines Wissens der Einzige, der hier etwas ausrichten könne, da dieser in ähnlichen Fällen schon hatte helfen können.

Als der Bauer den Burgstockwirt aufgesucht und seinen Fall geschildert hatte, sagte dieser: „Da steckt eine sehr böse, der Schwarzen Kunst mächtige Person dahinter, die von Missgunst und Neid getrieben wird." Sein Rat lautete, beim nächsten Auftreten des Spuks im Stall anfangen zu fluchen, ohne Unterbrechung alle Heiligen herabzufluchen, bis der Spuk vorbei sei. Auf jeden Fall solle er aufpassen und alle Türen im Stall verschließen. Wenn sich ihm irgendein Tier zeigte, welches nicht in den Stall gehörte, solle er es sofort einfangen oder erschlagen.

Der Bauer tat, wie ihm geheißen. Als beim nächsten Auftreten des Spuks um Mitternacht das Pferd zu stampfen und zu schnauben anfing, begann er sofort zu fluchen, und bereits nach dem ersten Fluch stob unter der Futterraufe des Pferdes eine schwarze Katze hervor und kletterte vor Angst an den Wänden hoch, suchte verzweifelt aus dem Stall zu entwischen. Der Bauer, der zunächst überrascht war, setzte der Katze nach und schlug mit einem Prügel auf sie ein, traf sie allerdings nicht richtig. Die Katze jagte durch den Stall und suchte einen Ausgang. Bevor der Mann einen richtigen Schlag ausführen konnte, fand die Katze einen Spalt in der Mauer und zwängte sich durch diesen in die Tenne und von dort ins Freie. Kurz zuvor hatte man zwischen Tenne und Stall einen Spalt in die Mauer geschlagen um ein Wasserleitungsrohr durchzuführen. Der Bauer hatte vergessen, diesen Spalt zu verstopfen.

Einige Tage später wurde die alte Frau X. gesehen, wie sie am Haus vorbeiging, einen Verband am Kopf hatte, den Arm in der Schlinge, und stark hinkte. Man hatte im Ort schon lange vermutet, dass sie eine Hexe sei! Allerdings konnte nicht mehr nachgewiesen werden, ob sich der Spuk wiederholt hätte, denn das Pferd ging einige Tage später ein.

Zugetragen hatte sich die Sache etwa um 1930.

Quelle: Erzählt von meinem Vater Karl Sägmüller (1924 -2007), Bergatreute

Anmerkung: Die Betroffenen waren sich damals sicher, dass sie es mit einer Hexe zu tun hatten. Vergleicht man die Geschichte mit ähnlichen Geschichten, könnte es sich auch um ein Schrättele gehandelt haben.

Der unheimliche Nachbar

Ein ähnlicher Fall soll sich im Bergatreuter Teilort Bolanden ereignet haben. Ein Nachbar, der in den Stall geschaut hatte, meinte beiläufig zum Bauern, dass es seinen Viehchern wohl nicht so gut gehe. Der Bauer wunderte sich über diese Bemerkung, da seine Tiere zu dem Zeitpunkt kerngesund waren.

Einige Tage später gaben die Kühe plötzlich keine Milch mehr, und die Schweine rührten ihr Futter nicht mehr an. Der Zustand der Tiere verschlechterte sich zusehends.

Als das erste krepierte, war der Bauer überzeugt, dass sein Stall verhext sei. Er bat in seiner Not den Pfarrer um Hilfe. Der war allerdings recht ungehalten über das Ansinnen. Er meinte, die Zeit der Hexen und des Aberglaubens sei vorbei. Er könne hier nichts ausrichten.

Daraufhin wandte sich der Bauer an einen Pater eines nahe gelegenen Klosters. Dieser hörte sich die Sache an und empfahl, den Stall täglich mit Weihwasser zu besprengen und außerdem den Tieren Weihwasser ins Futter und ins Trinkwasser zu geben. Zusätzlich gab er ihm geweihte kleine Wallfahrtsmedaillen mit, die er an den Stalltüren anbringen sollte, um zu verhindern, dass jemand weiteres Unheil stiftete.

Als der Bauer die Anweisungen befolgt hatte, ging es mit der Gesundheit der Tiere wieder aufwärts, und die Kühe gaben wieder Milch. Einige Tage später tauchte der Nachbar auf und wollte unter einem Vorwand den Stall betreten. Den Nachbarn hatte der Bauer im Verdacht, für sein Unglück im Stall verantwortlich gewesen zu sein. Widerstrebend ließ er ihn in den Stall. Kaum hatte der Nachbar den Stall betreten, merkte man ihm an, wie er sich vergeblich anstrengte, irgendetwas zu tun.

Allerdings hatte er keine Macht mehr. Er fing übermäßig an zu schwitzen, dicke Schweißperlen traten auf seine Stirn. Er sah sich ängstlich um, brachte kein Wort heraus und verließ den Stall wieder. Nach einem kurzen Gruß ging er nach Hause. Der Nachbar hat den Hof nie mehr betreten, und es gab auch keine Probleme dieser Art mehr. Ob er wirklich für die Vorfälle verantwortlich war, konnte nie geklärt werden.

Quelle: Enkelin des Bauern, der in dieser Geschichte geschädigt wurde. Zugetragen haben soll sich der Vorfall zwischen 1932 und 1939.

Abwehrzauber im Stall

Um Hexen, Schrättele und überhaupt alle Bösen daran zu hindern, einen Stall zu betreten gab und gibt es die unterschiedlichsten Möglichkeiten: Eine Benediktusmedaille, vielleicht kombiniert mit einem Caravaca-Kreuz, konnte schon viel bewirken.

Benediktusmedaille und Caravaca-Kreuz

Speziell gegen Schrättele wirkt ein Schrätteles-Gatter. Dabei handelt es sich um ein Kreuz aus geweihtem Holz, welches unten einen zweiten Querbalken hat und zusätzlich mit einem Andreaskreuz gekreuzt ist.

Der Schädel eines Widders oder eines Geißbocks an der Stalltür angebracht oder ein lebender schwarzer Geißbock im Stall, beides sind angeblich gute Abwehrmittel.

Auch an Sensen oder Sicheln neben der Stalltür kommen die „Unholde“ wegen der scharfen Schneiden nicht gut vorbei.

Sowohl die Hexen als auch die Schrättele haben bei dieser Stalltür ein Problem …

Schrättelesgatter

Schwarzer Ziegenbock

Universalabwehr im Stall, eine Wenderkette

Als „Wender“ werden Heilkundige bezeichnet, die gewerbsmäßig neben vielem Anderem auch zauberisch-magische Artikel wie Wenderketten anboten. Durch diesen sogenannten Analogiezauber sollte so manches Übel zum Guten gewendet oder von vornherein abgewendet werden. Hauptsächlich im Alpenraum waren solche Ketten bekannt. Eine Wenderkette erinnert auf den ersten Blick an einen Rosenkranz. An einer Schnur sind die verschiedensten Abwehrmittel und Amulette aufgereiht und miteinander verknotet.

Solche Ketten waren im Gegensatz zu den Fraisketten (siehe S. 253) nicht für die Menschen, sondern für das Vieh bestimmt und wurden deshalb als Segen im Stall aufgehängt. Wenn man sich verschiedene solcher Ketten ansieht, ist auf den ersten Blick schon zu erkennen, dass keine der anderen gleicht.

Als Aufhängung dient ein etwa 4 cm großer Metallring, manchmal auch ein sechseckiger Ring, welcher für sich schon als schutzkräftig gegolten hat.

An der (Schnur-)Kette befestigt sind meist diverse Tierknochen gegen den bösen Blick, unterschiedliche Holz- und Metallperlen, zur Hexenabwehr, Hufnägel gegen das Vernageln beim Hufbeschlag, Sargnägel gegen Krankheiten, zu Spiralen gedrehte Metalldrähte gegen Wurmkrankheiten, Tierzähne und natürlich eines oder mehrere Kreuze aus Knochen oder Metall.

Aber auch ein Büschel Haare oder Borsten, Vogelkrallen, Geweihstücke, Schlangen- oder Rehwirbel, alte Münzen und Wallfahrtsmedaillen, außerdem oft noch allerlei sonstige Teile, deren Bedeutung und Herkunft nicht ganz klar sind. Alles in allem also völlig unterschiedliche Anhängsel, sowohl aus dem christlichen, heidnischen und abergläubischen Bereich. Davon ist schon jedes einzelne für sich als Unheil abwehrende Zaubermittel anzusehen.

Alle zusammen müssen demzufolge eine universelle Wirkung entfalten, gegen Krankheiten, Seuchen, Hexen und alles sonstige Bedrohliche.

Kritiker vermuten allerdings, dass es solche Wenderketten in früheren Zeiten womöglich gar nicht gegeben hat - viele

Objekte, die untersucht wurden, sind in Wirklichkeit wohl gar nicht so alt wie sie dem Betrachter erscheinen mögen, obwohl einzelne Teile davon zweifellos sehr alt sein können. Verblüffend ist in diesem Zusammenhang, dass bisher kein Objekt vor den 1960er-Jahren nachweisbar ist.

Teilweise wird gewieften Antiquitätenhändlern unterstellt, solche Ketten extra anfertigen zu lassen, um sie für teures Geld an Sammler zu verhökern.

Ob echt oder gefälscht - in einer volkskundlichen Sammlung zieht so eine skurrile Kette den Blick des Betrachters garantiert auf sich und macht was her.

Quellen: Auszüge aus der laufenden Untersuchung zur Thematik "Stallbetn" [=Wenderkette] in Innsbruck 1999 und Chmielewski-Hagius, Anita: Wenderkette. In: Söhnke, Lorenz (Hg.): Hexen und Hexenverfolgung im deutschen Südwesten..

Fasnetsschrättele

Die Schrättele, wie wir erfahren haben, in früheren Zeiten gefürchtete Druck- und Plagegeister, quälen heute Gott sei Dank niemanden mehr. Aber es haben doch etliche überlebt. Nicht als grausiger Alpdruck, sondern als Fasnetsfiguren.

Nach kurzer Suche im Internet haben sich nicht weniger als 13 Narrenzünfte bzw. -vereine gefunden, die Schrättele in ihren Reihen haben. Interessant ist, wie die einzelnen Narren versucht haben, die Figur des „Schrättele“ in eine Fasnetsmaske umzusetzen ...

*

Das Waldseer Schrättele

Das Waldseer Schrättele kommt in der Gestalt eines hexenähnlichen Wesens daher.

Am „gumpigen Dunnschtig" 1935 beteiligten sich am Waldseer Umzug erstmals zwei Faselhannes und ein Narro. Die ersten Waldseer Originalmasken. Die Idee zu dieser Maskenfasnet stammte von Theo Rieger. Bereits im Jahr darauf hatten ein Federle und ein Schrättele ihren ersten Auftritt in der Fasnet.

Wenn man das Waldseer Schrättele heute einmal genau betrachtet, kann man die gelungene Verbindung zwischen den klassischen Merkmalen eines Schrättele (eine böse Alte, die in der Nacht heimlich als Geist ihren Körper verlässt) - dafür steht die listig grinsende linke Gesichtshälfte - und eines hexenähnlichen Wesens - dafür steht die rechte dämonenhaft glotzende Gesichtshälfte - gut verdeutlichen.
Das war auch 1936 schon so, als die beiden Maskenschnitzer Sepp Beyerle und Max Strobel die Kombination Schrättele/Hexe in Form einer hölzernen Larve meisterhaft auszudrücken verstanden.

Im Waldseer Narrenmuseum ist hierzu ein Foto des Ur-Schrättele ausgestellt. Dabei ist die grundsätzliche Form dieses zweigeteilten Gesichtsausdrucks deutlich erkennbar und hat sich bis heute erhalten. Damit sollte in plastischer Weise die Abgrenzung zu einer reinen Hexenmaske dokumentiert werden.

Nachdem 1936 das Schorrenweible (stellt ebenfalls eine alte Frau dar) als neuer eigenständiger Maskentyp dazukam, legte das Waldseer Schrättele seinen Korb ab, und dieser findet sich beim Schorrenweible als maskenspezifisches Attribut wieder.

Also haben die Waldseer heute ein Schrättele in Gestalt eines hexenähnlichen Wesens.

Ur-Schrättele von 1936

Heutiges Erscheinungsbild

Die Geschichte der Fastnachtshexe mit Holzlarve beginnt im schwäbisch-alemannischen Bereich erst 1933, als eine solche in Offenburg kreiert wurde. Bereits 1936 wurde dort eine eigene Hexenzunft gegründet.

Offensichtlich machte das Offenburger Beispiel Schule, denn in vielen örtlichen Fastnachten schossen bereits in den 1930-er-Jahren Hexen wie Pilze aus dem Boden.

Waldsee hatte als erste Narrenzunft ein Schrättele, 1937 folgte eines im Schwarzwald und erst in den 1960er-Jahren das dritte. Weitere zehn folgten, wobei eine Narrengesellschaft die Figur wohl wieder abgeschafft hat.

Quellen: Archiv der Narrenzunft Waldsee und Werner Metzger, Das große Buch der schwäbisch-alemannischen Fasnet, Theiss, Stuttgart 1999

*

Das Zeller Schrätteli (Zell im Wiesental, Landkreis Lörrach)

Bereits im Jahr 1937 machte man sich im Präsidium der Zeller Narrenvereinigung erstmals Gedanken um die Entstehung einer eigenen Maskengruppe. Man stellte sich eine Figur vor, die zum alemannischen Brauchtum oder der hiesigen Sagenwelt passte.

Entwurf von 1939

Schrätteli von 1949

Laut einer Sage aus der Gegend um Zell kann sich ein Schrätteli in verschiedene Tiergestalten verwandeln und sich seine Opfer in Gestalt eines Hundes, einer Katze, einer Henne, einer Maus oder eines Geißbocks aussuchen und dabei als Feder mit einem Luftzug durch jedes Schlüsselloch durchschlüpfen. Am Bett des immer weiblichen Opfers angekommen, drückt es dieses.

Aber nicht nur Frauen werden Opfer dieses verwandlungsfähigen Waldgeistes, auch Tiere können von einem Schrätteli befallen werden.

Wenn der Bauer morgens in den Stall kommt und den Kühen und Pferden sind Zöpfe in Schwänze und Mähnen geflochten, so weiß er, dass ein Schrätteli im Stall war. Das Schrättelikostüm wurde 1939 entworfen, es stellt eine alte Frau dar, die von einem Schrätteli in Tiergestalt bedrängt bzw. gedrückt wird. Das freundliche Gesicht der alten Frau zeigt ganz deutlich, dass es sich um keine Hexenmaske handelt. Der Schnurrock symbolisiert den Rock einer Frau und gleichzeitig schemenhaft die Flechten des Waldgeistes.

Es gibt in Zell 11 Schrätteli: zwei Hunde, zwei Mäuse, zwei Katzen, vier Geißböcke und den Oberschratt. Dieser ist der Boss und keinem Tier genau zuzuordnen. Er hat als Einziger eine schwarze Maske und ein schwarzes Fell.

Bis heute sorgen die Schrätteli durch ihr Auftreten in der Fasnet weit über Zell hinaus für Furore. Ihre Kletterkünste lassen die Zuschauer immer wieder staunen oder auch erschaudern, wenn sie zu waghalsig werden.

Ist in den alten Geschichten von der Furcht der Frauen die Rede, von einem Schrätteli befallen zu werden, scheint es heute viele, vor allem junge Frauen, zu geben, die nicht unbedingt abgeneigt sind, von einem Schrätteli „druckt z‘werde“. Komisch, gell?

Quelle: Uli Merkle, So sin mir - Die Zeller Fasnacht, St. Blasien, 2006

*

Die Biberzunft Andelfingen (Gemeinde Langenenslingen, Landkreis Biberach) wurde um 1960 gegründet. Mitte der 1960er Jahre entstand die Hauptmaske, der Biber. Bereits davor entstanden vier Einzelmasken, darunter ein Schrättele.

Dieses geht zurück auf die Sage vom Schrättele, welches früher, wohl auch in Andelfingen, bei Nacht die Leute gedrückt und das Vieh geplagt hat.

Zur Holzmaske trägt es eine rote Kapuze mit Schulterüberwurf. Es hat lange Handschuhe und soll auch heute noch in der Fasnet die Zuschauer ab und zu ganz leicht drücken und würgen. Das dazugehörige Häs ist in der Farbgebung leicht gelblich.

Quelle: Homepage der Biberzunft Andelfingen e.V. und ein Gespräch mit Zunftmeister Thomas Busmanis

*

1970 wurde die Maske bzw. die Figur des Herbertinger Schrättele geschaffen (Herbertingen, Landkreis Sigmaringen). Diese Figur stellt eine alte griesgrämige Magd dar, welche dazu verdammt war, des Nachts als Geist ein Opfer zu suchen, um dieses zu drücken.

Also eindeutig ein Schrättele und keine Hexe. Einige der Herbertinger Schrättele haben einen Henkelkorb dabei, die anderen eine Neckschere.

Die beiden Sagen, auf die das Herbertinger Schrättele zurückgeht, sind der Geschichte: „Eine Magd muss als Schrättele gehen“, sehr ähnlich (Seite 230).

Quelle: Homepage der Narrenzunft Herbertingen e.V.

*

Die Narrenzunft Mittelbiberach (Landkreis Biberach) wurde 1983 gegründet.

Die damaligen Maskengruppen Schlossgeister und Schrättele liefen laut der Homepage der Narrenzunft bis 1993 noch an den Umzügen mit.
Näheres war leider nicht zu erfahren.

*

Die Häfler Bodenseenarren in Friedrichshafen-Jettenhausen stellten 1984 pünktlich zur Fasnet ihr Wetterschrättele vor. Die Sage, auf welche diese Figur zurückgeht, spricht allerdings eindeutig von einer Hexe.

Und zwar von einer Wetterhexe: „[...] Dann bohrte die Hexe mit ihrem Besen ein Loch in den Acker, sprang drum herum und murmelte dabei allerlei unverständliche Zauberformeln. Und siehe da, binnen kurzer Zeit, stand ein Gewitter am Himmel, der Regen goss in Strömen und verwüstete das ganze Feld; beschwor sie Wirbelstürme hervor, brachte sie die Bauern um ihre gesamten Ernteerträge."

Quelle: Wochenblatt Friedrichshafen vom 2. Februar 1984

So hat dieses Wetter-Schrättele, welches auch am „Häs" als Hexe zu erkennen ist, wohl außer dem Namen nichts mit einem Schrättele gemein.

Interessant ist, dass zwischenzeitlich die im Wochenblatt von 1984 zitierte Sage offensichtlich geändert wurde. In dem Buch „Lebendige Fasnet - Die Zünfte des Alemannischen Narrenrings" (2000) wurde das Wort „Hexe" durch „Schrättele" ersetzt. „Und schon war die Geschichte geradegebogen(!)."

Allerdings: Weiter hinten im Buch „Lebendige Fasnet" ist die Maskengruppe Wetterschrättele doch wieder als Zunftfigur Hexe gelistet!?

*

Im Grafenhausener Ortsteil Mettenberg (Landkreis Waldshut) wurden 1984 die Tannholz-Schrättele" aus der Taufe gehoben.

Benannt hat sich die Mettenberger Narrenzunft nach dem Schrätteli, welches nach alter Mettenberger Sage unter anderem für die Alpträume bei Wöchnerinnen und Kindern verantwortlich war. Dieser unangenehme Geist kam angeblich von „bösen Leuten" her.

Mettenberger Tannholzschrättele

Die Fasnetfigur stellt eine (überraschend) freundlich dreinblickende alte Frau dar. In der Hand hält sie eine „Schättere“, um Lärm zu machen.

Gegründet als ein reiner Frauenverein, da die Männer des Dorfes Mitglieder der Freiwilligen Feuerwehr und des örtlichen Fußballvereins waren, wollten sich die Frauen in einem eigenen Verein zusammentun. Inzwischen sind auch Männer willkommen.

Quelle: Südkurier vom 21.04.2008; Foto: Tannholzschr. Mettenberg

*

Seit 1988 existiert in Hepbach, einem Ortsteil von Markdorf (Bodenseekreis), das „Gehrenbergschrättele“. Dabei handelt es sich um eine hexenähnliche Gestalt. Sie trägt eine schauerliche Maske. Das „Häs“ ist in den Herbstfarben Rot, Grün und Gelb gehalten. Dazu passend: Strohschuhe und ein großer Besen.

Der Sage nach geht sie auf ein überaus hässliches, altes Weib zurück, welches in früheren Zeiten als Wetterhexe ihr Unwesen getrieben haben soll. Nach ihrer Hinrichtung fand ihr Geist keine Ruhe und spukte noch lange in den Wäldern und Fluren um den Gehrenberg herum.
Und heutzutage spukt ihr Geist in jeder Fasnet als Gehrenbergschrättele und neckt dabei die Zuschauer.

Also handelt es sich um den Geist bzw. die Seele einer als Hexe hingerichteten Frau, dann kann es sich definitiv nicht um ein Schrättele handeln.

Quelle: Homepage des Verbands der Alb-Bodensee-oberschwäbischer Narrenvereine e.V.

Anmerkung: Bei den Farben Rot, Grün und Gelb, in Hepbach als Herbstfarben bezeichnet handelt es sich um die typischen Hexenfarben. Rot steht für Auflehnung,, Grün für Missgunst und Neid und Gelb ist die Farbe der Außenseiter.

*

In Öflingen (Stadtteil von Wehr, Landkreis Waldshut) wurden 1992 die Schrättele neu gegründet. Diese Maske war in der Narrenzunft Öflingen bereits nach dem Krieg entstanden, war aber in den 1950er-Jahren verlorengegangen.

Die Schrättele werden als böse Waldgeister gesehen, welche in früheren Zeiten in Öflingens Wäldern ihr Unwesen getrieben haben sollen. Sie sind in der Fasnet ständige Begleiter des Lachengrabengeistes, einer anderen Fasnetsmaske.

Die Waldgeist-Schrättele haben braune Gesichter mit offenem, grinsendem Mund und zottigen gelblichen Haaren. Sie tragen spitze grüne Filzhüte und ein grünes Halstuch, dazu ein schwarz-braunes Häs.

Quelle: Südkurier vom 3. Februar 2011

*

Die Waldschrättele Hölzlebruck (Hölzlebruck ist ein Ortsteil von Titisee-Neustadt) bestehen seit 1992. Der Name Waldschrättele kommt von Waldschratt. Sie tragen zwar einen Rock, stellen aber keine Frau dar, damit soll die Ungeschlechtlichkeit eines Kobolds gezeigt werden. Sie gehen auf eine alte Sage aus der Gegend zurück.

Sie tragen freundlich lachende Holzmasken mit echtem Baumbart als Haar und ihr „Häs“ besteht aus verschiedenen grünen und braunen Filzfetzen, welche die Farbe des Waldes darstellen, dazu in der Gegend übliche Strohschuhe. Am Gürtel hängt ein „Gschell“ aus sechs Glocken, mit deren Geläut der Winter vertrieben werden soll.

Quelle: Homepage der Waldschrättele Hölzlebruck e.V.

*

In Reute im Breisgau, im örtlichen Dialekt Riddi (Landkreis Emmendingen), wurden 1993 die Riddemer Schrättele gegründet. Da man keine Hexenzunft gründen wollte, entschied man sich für ein Schrättele, dieses wurde bereits in der Ortschronik als Plagegeist beschrieben.

Das Riddemer Schrättele hat ein grinsendes Gesicht mit großen Augen, einer gelben Haarmähne und einem grauen Filzhut. Das „Häs“ besteht aus einer grünen Jacke und einem dunkel gemustertem Rock.

Quelle: Homepage der Narrenzunft Riddemer Schrättele Reute e.V.

*

Der Narrenverein Seeschrättala wurde 1995 in Oggelshausen am Federsee (Landkreis Biberach) gegründet. Im „Seeschrättale“ wurde sowohl die besondere Umgebung als auch eine alte Sage in einer Narrenfigur vereint.

Nach dieser Sage konnte das Schrättele in verschiedenen Gestalten erscheinen, als Tier oder als Waldschratt beispielsweise. Nachts verursachte es das Alpdrücken und verflocht den Rossen Mähne und Schwanz. Das Erscheinungsbild des Schrättale ist geschlechtslos. Zum Häs gehören ein Stock oder ein Pferdeschweif und Strohschuhe.

Die Oggelshauser Seeschrättela

2004 bekam das Schrättale ein zweites Erscheinungsbild. Es wurde in eine weibliche Maske, eine Hexe oder richtiger in eine hexenähnliche Erscheinung umgestaltet.

Quelle: Narrenverein Oggelshausen Seeschrättala e.V

*

Die Narrenzunft Laimnau wurde 1997 gegründet. Neben drei weiteren Masken wurde das "Schrättele von Drackenstein" geschaffen. Diese Maske ist zweigeteilt: Sie hat eine dunkle teuflische und eine friedvolle Seite.

Die geht auf eine alte Sage zurück, nach der in früheren Zeiten auf der Burg Zum Drackenstein eine Magd gelebt haben soll, der von den Bewohnern des Argentals nachgesagt wurde, sie sei mit dem Teufel im Bunde (dunkle Seite). Dabei handelte es sich lediglich um eine einsame Frau, die auf der Burg hauste (friedvolle Seite). Sie wurde übel verleumdet und fand als altes Weib unter mysteriösen Umständen den Tod. Seitdem soll es am Drackenstein spuken.

Diese Spukgestalt ist in Gelb-Schwarz oder Grün-Schwarz gekleidet und trägt eine geteilte Maske. Während die rechte Gesichtshälfte eher hexenhaft aussieht, ist die linke schwarz und mit einem Horn und einem Fuchsschwanz versehen. Diese schwarze Gesichtshälfte soll die böse Seite der Spukgestalt symbolisieren. Dazu trägt sie lange weiss/gelbe Zöpfe, Strohschuhe und statt eines Besens einen Gabelstecken.

Eine interessante Maske, was sie allerdings mit einem Schrättele zu tun haben soll, ist rätselhaft. Da es den Geist bzw. die Seele einer verstorbenen Frau darstellt, kann es sich kaum um ein Schrättele handeln.

Quelle: Homepage der Narrenzunft Laimnau 1997 e.V.

Anmerkung: Geplant war eigentlich, alle 13 Fasnets-Schrättele in Wort und Bild in diesem Buch vorzustellen. Mit den einzelnen Narrenzünften zu kommunizieren, stellte sich jedoch teilweise als recht schwierig heraus. Während bei einigen die Verbindung auf Anhieb geklappt hat, ist von anderen keinerlei Reaktion auf meine Anfrage (per Email) erfolgt. Vielleicht werden Emails nur während der Hochfasnet gelesen?

Ein paar haben zwar geantwortet und ihre Mitarbeit zugesagt, danach aber ist Funkstille eingekehrt.

Zusammenfassend ist anzumerken, dass wohl außerhalb der fünften Jahreszeit von manchen Narren nicht viel zum Thema Narretei erwartet werden kann …

Sei's drum - „Hoorig, hoorig, hoorig isch dia Katz …"

Die Hostie im Bierglas

Etwa um 1900 soll sich Folgendes ereignet haben: An einem Sonntagmorgen beim Frühschoppen nach dem Gottesdienst haben mehrere junge Männer darüber gestritten, ob die Hostie wirklich der Leib Christi sei. Zwei junge Knechte, die noch nicht lange im Ort waren, erklärten großspurig, am nächsten Sonntag beweisen zu wollen, dass dies nicht sein könne.

Am darauf folgenden Sonntag gingen die beiden zur Kommunion, behielten aber die Hostie im Mund und nahmen sie heimlich heraus, nachdem sie wieder in der Kirchenbank gewesen waren. Beim Frühschoppen zogen sie die Hostie lachend aus der Tasche und zeigten sie herum. Als die erste Runde Bier auf den Tisch kam, tranken sie zunächst einen großen Schluck.

Dann stellten sie den Krug vor sich hin und einer sagte: „Jetzt wollen wir doch mal sehen, ob unser Herrgott schwimmen kann!" Jeder nahm seine Hostie und warf sie in den Bierkrug. Im gleichen Augenblick sanken die Männer tot von ihren Stühlen.

Diese Geschichte wurde bis in die 1960er-Jahre erzählt. Wo sie sich zugetragen haben soll, ist nicht klar.

Quelle: Mein Vetter Klaus Wäscher, die Geschichte hat ihm unsere Oma Pauline Sägmüller (1895-1989) erzählt.

Unheimliche Heimfahrt

Wilhelm W. aus Gambach fuhr in den 1920er-Jahren eines Sommerabends mit dem Fahrrad nach Bergatreute zur Musikprobe. Am Friedhof, der am Ortseingang liegt, machte er noch kurz halt, um die Gräber der Familie zu gießen.

Während er nach der Probe noch beim Einkehren war, riss sich zu Hause der Hofhund samt Kette los und nahm die Spur seines Herrn auf, um ihn zu suchen.

Während der Hund der Spur in den Friedhof folgte, fuhr Wilhelm Wäscher auf dem Heimweg wieder am Friedhof vorbei. Als er einem Musikkameraden, der nach Gwigg abbog, noch eine Gute Nacht zurief, erkannte ihn der Hund an der Stimme. Wie ein Wilder rannte er quer über den Friedhof, so dass die Kette an den Grabsteinen nur so knallte und rasselte. Wäscher indessen erschrak fast zu Tode.

Er vermutete den Leibhaftigen hinter sich und trat in die Pedale, so fest er konnte. Verfolgt vom eigenen Hund mit rasselnder Kette. Erst als er völlig außer Atem zu Hause ankam und sein „Verfolger", ebenfalls außer Atem, vor Freude an ihm hochsprang und ihm das Gesicht ableckte, merkte er, dass es nicht der Leibhaftige war, der ihn verfolgt hatte.

Quelle: Diese Geschichte hat mir meine Schwiegermutter (Jahrgang 1935) erzählt, deren Onkel die Geschichte erlebt hat.

Der Glos mit den Bocksfüßen

Eine Frau aus Bergatreute erinnert sich: Es muss so um 1936 gewesen sein; ich war damals etwa vier Jahre alt. Mein Vater ließ die wilden Glos' ins Haus. Sie stürmten herein, rasselten heftig mit den Ketten, krakeelten im Haus herum und verfolgten meine älteren Brüder mit ihren Ruten.

Meine Mutter stand in der Küche am Herd. Ich hatte mich vor Angst an ihrem Schürzenzipfel festgeklammert. Von dort aus konnte ich einen der Unholde sehen, der völlig unbeweglich in der Tür stand und alles beobachtete.

Ich kann mich ganz genau erinnern, und ich bin mir heute noch sicher, dass er auf Bocksfüßen stand. Denn als der

Spuk vorbei war und die Kettenglos' unser Haus wieder verlassen hatten, fragte ich meine Mutter, wie der Glos auf den kleinen Hufen so sicher stehen und gehen konnte, ohne umzufallen.

Quelle: Erzählt von einer Bekannten, Jahrgang 1932

Der unterirdische Gang

Vom Burgstock aus (einer uralten Burgruine zwischen Bad Waldsee und Hittisweiler) soll vor Urzeiten einmal ein unterirdischer Gang als Fluchtweg angelegt worden sein. Allerdings kamen die Erbauer nicht an der geplanten Stelle heraus. Sie waren gezwungen, einen ewig langen Schacht nach oben zu graben. Ihnen wurde schon unheimlich zumute, als sie endlich auf der Hügelkuppe, auf der heute in Volkertshaus die Kapelle steht, ans Tageslicht kamen. Als Dank für den glücklichen Ausgang der Grabarbeiten soll die Kapelle errichtet worden sein.

Quelle: Diese Geschichte hat mir mein Onkel Gebhard Sägmüller (1928-2006) mehrfach in den 1970er- und -80er-Jahren erzählt (eigentlich immer, wenn wir nach Bad Waldsee gefahren sind und dabei durch Volkertshaus gekommen sind). Er war vom Wahrheitsgehalt allerdings nicht so recht überzeugt.

Die Sage vom Burgstock

Vor vielen hundert Jahren stand im Wald bei Hittisweiler eine trutzige alte Burg, von welcher noch heute klotzige Ruinen Kunde geben. Auf dieser Burg herrschten und hausten die ersten Gaugrafen des Haistergaues und die nachherigen Herren und Edlen von Neuwaldsee. Da zu dieser Zeit das Raubrittertum überall mehr und mehr überhandnahm, verbanden sich die benachbarten Ritter und

Grafen untereinander zur Hilfeleistung und verbanden ihre Burgen und Schlösser mit unterirdischen Gängen.

Ein solcher unterirdischer Gang führte auch vom „Burgstock“ bis zur Volkertshauser Burg, und jeder von uns jungen Burschen hat bestimmt einmal versucht, in den noch vorhandenen, aber sehr verfallenen Gang einzudringen. Nach dem Verfall der Burg lockte dieser unterirdische Gang immer und immer wieder Hirtenbuben und Bauernburschen, dort nach verborgenen Schätzen zu suchen.

So ging einmal in einer dunklen stürmischen Nacht solch ein Schatzgräber zur Burgruine, um den sagenhaften Goldschatz zu heben. Mit einer eisernen Stange bewaffnet, schlüpfte er mutig und beherzt in den dunklen und feuchten Gang und tappte sich vorsichtig und mit viel Mühe bis zur Mitte des Gewölbes. Da stand auch ganz deutlich sichtbar eine große mit Eisenstäben beschlagene Truhe. Wie schlug sein Herz freudig und voller Mut, schon wollte der Bursche dieselbe öffnen, doch o Schreck! Da stand mit einem Mal ein riesengroßer schwarzer Hund vor der Truhe und glotzte mit feurigen Augen den Eindringling an, knurrte und geiferte und drängte den vor Schreck beinah Erstarrten bis zum Ausgang der Höhle, dort ergriff der Schatzgräber eiligst die Flucht und auch jeder, der sich später des Schatzes zu bemächtigen suchte, wurde von dem schwarzen Hund mit den feurigen Augen verjagt.

Der Erzähler dieser Geschichte fügte noch an, dass ein Hahn, den sie vor Zeiten in den unterirdischen Gang am Burgstock einsperrten, am anderen Tag bei der Volkertshauser Kapelle wieder herausgekommen sei.

Quelle: Haisterkircher Dorfchronik

Anmerkung zur „Trutzigen Burg und ihrer Bewohner“: Bei dieser Burg handelte es sich lediglich um eine hochmittelalterliche Turmburg mit Umfassungsmauer. Die Gaugrafen des Haistergaus und die Herren und Edlen von Neuwaldsee hätte man hier vergeblich gesucht. Diese kleine Turmburg diente lediglich der Sicherung des Landfriedens und wurde von einem Burgvogt bewohnt.

*

Interessant ist in diesem Zusammenhang, wie sich der Schluss der Geschichte mit dem eingesperrten Hahn weiter verselbstständigte:

In Haisterkirch wird erzählt, dass vor langer Zeit einmal von einem Bauernknecht ein Eingang entdeckt wurde. Dieser traute sich allerdings nicht selbst hinein, sondern sperrte einen Hahn in den Stollen. Nach Tagen soll der Hahn in Volkertshaus wieder ans Tageslicht gekommen sein. Allerdings hat niemand gesehen, wo er herausgekommen war. Das war den Leuten recht unheimlich, keiner getraute sich den Gang zu betreten und über die Jahre geriet der Eingang wieder in Vergessenheit.

Quelle: 2005 erzählt von Rosa Eisele, Haisterkirch

Von unterirdischen Gängen und Erdställen

Interessant ist bei allen diesen Geschichten die Erwähnung eines „unterirdischen Ganges“ zwischen der Ruine Neuwaldsee („Burgstock“) und der Kapelle Volkertshaus (am heutigen Standort der Kapelle befand sich im Mittelalter ebenfalls eine Turmburg).

Dieser Gang kann kaum existiert haben, denn die Entfernung der beiden Punkte beträgt über 1000 Meter Luftlinie. Außerdem hätte das Urbachtal unterquert werden müssen.

Von einem weiteren ehemaligen unterirdischen Gang ist in der Geschichte des „Hochgerichts in Osterhofen“ die Rede (siehe folgende Geschichte).

Bei all diesen Geschichten stellt sich die Frage: Wenn ein Körnchen Wahrheit in der Sage steckt, was haben die Leute gesehen und als „unterirdischen Gang“ wahrgenommen?

Dazu kommt noch folgende Textstelle aus dem Buch „Waldsee und seine Vorzeit“ von Ferdinand Eggmann aus dem Jahr 1864:

„[...] Dort (Ruine Neuwaldsee) war nun allerdings ein solcher (unterirdischer Gang) vorhanden, denn noch im Octbr. 1818, also vor 44 Jahren, ritt ich mit einem Freunde auf die Neuwaldsee, wo wir, einzeln noch 4 - 5 Schritte in jenen Gang hinein konnten. Als ich aber kürzlich, nämlich im Octbr. 1862, dieselbe wieder besuchte, fand sich zwar noch die alte Öffnung vor, allein schon sehr verschüttet, so dass nur ein Kind noch ein paar Schritte hineinzukriechen vermochte. [...]“

Im Folgenden beschreibt Eggmann die Lage des Eingangs in den Gang: „[...] die etwas tiefer gelegenen zwei Mauerstöcke haben Winkel, wovon der eine die Öffnung zum ehemaligen unterirdischen Gange enthält, [...]“
Könnte es sich bei diesem „unterirdischen Gang vielleicht um einen „Erdstall“ gehandelt haben?

Zur Erklärung: Ein Erdstall hat nichts mit einem Viehstall zu tun. Erdställe sind unterirdische, nicht ausgemauerte Gangsysteme aus dem Mittelalter, die von Menschenhand geschaffen wurden. „Erdstall“ bedeutet „Stelle im Boden“ oder „Erd-Stollen“.

Im Volksmund werden solche Anlagen meistens als „unterirdische Gänge“ oder einfach als „Geheimgänge“ bezeichnet.

In Bayern gibt es über 700 davon. Sie kommen aber auch in Baden-Württemberg vor; des Weiteren in Frankreich, Österreich, Polen, der Schweiz, Spanien, Tschechien, der Slowakei und Ungarn.

Solche Gänge sind meist winkelig angeordnet, bis zu 60 cm breit und nur 1,0 bis 1,4 m hoch. Ihre Gesamtlänge beschränkt sich meistens auf 40 Meter, oft weniger, wobei Anfang und Endpunkt oft nur 8 - 15 Meter auseinanderliegen.

In vielen Erdställen gibt es auch sogenannte Lampennischen sowie zumeist endständige kammerartige Erweiterungen und Sitznischen. Engstellen, die nur kriechend passiert werden können, werden als „Schlupf" bezeichnet.

Die Ruine Neuwaldsee heute - verbirgt sich hier vielleicht irgendwo ein verschütteter Eingang zu einem Erdstall?

Erbaut wurden diese Stollen wohl im Hochmittelalter zwischen 1000 und 1200, sicher ist dies allerdings nicht. Wer sie gebaut hat und wofür, ist ebenfalls unklar. Es gibt derzeit zwei Haupttheorien, und zwar die Fluchtstätten- und die Kultstätten-Theorie.

In unserer näheren Umgebung gibt es bisher keine eindeutigen Nachweise für solche Erdställe.

Der Sage nach sollen Erdställe gebaut worden sein, um einen Punkt A mit einem Punkt B zu verbinden, oft über mehrere Kilometer. Nachweise gibt es dafür allerdings keine.

Näher auf dieses hochinteressante Thema einzugehen würde den Rahmen dieses Buches sprengen (bei Interesse sei auf: www.erdstall.de verwiesen).

Quellen: Hildegard Nagler: „Wissenschaftler wollen Rätsel um geheimnisvolle Gänge lösen“ Schwäbische Zeitung, Regionalausgabe Ravensburg vom 08.11.2011;
Artikel: „Erdstall“, http://de.wikipedia.org, 12.09.2013

Das Hochgericht in Osterhofen

Zu der Zeit, als in Osterhofen das Hochgericht von Zeit zu Zeit tagte, war der Sitz des Gerichtes im alten großen Hochgerichtsgebäude, dem jetzigen Gasthaus zum Kreuz (abgebrochen 1969); von dem Gerichtshaus soll ein unterirdischer Gang zum Arrest geführt haben, welcher im jetzigen Anwesen des Anton Holzmüller untergebracht war.

Nach Beendigung der Verhöre und der Gerichtsverhandlungen wurden die Arrestanten durch diesen Gang auf kürzestem Weg ins Gerichtsgefängnis gebracht. Einen bequemen Aufenthalt bot dieses Gefängnis den Eingesperrten sicherlich nicht, denn noch heute zeugen im Keller des Hauses die lichtlosen Gefangenenzellen davon, dass hier Nässe, Ratten und Mäuse die ständige Gesellschaft der Arrestanten waren und die wahrscheinlich kümmerlichen Speisen nur durch die winzigen viereckigen Durchlässe in der Mauer gereicht wurden.

Quelle: Haisterkircher Dorfchronik

Anmerkung: Diese „winzigen viereckigen Durchlässe in der Mauer" existieren noch heute im Keller des Holzmüllerschen Hauses. Allerdings befinden sich hinter den „Durchlässen" keine Gefängniszellen, sondern gar nichts. Nicht einmal ein Kellerraum.

*

Das „Kreuz", um 1930

Einmal sollte dort ein Riese ins Gefängnis gesperrt werden; als er zur Gerichtsverhandlung geführt wurde, passierte er das kleine, niedrige Gefängnis. Beim Anblick des so unscheinbar aussehenden Häuschens begann er hämisch zu lachen und mit prahlerischer Gebärde rief er aus:

„Was, in dieses Häuschen wollt ihr mich einsperren? Ihr seid ja wahrlich verrückt; passt auf! Heute Nacht nehme ich die ganze Hütte auf meinen Buckel und lauf mitsamt derselben fort!"

Wie bitter aber sah der Riese sich getäuscht, als er hierauf Bekanntschaft mit dem Gefängnis machen musste! Das feste Gemäuer und das schwere Gebälk der zum Teil oberirdischen, teils unterirdischen Gelasse boten auch dem Riesen trotz seiner Riesenkraft genügend Widerstand.

Quelle: Haisterkircher Dorfchronik

*

Im Hochgerichtsgebäude selbst ging lange Zeit der Geist eines Ritters um. Nacht für Nacht durchwanderte dieser um Mitternacht das Haus, und schaurig klirrte und rasselte er mit seiner eisernen Rüstung durch die Stille der Gänge und Räume. Ganz besonders in einem der Zimmer, dem ehemaligen Verhörstüble, konnte kein Gast oder sonstiger Hausbewohner zur Ruhe kommen, denn hier spukte der Ritter derart laut und vernehmlich, dass man nicht schlafen konnte, ehe die Uhr nicht „eins“ geschlagen hatte ...

Quelle: Haisterkircher Dorfchronik

Bullemax, auch Bullemäx & Nachtfrau

Der Bullemax oder Bullemann und die Nachtfrau waren früher Schreckgespenster für kleine Kinder. Der Bullemax wurde als kleinwüchsig, bucklig mit rußgeschwärztem Gesicht und großem Hut beschrieben. Er konnte zu jeder Tageszeit überall dort auftauchen, wo es verboten war sich aufzuhalten. Er erschreckte die Kinder furchtbar und jagte sie nach Hause.

Weit gefährlicher war da die Nachtfrau. Sie wurde als unscheinbare alte Frau beschrieben, mit einem weit ins Gesicht gezogenen Kopftuch und einer großen Tasche am Arm. Wenn sich ein Kind nach Anbruch der Dunkelheit verbotenerweise draußen aufhielt, konnte es sein, dass es plötzlich von der Nachtfrau an der Hand genommen wurde. Das erzeugte zunächst ein Gefühl der Fürsorge, da es so aussah, als wollte die Frau das Kind nach Hause begleiten.

Allerdings bog sie kurz vor der heimatlichen Haustür in eine andere Richtung ab. Jetzt nützte alles Schreien und Sträuben nichts, die Nachtfrau nahm das Kind mit zu sich nach Hause und sperrte es die ganze Nacht in einen Keller, in dem es vor Mäusen, Ratten, Fledermäusen und sonstigem Ungeziefer nur so wimmelte. Am nächsten Morgen ließ sie das Kind heraus und stellte es vor die Tür. Doch viele hätten angeblich nie mehr nach Hause zu ihrer Familie gefunden.

Quelle: Diese Geschichten wurden mir von meiner Oma Theresia Konstanzer (1911-1977) als Warnung erzählt, noch bevor ich in die Schule gekommen bin.

Von falsch abgelegten Messern

Man soll aufpassen, dass niemals ein Messer auf dem Rücken, d.h. mit der Schneide nach oben, abgelegt wird. Das bedeute, es komme in der Familie zu einem Streit. Es war oft so, dass bei einem heftigen Ehekrach auf dem Tisch oder in der Besteckschublade nachgesehen wurde, ob nicht irgendwo ein Messer falsch liege.

Quelle: Erzählt von meinem Vater Karl Sägmüller (1924-2007), Bergatreute

Vorsicht, Kamm!

Einen Kamm, der auf der Strasse liegt, soll man niemals aufheben. Auch wenn man ihn sofort wieder wegwirft, hat

man sich doch die Kopfläuse, den Grind (Haarschorf) oder Sonstiges geholt. Derjenige allerdings, der ihn weggeworfen hat, ist von dem Übel befreit.

Quelle: Erzählt von meiner Oma Pauline Sägmüller (1895-1989)

Anmerkungen zum Bergatreuter Hagelböckle:

Nagel hat das Erlebnis des Schussenrieder Abtes Mangold (siehe S. 61) nicht erwähnt, weil es mit Bergatreute etwas zu tun hat, sondern weil er damit dokumentieren wollte, dass: „auch ein Abt [Mangold], obwohl er in Dillingen bei den Jesuiten studiert hatte, das abergläubische Denken seiner Zeit geteilt, und in dem Hagel das Wirken böser Geister gesehen hat."

Im Klartext: Da Hagnaufurt nördlich von Reute liegt und die Wallfahrer sich auf dem Rückweg befanden, ereignete sich das Hagelwetter irgendwo zwischen Reute und Hagnaufurt.

Bergatreute liegt südlich von Reute. Demzufolge haben weder die Wallfahrt noch das Geschehen irgendetwas mit Bergatreute zu tun.

Einem Bericht der Schwäbischen Zeitung vom 1. Dezember 1976 ist Folgendes zu entnehmen:
„[...] Gespannt war man an diesem Abend vor allem auf die Vorstellung der neuen Zunftmaske „Hagelböckle". Dazu gab Franz Bauer einige Erläuterungen:

Am 4. Juni 1685 ist in der Chronik der Gemeinde beschrieben, dass der Schussenrieder Abt Tiberius Mangold von einem Bittgang aus Reute kommend mit seinen Wallfahrern in ein fürchterliches Hagelwetter mit Hagelkörnern in der Größe von Baumnüssen geriet, wie es in der Chronik heißt. Dazu wurde erzählt, dass bei den Hagelkörnern Exemplare gewesen seien in der Form von Köpfen, mit Gesichtern, also Stirn, Nase, Auge, Mund - und auf dem Haupt zwei wohlgeformte Bockshörner. [...]"

Haben Sie die beiden Unterschiede bemerkt?

1. Im Nagel-Text heißt es: „aus Hagnaufurt [...] nach Reute Wallfahren gegangen" und „auf dem Rückweg". D.h. nichts anderes, als dass die Wallfahrer von Hagnaufurt nach Reute und wieder zurück gingen.

   Im Text von 1976 heißt es dagegen: „von einem Bittgang aus Reute kommend". Dass sie eigentlich aus Hagnaufurt gekommen waren, wird einfach unterschlagen und so der Eindruck erweckt, sie seien auf dem Rückweg nach Bergatreute gewesen!

2. Im Nagel-Text heißt es weiter: „Baumnüssen, deren eine ich erdabt, welche gewesen ist wie ein Gesicht". D.h. nichts anderes, als dass er eine „erdapt", also ertappt, gefunden hat, die ausgesehen hat wie ein Gesicht. Eine einzige!

   Im Text von 1976 heißt es: „dass bei den Hagelkörnern Exemplare gewesen seien in der Form von Köpfen." Also wurden aus einer einzigen Nuss gleich mehrere.

In der Festschrift „30 JAHRE NARRENZUNFT Bergatreute e.V." (2002) hat sich die Geschichte über das Hagelunwetter noch weiter verselbstständigt:

„1976 wurde als zweite Maske das „Hagelböckle" [...] geschaffen. Anlass für diese Figur war ein Erlebnis des Schussenrieder Abts Tiberius Mangold, der 1685 auf dem Weg von Reute nach Bergatreute mit seinen Wallfahrern in ein fürchterliches Gewitter geriet. Die großen Hagelkörner fielen dicht, schmerzten und hatten dabei Formen wie Köpfe mit Gesichtern und dazu meist zwei Bockshörner oben drauf."

Bei diesem Text wird nicht nur der Eindruck erweckt, dass der Weg nach Bergatreute geführt hat, sondern dies wird bereits als eine Tatsache dargestellt.

Und die Hagelkörner hatten plötzlich a l l e Formen wie Köpfe mit Gesichtern, welche meistens noch mit Bockshörnern ausgestattet waren.

Zwei Masken des Bergatreuter „Hagelböckle“, links die ältere, rechts die neuere Version

Ein schönes Beispiel dafür, wie sich innerhalb relativ kurzer Zeit (26 Jahre) eine Geschichte nur durch kleine Änderungen am Quelltext weit von der objektiven Faktenlage entfernt hat.

Und das beinahe unmerklich. Und alle Beteiligten sind vom Wahrheitsgehalt der Geschichte überzeugt. Eigentlich unglaublich.

Das Gottesurteil

1982 wurde in einer Flaschenbierhandlung in Bergatreute ein größerer Geldbetrag aus der Kasse entwendet. Die Besitzerin hatte zwei Personen im Verdacht. Entweder ihr zukünftiger Schwiegersohn oder ein Nachbar, der manchmal da war und ein paar Bier trank, hatte es genommen. Sie wollte keinen der beiden ins Verhör nehmen, um sie nicht zu beleidigen.

Deshalb machte sie folgenden Test (sie nannte es ein „Gottesurteil“): Sie schlug ein Gesangbuch an irgendeiner Stelle auf. Am Lesezeichen des Buches knotete sie einen Schlüssel fest und legte ihn mit aufrechtem Schlüsselbart zwischen die Seiten. Links und rechts davon schrieb sie den Namen je eines Verdächtigen, legte das Buch oben auf den Küchenschrank, damit es niemand sehen konnte und besprengte das Ganze mit Weihwasser.

Das Urteil ist gefällt ...

Am nächsten Morgen nahm sie einen Stuhl, rückte ihn an den Küchenschrank und kletterte darauf, um das Buch ansehen zu können, ohne es herabnehmen und berühren zu müssen.

Und siehe da: Der Schlüssel hatte sich auf die Seite des Namens vom Nachbarn geneigt. Damit war alles klar. Da sie nichts beweisen konnte, sprach sie ihn nicht an. Es war allerdings auffällig, dass er immer seltener und zuletzt gar nicht mehr kam.

Jahre später sprach sie ihren Schwiegersohn auf die Sache an. Dieser wusste von gar nichts. Er wusste nichts von dem Diebstahl, geschweige denn vom Verdacht, der auf ihn gefallen war. Damit war sich die Frau sicher, dass das „Gottesurteil" richtig gewesen war und der Schlüssel nicht gelogen hatte.

Quelle: Erzählt von meinem Nachbarn, dessen Schwiegermutter diesen „Test" selbst durchgeführt haben soll.

Bestraftes „Fremdgehen"

Etwa im Jahr 2000 erzählte mir die Mutter einer infolge einer frühkindlichen Hirnhautentzündung geistigbehinderten Jugendlichen, die geistige Behinderung ihrer Tochter sei Strafe dafür, dass sie, die Mutter, eine "Fremdgängerin" sei. Verblüfft fragte ich, was sie denn damit meinte. Da sagte die Frau (etwa Ende 30 Jahre alt): Sie sei aus der Nähe von Kempten, also aus der Fremde, in den Ort bei Ochsenhausen gekommen und habe dort den „Kerle" geheiratet.

Der „Kerle" ist ein angesehenes Mitglied des Gemeinderats und betreibt am Ort einen weit bekannten Handwerksbetrieb mit mehreren Mitarbeitern. Hätte ihr Mann also eine Einheimische geheiratet, so wäre, falls aus der Ehe Kinder hervorgegangen wären, keine Strafe Gottes über die Kinder gefallen.

Quelle: Dr. Lutz-Dietrich Herbst, Ummendorf, erlebte in seiner Tätigkeit als Sonderschullehrer diese Geschichte.

Heilung & Gesundheit

Der Bereich Heilung bzw. Wiedererlangung der Gesundheit durch Gesundbeten, Besprechen, Berühren usw. ist in der Bevölkerung größtenteils positiv belegt.

Von den Einen belächelt - schwören die Anderen darauf. Viele, welche schon von einer lästigen Warze heimgesucht wurden, haben es schon mit dem „Warzenwegbeten“ versucht, nachdem nichts anderes dauerhaft geholfen hat.

Von den Fraisen, Fraisenkette und Fraisenbrief

Als Fraisen wurden bis ins 19. Jahrhundert epileptische oder überhaupt Krampf- und Fieberanfälle bezeichnet.

Eine Fraisenkette wurde zur Abwehr bzw. zur Vorbeugung und Behandlung dieser Fraisen angewendet, sie besteht meist aus einer roten Schnur oder einem Seidenband mit daran befestigten Schutzamuletten und Segenszeichen. Vor allem kleinen Kindern wurde sie umgehängt.

Dazu wurden Segensformeln von sogenannten Fraisenbriefen gebetet. Diese beinhalten meist den Benediktus-, Agathen-, Zacharias- und Dreikönigssegen. Die vier wichtigsten Segen werden dadurch also kombiniert und verstärken sich gegenseitig.

Die vielen Amulette an der Kette rühren daher, dass man glaubte, es gebe 77 unterschiedliche Arten des Fiebers. Folgende Einzelamulette können an einer Fraisenkette vorkommen: Judenknöchelchen (siehe S. 106), verschiedene Wallfahrtsmedaillen, Fischwirbel, Lochstein, Bergkristall, Maulwurfspfote, Marderpenisknochen, Raubtierkralle, Rehbocksgehörn, Neidfeige, Breverl, Relquienkapsel, Haarbüschel, Schrättelesfuß u.a.m.

Frais-Brief.

So ein Kind oder alter Mensch die Frais hat.

In den Namen Gottes des Vaters, und des Sohnes, und des heil. Geistes, Amen. – Das wolle Gott der Herr Jesus Christus heut auf diesen Tag, auf daß ich alle Sieben und Siebenzig Frais tödten möge. Ich tödte es durch Gottes große Macht den heil. Namen Christi alle 77 Frais, reissende Frais, rothe Frais, abdorrende Frais, zitternde Frais, kalte Frais, fallende Frais, geschwollene Frais, spritzende Frais, stille Frais, schreiende Frais, wüthende Frais, schwitzende Frais, gestoßene Frais; ich wende dir's N. durch Gott den Herrn Jesu Christi, und durch seine heil. 5 Wunden, ich wende dir's N. durch sein heil. Sakrament, ich wende dir's N. durch sein heiliges Evangelium, ich wende dir's N. durch Gott unsern Herrn Jesu Christi seine heil. Hände und Füße, ich wende dir's N. durch seine heil. Pforten des Himmels aus der Gnade Gottes Geschöpfe, durch den lieben Namen Jesu Christi, daß ich euch verbiethe alle Sieben und Siebenzig Frais, ich wende dir's N. durch alle Berg und Thal, und durch alle fließende Wasser ab, auf daß der Leib ruhen und rasten mag, bis auf den jüngsten Tag, darin unser lieber Herr Jesu Christi kommen wird, und auferwecken die Lebendigen und die Todten, durch die Verdienste da er sein heil. Haupt geneigt, und seinem himmlischen Vater aufgegeben, das helfe dir N. Gott der Vater, der dich erschaffen hat, und Gott der Sohn, der dich erlöset hat, und Gott der heil. Geist, der dich in der heiligen Taufe geheiliget hat. Amen.

Jesus, Maria, Joseph mein, bitt, laßt mich euer Pflegkind sein, ewig ganz euer sein will ich, ganz eigen euch befehl ich mich, Jesus, Maria, Joseph. Ihr wißt, daß ich ganz euer bin, nicht kommt ihr aus mein Herz noch Sinn, bewahrt wohl was euer ist, daß nicht entführ' des Teufels List, Jesus, Maria, Joseph.

Ihr seid mein Trost und Zuversicht, in allem was mir immer g'schieht, darum ich euch demüthig bitt, im Leben und Tode verlaßt mich nicht, Jesus, Maria, Joseph.

Ohn' euch ich nie nichts fange an, ohn' euch ich nichts verbergen kann, steht mir bei in jedem Werk, mit eurer Güte, Weisheit und Stärk', Jesus, Maria, Joseph.

O mir liebste und letzte Wort', schließt mir auf die Himmelspfort'! weil ich nur ganz euer bin, zu euch im Himmel nehmet mich hin, Jesus, Maria, Joseph.

Verzeihung meiner Sünden erwerbt, daß ich in Gottes Gnaden sterb', in eure Hand befehl' ich mich; euch lob' ich, Gott ewiglich, Jesus, Maria, Joseph.

Gelobt allzeit und gebenedeit, ihr meine drei herzliebste seid, der heiligsten Dreifaltigkeit sei Dank, Ehr, Preis in Ewigkeit, Jesus, Maria, Joseph.

Also soll man den Brief über den kranken Menschen, der die Frais hat, dreimal lesen, und nennt den Menschen bei dem Namen, wo das N. stehet und darnach soll man diesen Brief dem kranken Menschen auf die Brust legen, bis sich's thut enden zum Leben oder zum Sterben. Und die Leute, die bei den Menschen sein, sollen niederknieen und 7 Vater unser und sieben Ave Maria, und einen Glauben mit Andacht bethen, zu Ehren des bittern Leidens und Sterbens unsers lieben Herrn Jesu Christi, auf daß ihn Gott von seiner Pein und Marter erledige, es sei zum Leben oder Sterben, o Jesu!

A m e n.

Druck und Verlag von Joseph Greis in Steyr.

Kleine Fraiskette mit folgenden Amuletten (von oben Mitte nach rechts): Schrättelesfuß, Muschelgehäuse, Wallfahrtsmedaille, Lochstein, Wallfahrtsmedaille, Haarbüschel, Rehbocksgehörn, Wallfahrtsmedaille und Marderpenisknochen.

Jedes dieser einzelnen Anhängsel hat eine besondere Bedeutung und ist für eine bestimmte Art von Schutz oder Hilfe zuständig.

Quellen: Gespräch mit Sepp Schelshorn, Museum für bäuerliches Handwerk und Kultur, Wilhelmsdorf. - Berthold Büchele, Merkwürdig - von der schwarzen und weißen Magie, Ravensburg 1992. Marie Andree-Eysn, Volkskundliches aus dem bayrisch-österreichischen Alpengebiet, Braunschweig 1910.

Breverl

Auf den ersten Blick sehen manche Breverl aus wie ein schön verziertes Nadelkissen. Dabei kommt es weniger auf das Äußere als auf das Innere an. Eingenäht in diese, auch Heiltumstäschchen genannten Breverl, ist nämlich meistens ein vierfach gefalteter Zettel mit Bildern und diversen Sprüchen darauf.

In der Mitte des Zettels sind kleine religiöse Zeichen und Objekte angebracht; eine Mischung aus heidnischen und kirchlichen Vorstellungen. Deshalb hat die Kirche diese Schutzbriefe nicht gern gesehen und teilweise heftig bekämpft.

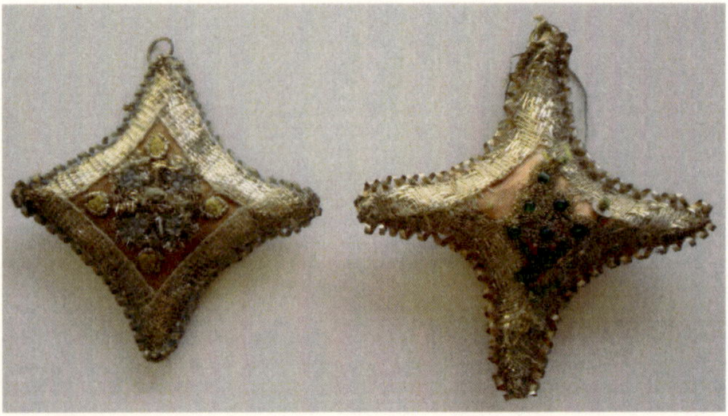

Oben: Breverl, 18. Jh., Größe von Spitze zu Spitze etwa 8 - 9 cm

Ebenfalls aus dem 18. Jh.: „Heiltumstäschchen" und Breverl zusammengefaltet Größe: ca. 5 x 7 cm

Ein aufgefaltetes Breverl aus dem 18. Jahrhundert, Originalgröße etwa 14 x 20 cm

Solch ein Breverl diente sowohl als Talisman als auch als Heilmittel. Man konnte es am Körper tragen, in die Kleider einnähen, am Rosenkranz oder an einer Fraisenkette befestigen oder auch ans Bett hängen. Dies sollte vor bösen Einflüssen, Krankheiten, Hexen und Teufel, Feuer und Ungewitter schützen. Beinahe ein kompletter Rundumschutz.

Bis weit ins 20. Jahrhundert waren sie verbreitet. Ein Breverl durfte auf keinen Fall aufgetrennt werden, da es sonst seine magische Kraft verlor.

Ein Arzt erzählte, dass er bis in die 1990er-Jahre bei manchem Krankenbesuch ein Breverl am oder im Bett eines Kranken gesehen habe.

Quelle: Marie Andree-Eysn, Volkskundliches aus dem bayrisch-österreichischen Alpengebiet, Braunschweig 1910

Von Heilerinnen wie der Seerese

Aus der Zeitschrift „Im Oberland", Nr. 2/2002: „Hören-Sagen-Geschichten" von Klara Öngel

Seit der Antike haben die Frauen in der Heilkunst eine besondere Rolle gespielt. Häufig mussten sie jedoch im Verborgenen wirken. Nur selten fanden sie jene Anerkennung, wie sie etwa der berühmten Äbtissin Hildegard von Bingen zuteil wurde.

Erst allmählich wandelten sich diese Heilberufe zu anerkannten Berufstätigkeiten für Frauen. Heutzutage sind Menschen mit heilenden Begabungen trotz der modernen medizinischen Technik zwar durchaus anerkannt, doch bestehen nicht selten Berührungsängste oder Misstrauen. Die Autorin hat in ihrer Kindheit ähnliche Erfahrungen mit heilkundigen Frauen gemacht. Da es beim Gesundbeten auf jedes einzelne Wort ankommt, gibt's die Geschichte im schwäbischen Originalton.

Wir freuten uns immer auf den Sonntag. Nicht nur, weil weniger Arbeiten zu verrichten waren, sondern weil der obligatorische Kirchgang Gelegenheit bot, alle möglichen Informationen auszutauschen. Noch lange nach dem Gottesdienst standen die Frauen in Gruppen auf dem Kirchplatz zusammen, selbst bei schlechtem Wetter. Wir Kinder hielten uns meist in der zweiten Reihe des „Schwätzkreises" auf, so dass es nicht immer leicht war, die Gespräche zu verfolgen.

Wenn die Erzählungen gar ins Flüstern übergingen und dadurch auch der Schulterschluss enger wurde, konnten unsere neugierigen Kinderohren nur noch einzelne Wörter oder Satzteile wie „Gsundbeta", „Hexa", "s' Wasser abstella" verstehen.

An eine Geschichte erinnere ich mich noch heute mit Gänsehaut. Da hatte doch ein Bauer lange Zeit Unglück im Stall. Daraufhin erhielt er von einer Besprecherin den Rat, die erste Katze, die er im Stall anträfe, mit einem Stock zu schlagen. Der Bauer befolgte dies. Am folgenden Tag trug, wie vorausgesagt, eine Frau im Dorf einen Kopfverband. Nun konnte sich jeder selbst einen Reim darauf machen. Die be- oder getroffene Frau hatte schon einen entsprechenden Ruf, und wenn es vermeidbar war, ließ man sie nie in einen Kinderwagen schauen.

Näher erklären konnte dies allerdings niemand: „Es isch halt so." Und ausgerechnet diese Frau trug nun einen Kopfverband, weil sie angeblich die Kellertreppe hinuntergefallen war. Aber von dieser Zeit an kehrte bei dem Bauern wieder Ruhe im Stall ein. Beim späteren Nachfragen zu Hause bekamen wir die Antwort, dass dies alles „Hokuspokus" sei und wir auf so a „dumm's Gschwätz gar it höra dürfet. Mir lebat schließlich it im Mittelalter".

Wenn jemand von uns Warzen hatte, nahm uns unsere Oma vertraulich auf die Seite und meinte: „Dia kriegad mir scho weg." Beim nächsten abnehmenden Mond wurden in ein Stück Schnur beim Beten von drei Vaterunsern drei Knoten geknüpft. Anschließend wurde dann die Schnur bei einem Trauf unter einem Stein begraben. Und wirklich: Nach einiger Zeit waren Warzen und Schnur verschwunden! Wir hatten zwiespältige Gefühle, denn einerseits freuten wir uns über die schmerzlose Beseitigung des lästigen Anhängsels, andererseits schämte man sich auch, einen solchen „Hokuspokus" in Anspruch genommen zu haben.

Je mehr ich mich später in der Schwesternschule der Schulmedizin zuwandte, desto mehr wuchs in mir und bei meinen Kolleginnen eine überlegte Distanz zu allem, was in der Grauzone der Medizin existierte. Dennoch wurde immer wieder an unserem Forschungsglauben gerüttelt. Vom Urlaub kommend erzählte eine Kollegin: „Bei meiner Romreise wurde mir auf dem Petersplatz die Handtasche gestohlen. In meiner Not und auf Empfehlung bin ich zu einer Beterin gegangen, und gestern ist in einem Päckchen meine Handtasche samt Inhalt zurückgekommen."

Vor fast 30 Jahren beim Einzug in Waldburg, wurde ich von freundlichen Nachbarn und Handwerkern über alles Wichtige im Dorf informiert. Dabei kam immer wieder die Sprache auf die „Seerese", eine ortsansässige „Gesundbeterin". Eine Frau erzählte tief bewegt von der Heilung ihres Mannes. „Der glaubt eigentlich an fast gar nichts, aber seit ein paar Jahren störte ihn eine Warze an der Oberlippe. Er war sogar gezwungen, einen Schnauzbart zu tragen. Ärzte wollten an dem empfindlichen Gewebe nicht schneiden und schickten ihn nach Feld (Wohnort der Heilerin) zur

Heilerin." „Und d Warz isch weg, d Warz isch weg", wiederholte sie mehrmals staunend,

Am besten seien solche Leiden zu heilen, fügte sie vielsagend dazu, wenn bei abnehmendem Mond und außerdem freitags während des Angelusläutens die Seerese konsultiert werde. Bei abnehmendem Mond bespreche man nämlich alles, was weg müsse. „Es könnt' zwar passieren, dass d'Seerese grad beim Frühschoppen isch. Aber des spielt koi Roll. Die Behandlung erfolgt it grad am Wirtshaustisch, aber im Hausgang dussa goht des au." Der Behandlungsort sei bedeutungslos.

Die Heilerin Theresia Hillebrand, die „Seerese", im Alter von etwa 85 Jahren. Damals behandelte sie manchmal noch täglich bis zu 20 „Patienten"

Ob Mensch oder Tier, alle erhielten Hilfe. Bei Partnerschaftsproblemen, Prüfungs- oder Schulängsten, vor Operationen, bei beruflichen oder privaten Missgeschicken, bei allem versuche die Seerese zu helfen. Wer wegen eines Kropfs um Hilfe bitte, solle dies vor einer Beerdigung tun. „Do ka ma den grad mit ins Grab geba."

Solche Geschichten hörte ich immer wieder und wollte die Seerese, die ich stets mit Hosen und Wollmütze bekleidet und Zigarren rauchend vor ihrem Haus sitzen sah, kennen lernen, um mehr von dieser ungewöhnlichen Frau in Erfahrung zu bringen.

Bei meinem Besuch sagte sie mir als Erstes, sie sei jetzt 97 Jahre und möchte gern 100 werden,"weil dann dr Bürgermeister zum Gratuliera komma muss". Meine Neugierde irritierte sie überhaupt nicht: „Schließlich war sogar scho s'Fernseha do, und in dr Zeitung stoht all Heck was über mi. Was in meim Leba so interessant sei soll, woiß i it, i hon halt allaweil viel schaffa müssa. I bin am 11. Februar 1903 in Schattbuch bei Schlier gebora. Mir warat sechs Mädla, unser Bruder isch gfalla. I wär au lieber an Ma gwä, mein Vater hät die größt Freud an mir ghet. D' Mutter war a brave Frau, aber se hot halt au folga müßa. Mei Vater war streng, aber i hon immer auf ama Gaul reita und drzu Hosa anzoga. Was d'Leut gseit hond, war mir egal. I bin au immer zum Einkehra und Kartaspiela ganga. Meine Mitspieler waret fast immer Männer und die behauptet, dass i bscheiß, wos bloß goht, bloß, weil Sie gega a Frau it verliera kennat."

Die Seerese erzählte weiter: „Dr Vater hat immer im a Buch glesa: ÄgyptischeGeheimnisse von Mensch und Vieh von Albertus Magnus. Des Buch hat ma nie hergeba dürfa, i woiß au it, wo des isch.

Wenn a Not im Stall war, hot ma immer mein Vater gholt, was er do gmacht hot, hat er nie gsagt, da drüber hat ma it schwätza dürfa. In Ankenreute bin i in d'Schul ganga und war sieba Jahr lang die bescht Schülere. Als junge Geiß (Mädchen) war i im Kirchachor und im Radfahrverein. I han a schöne Jugendzeit ghabt. Später war i in Taldorf auf ama Hof im Dienst. Die hent mi uff de Händ traga, weil i au draußa alle Arbet gmacht hon, draußa hon i sowieso immer lieber gschafft. Bei dr Hochzeit von einer Freundin hon i mein Ma kenna glernt. Der war Ehragsell und i Ehrajungfer. Mir hand dann am 28. Januar 1932 Hochzeit ghabt. In dr Krone in Waldburg hont mir gfeiert, was hoißt gfeiert, s'hat koi Bier und koi Bohnakaffee geba. Im ersten Kindbett hon i Zwilling ghet. An Bub und a Mädle, des isch gstorba. Drum wollt i au unbedingt noch mal oi Kind, und zwar a Mädle, so hots au klappt. Mein Ma hat schlimme Kriegserlebnis ghet und hot viel gsoffa. Mei, waret mir arm. Wenn mir amol 30 Mark ghet hend, hot 10 mei Ma kriagt, 10 i und vom dritta Zehner homer Schulda zahlt. Aber Humor hon i trotzdem immer ghabt. Kenntsch's Vaterunser von de arme Leut? Vaterunser, der du bischt, du woischt, daheim da hommer nix. Unser Löhnung edler König, isch alleweil a bißle wenig. Gib uns doch täglich einen Gulden, damit wir zahlen unsre Schulden. Hätsch au noch Schinka und a Bier, komm zu uns, du findsch uns hier. Amen.

Beta tu i gern, manchmal kann i gar nimmer aufhöra. Bsonders dann, wenn i jemand drmit helfa kann. Dass i des kann, hon i gmerkt, wo sich an Lohnmäher beim Sensawetza gschnitta hat. I hons Blut gschtillt, noch hot der gsagt: Guck na, des Huramädle ka des. S'gibt alles in allem vier bis zehn verschiedene Gebete, die helfat. Vom Unter- bis zum Oberland sind d'Leut mit de unterschiedlichste Anliega komma. Oftmals Mütter mit ihre Kinder, di Fieber und Krupphusta ghet hond. Oder, weil se alleweil no ins Bett machet. Bei Vrbrennunga roichts, wenn ma mi anruft, dann lösch i dr Brand. Einmal isch an Bauer komma, der hot bloß gsagt: Mei Melkmaschi isch hi. I hons probiert, i woiß it, obs gholfa hot, aber am andera Tag isch an Sack Bodabiera (Kartoffeln) vor dr Haustür gstanda. Jetzt hon i's schee, meine Kinder verwöhnet mi. Mei Tochter gibt mir sogar jeden Abend s Weihwasser, wenn i im Bett bin."

Auf die Frage nach ihren Hobbys antwortet sie: „I mag Gedichte, und mei Lieblingsgedicht isch die Gschicht mit am Soldat und d'Karta. Möchtsch se höra?" Ohne eine Antwort abzuwarten rezitierte sie: „Ein preußischer Soldat nahm anstatt des Gebetbuchs ein Kartenspiel mit in die Kirche. Sein Major stellte ihn dafür zur Rede, doch der einfache Soldat erklärte ihm: Die erste Karte bedeutet, dass ein Gott Himmel und Erde erschaffen hat. Die zweite ..., i will seha, ob is no ganz zama bring, die dritte die heilige Dreifaltigkeit, die vierte die vier Evangelisten. Die fünfte die fünf Wunden Jesu, die sechste, dass Gott in sechs Tagen die Welt erschaffen hat."

Ohne allzu große Notiz von meinem Abschied zu nehmen, blieb sie in Gedanken bei ihrer Geschichte und versuchte, sie weiter aufzusagen. Von der siebten Karte hörte ich noch, dass Gott am siebten Tage ruhte. Das Gespräch mit der Seerese war nicht ganz einfach. Ihre Tochter erzählte mir auch, dass sie, wenn sie keine Lust zum Sprechen habe, sich einfach ausklinke, und nur höre, was sie hören wolle. Aber ich hatte einen guten Tag erwischt, sie sei heute erstaunlich offen und gesprächig gewesen.

Quelle: Zeitschrift „Im Oberland" Heft 2/2002 (Nachdruck mit freundlicher Genehmigung des Landkreises Ravensburg).

Anmerkung: Die Autorin Klara Öngel wurde 1949 in Seibranz geboren und ist dort aufgewachsen. Seit 1972 lebt sie in Waldburg.
Den Besuch des Bürgermeisters zu ihrem hundertsten Geburtstag erlebte Theresia Hillebrand nicht mehr, sie verstarb 2002 hochbetagt im Alter von 99 Jahren.

Die Oissa - Wallfahrt

Ein Oissa (schwäbisch für Furunkel) im Genick oder an einer anderen Körperstelle - an der er noch weit unangenehmer sein kann - ist nicht nur lästig, er verursacht auch starke Schmerzen.

Ein Mann aus Gwigg bei Bergatreute berichtete: „1948, ich war damals 17 Jahre alt, plagte mich ein »Oissa« im Genick. Ein Bekannter riet mir, ich solle bei jemandem um einen Besen bitten, ohne zu sagen, wofür ich diesen brauchte. Diesen Besen sollte ich dann zu Fuß in die Wendelinus Kapelle nach Haisterkirch tragen. Zunächst schob ich die Sache hinaus, da es von Gwigg bis Haisterkirch ein Fußmarsch von etwa zweieinhalb Stunden ist.

Der »Oissa« wurde allerdings immer größer, und die Schmerzen nahmen dermaßen zu, dass ich die Wallfahrt eines Abends in Angriff nahm. Zunächst fragte ich bei einem Nachbarn, dem Altbauern, nach einem Besen. Dieser fragte ganz verdutzt, wofür ich einen Besen brauchte. Als ich keine Antwort gab und etwas verlegen dreinschaute, stutzte er kurz und meinte dann, er habe verstanden. Wortlos brachte er mir einen alten Stallbesen.

Nach den abgelegten Besen zu urteilen, wird diese offene Wegkapelle, zwischen Gaishaus und Weitprechts, wohl noch regelmäßig von „an Oissa Leidenden“ aufgesucht

Diesen nahm ich, bedankte mich mit einem Kopfnicken und marschierte nach Haisterkirch zur Oissa-Kapelle. Als ich in die Kapelle eintrat, sah ich, dass auf der linken Seite vor dem Altar bereits mehrere Besen lagen.

Ich legte meinen Besen dazu, sprach ein Gebet zum heiligen Wendelin mit der Bitte, mich von meiner Plage zu befreien, und machte mich wieder auf den Heimweg. Spät in der Nacht kam ich zu Hause an. Nach diesem ungewohnten Fußmarsch war ich ziemlich fertig und schlief in der Nacht wie ein Toter.

Innerhalb der nächsten Wochen verschwand der »Oissa« tatsächlich. Ich war von meinem Leiden endlich befreit. Ob die spontane Besserung ausschließlich dem hl. Wendelin zu verdanken war, kann ich allerdings nicht genau sagen.

Einige Tage nach der Wallfahrt suchte ich, ebenfalls auf Anraten eines Bekannten, die Krankenschwester der Schwesternstation in Bergatreute auf. Diese gab mir eine Zugsalbe mit dem Rat, sie regelmäßig anzuwenden, dann würde der »Oissen« schon verschwinden.

Was letztendlich geholfen hat, war mir eigentlich egal gewesen. Hauptsache, ich war das Übel losgeworden.

Quelle: Alois S. aus Bergatreute, Jg. 1931

Vom Brandlöschen und Warzenwegbeten

Wenn sich jemand verbrannt oder verbrüht hatte, wurde eine dazu befähigte Person damit beauftragt, den Brand „zu löschen“. In jeder Ortschaft gab es meist mehrere Personen, die dazu befähigt waren.

Durch ein Gebet oder eine Formel wurde der Brand dann gelöscht, der Verletzte brauchte dazu nicht anwesend zu sein. Dies funktioniert auch über große Entfernungen, beispielsweise telefonisch. Der Schmerz wurde deutlich weniger und der Heilungsprozess wird beschleunigt. Außerdem bleiben weniger Narben zurück.

Ein Notizzettel mit einem Gebet bzw. einer Formel, um den Brand zu löschen. Gefunden in einem alten Gesangbuch aus den 1920er-Jahren.

„Brand löschen
Jesus Maria u. Josef
Reisen über das Land
haben glühende Kohlen
in der Hand, glüh
aus nicht ein, im
Namen des Vaters
und Sohnes u des hl.
Geistes Amen
3mal Beten“

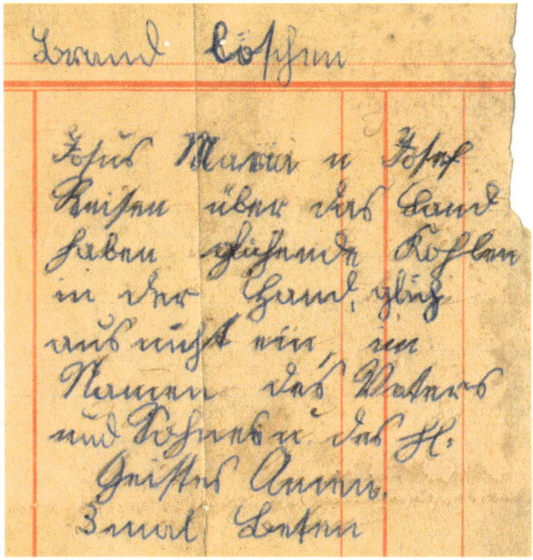
Brand Löschen
Jesus Maria u Josef
Reisen über das Land
haben glühende Kohlen
in der Hand, glüh
aus nicht ein, im
Namen des Vaters
und Sohnes u des H.
Geistes Amen.
3mal Beten

Wenn man Warzen hatte, musste man keine Wallfahrt machen. Um die Warzen loszuwerden, gab es verschiedene Möglichkeiten. Eine davon war nachfolgende Formel,

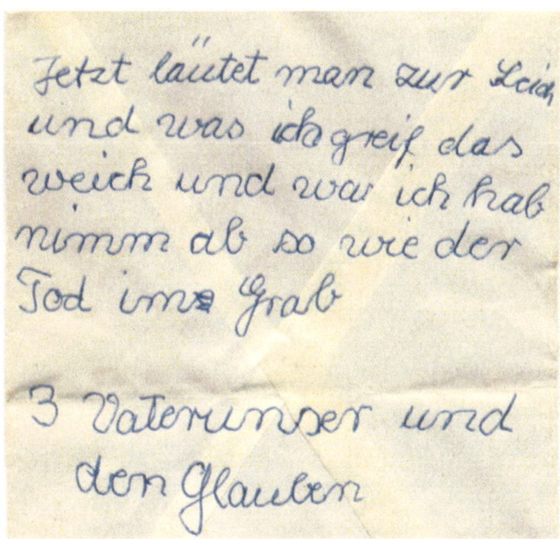
Jetzt läutet man zur Lei
und was ich greif das
weich und was ich hab
nimm ab so wie der
Tod ins Grab

3 Vaterunser und
den Glauben

Anti-Warzen-Formel auf dem Notizzettel einer Schülerin (Bergatreute, 1950er-Jahre)

die aufgesagt werden musste, wenn bei einer Beerdigung die Totenglocke auf dem Friedhof geläutet wurde.

Die Leute waren davon überzeugt, dass die Warzen nach dem Aufsagen der Formel weichen bzw. abnehmen und verschwinden würden, so wie die Leiche im Sarg weicht und abnimmt d.h. verwest.

Zusätzlich zum Aufsagen der Formel mussten noch drei Vaterunser und der Glauben gebetet werden. Ob die Sache funktioniert, kann jeder, der mit Warzen geplagt ist, im Selbstversuch testen.

*

Wenn es sich jemand nicht recht zutraut, selbst an die Sache heranzugehen, kann man natürlich auch eine Gesundbeterin aufsuchen. Früher gab es in jedem Ort solche Personen, meist ältere Frauen.

Und auch heute noch findet man auf Nachfrage bei Bekannten oder Nachbarn meistens jemanden, der sich auf das Wegbeten von Warzen oder sonstigen Hautproblemen versteht.

*

Seit über 30 Jahren „bespricht“ Anneliese Hoch aus Osterhofen Hauterkrankungen wie Warzen oder Flechten, aber auch Neurodermitis. „Wegbeten“ sagt der Volksmund dazu.

Wie ist sie dazu gekommen? Anfang der 1980er-Jahre ist sie einmal gefälligkeitshalber mit der Tochter einer Bekannten in den Nachbarort gefahren zur dortigen „Warzenwegbeterin“.

Als sie mit dem Mädchen während der Behandlung dort in der Stube saß, wurde sie von der Heilerin eingehend gemustert. Und nach der Behandlung meinte diese, sie brauche mit dem Mädchen gar nicht zu ihr kommen, denn sie könne deren Warzen genauso selber „wegmachen“, weil sie die Gabe dazu ebenfalls habe. Diese Frau hatte die „heilerische Fähigkeit“ von Anneliese Hoch „gespürt“. In weiteren Gesprächen hat sie ihr dann gezeigt „worauf es ankommt“.

Zuerst müssen Tag und Mondstand stimmen: am Freitagnachmittag, bei abnehmendem Mond, zur Sterbezeit unseres Herrgotts am Kreuz. Zum anderen „das richtige Werkzeug“: drei an Lichtmess geweihte Kerzen und das Stroh eines an Himmelfahrt gesegneten „Weihwischs“. Und natürlich die notwendigen „Gebete“ (die entsprechenden Besprechungs-Formeln).

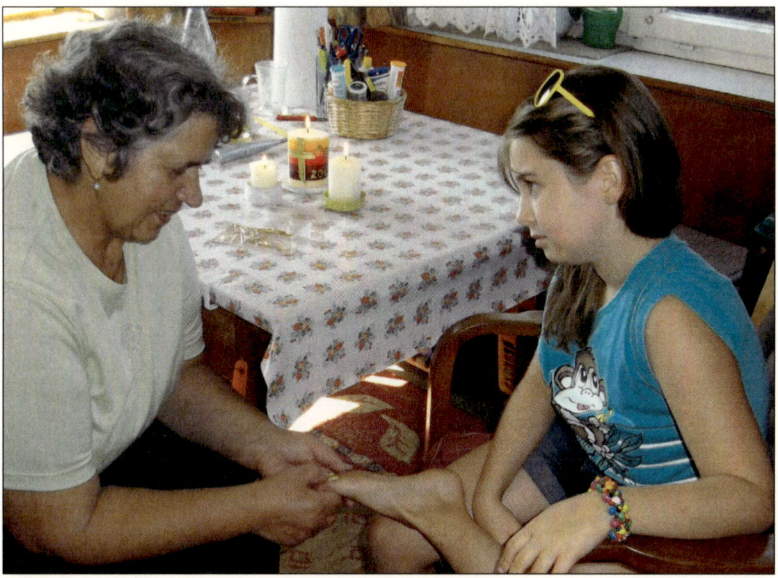

Anneliese Hoch und eine junge Patientin

Während der Behandlung zeigt der/die Hilfesuchende der Heilerin die befallene Hautstelle, diese bestreicht sie mit drei auf etwa 2,5 cm Länge zurechtgeschnittenen Strohhälmchen aus dem Weihwisch. Dazu betet sie leise die notwendige Segensformel - und das war's schon.

Die jeweils nur einmal gebrauchten Strohhälmchen werden gesammelt und müssen anschließend verbrannt werden.

Zunächst hat Anneliese Hoch das „Besprechen“ nur im Familien- und Bekanntenkreis angewendet. Und zu ihrer eigenen Überraschung hat es auf Anhieb funktioniert.

Aber wie und warum funktioniert das Ganze? Man könnte vielleicht sagen: „Irgendwie auf der »Psychoschiene« - da werden halt durch das Besprechen irgendwelche »Selbstheilungskräfte« mobilisiert.“

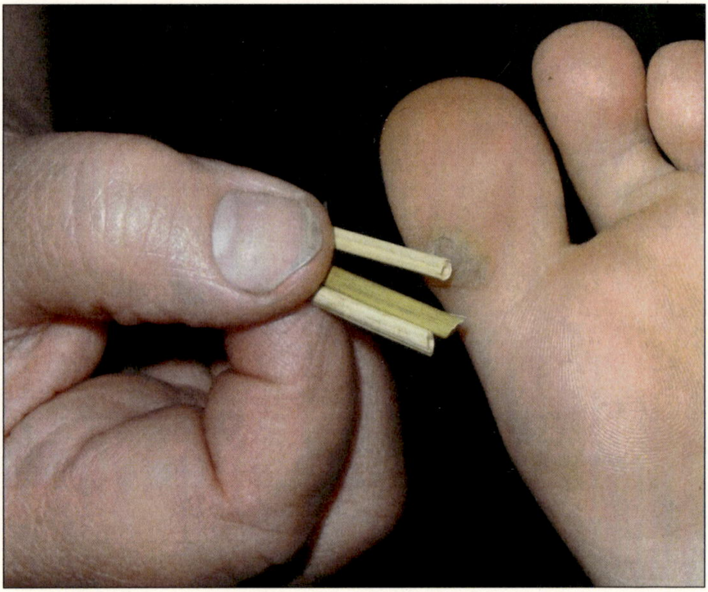

Die Warze am Fuß wird „besprochen“

Schön und gut - aber das „Besprechen“ funktioniert auch bei Tieren. Eine Warze auf einer Hundepfote oder an einem Kuheuter kann genauso verschwinden. Außerdem muss man nicht einmal persönlich anwesend sein. Es reicht schon, wenn ein Foto vorliegt. Allerdings geht die Heilung dann wesentlich länger, wie Anneliese Hoch betont.

Sie selbst sieht ihre bemerkenswerte Fähigkeit als eine Gottesgabe und meint: „Probieren kann man es auf jeden Fall, es kommen viele zur Behandlung, und wenn ich helfen kann, dann helfe ich. Und wenn's halt auch mal nicht funktioniert - es geht ja nichts kaputt dabei!"

*

Eine andere Gesundbeterin aus der Region, K.M., die namentlich nicht genannt werden möchte, wirkt lediglich in ihrem Verwandten- und Freundeskreis.

Von einer erfahrenen Heilerin, welche 1997 krankheitshalber aufgehört hat, erhielt sie die erforderlichen Gebete, um Warzen wegzubeten und den Brand zu löschen. Und auch die genaue Anweisung, was sie und ihre Patienten beim „Besprechen" alles beachten müssen.

Zum Abschied gab sie ihr noch folgende Ratschläge: Zum einen solle sie „die Sache nicht an die große Glocke hängen" und zum andern solle sie ihr Wissen nicht öffentlich weitergeben. Sonst gehe ihre Kraft u.U. verloren.

Das Allerwichtigste: Die Beterin müsse selbst an ihre Kraft glauben, und auch die Patienten müssen davon überzeugt sein.

Das Prozedere: Eine Warze wird an einem Freitag bei abnehmendem Mond „besprochen" und dabei mit drei an Himmelfahrt geweihten Strohhälmchen bestrichen. Danach bekommen die Leute eine kleine Menge Wasser mit, um täglich die Warze damit zu bestreichen. Dazu muss jeweils ein Vaterunser gebetet werden.

Am darauffolgenden Freitag wird das Ganze wiederholt. Das Bestreichen mit dem Wasser wird bis zwei Tage vor Neumond fortgesetzt.

Das zu verwendende Wasser muss an einem Karfreitag vor Sonnenaufgang an einer Quelle geschöpft worden sein. Die nur einmal benutzten Strohhälmchen werden unter einem Dachtrauf vergraben, wenn diese verschwunden sind (verfault), sollten auch die Warzen verschwunden sein.

K.M. fühlt sich als Handlangerin einer größeren „Kraft", als ob diese Kraft durch sie hindurch wirken würde. Eine Behandlung kann, wenn sie erfolgreich sein soll, bis zu einem Jahr dauern. K.M. ist aufgefallen, dass es sein kann, dass sich innerhalb des Behandlungszeitraums die Warzen sogar vermehren können, um kurz darauf, beinahe schlagartig, zu verschwinden.

Die Behandlung funktioniert angeblich auch bei Hunden und Pferden, eine Fernbehandlung hat sie noch nie ausprobiert.

Quelle: Gespräch mit K.M. am 1.10.13

*

Von einem Gesundbeter im Bodenseekreis, der nicht betet, sondern die Hände auflegt, war 2011 in der Schwäbischen Zeitung zu erfahren:

Ohne jegliches Hilfsmittel, nur durch bloßes Handauflegen soll er Warzen verschwinden lassen und bei Gürtelrose helfen können. Allerdings funktioniert das nur bei abnehmendem Mond. Als eine Art Kribbeln nimmt er den Krankheitsherd wahr, nachdem er seine Hände aufgelegt hat.

Auf seine Gabe wurde er nach eigener Aussage vor vielen Jahren von einem indischen Seemann aufmerksam gemacht, der in den Handlinien des Heilers zwei sich kreuzende Linien entdeckte. Nach dessen Auffassung weisen solche Kreuze auf heilerische Fähigkeiten hin.
Seine Gabe zu heilen setzt er inzwischen seit über 40 Jahren ein, und dies mit Erfolg, wie die beinahe unzähligen Anfragen aus der gesamten Bodenseeregion und darüber hinaus belegen.

Der zum Zeitpunkt des Zeitungsberichts 68-Jährige freue

sich, wenn er helfen könne, und seine außergewöhnliche Gabe, die wohl nicht jedem in die Wiege gelegt wird, hängt er nicht an die „große Glocke“.

Quelle: Schwäbische Zeitung vom 26.05.2011

*

Bei allen dreien funktioniert so eine Behandlung offensichtlich. Dies wird durch die Aussage vieler „Geheilter“ belegt.

Und das, obwohl die Methoden voneinander abweichen. Das heißt, dass die erforderliche „Kraft“ offensichtlich auf völlig unterschiedliche Weise mobilisiert werden kann.

Um es noch einmal mit den Worten von Anneliese Hoch auszudrücken: „Probieren kann man es auf jeden Fall und wenn's halt auch mal nicht funktioniert - es geht ja nichts kaputt dabei!“

Zu guter Letzt:

Das Angebot

Im Herbst 2012 bekam ich eines Nachmittags einen Anruf. Der Anrufer tat sehr geheimnisvoll. Ob er mich besuchen könne, möglichst heute noch, es solle mein Schaden nicht sein. Er habe etwas mit mir zu besprechen, etwas so Wichtiges, was man nicht übers Telefon machen könne.

Da ich Zeit hatte, sagte ich ihm, dass er von mir aus gleich kommen könne.

Auf dem Display meines Telefons konnte ich die Nummer meines Anrufers abrufen. Die Rückwärts-Suche am Computer ergab, dass es sich bei dem Anrufer um einen Handwerksmeister aus einem etwa 30 Kilometer entfernten Ort handelte. Der Name des Anrufers war mir nicht bekannt, ich war auch noch nie in dem Ort gewesen, aus dem er angerufen hatte. Ich war also doch recht gespannt.

Etwa eine Stunde später klingelte es an der Haustür. Mein Besucher war ein stämmiger Mann, etwa 70 Jahre alt. Er setzte sich mit Verschwörermiene an den Tisch, sah sich hastig um, ob auch ja kein Lauscher in der Nähe war, und meinte, er wolle gleich zur Sache kommen.

Sein Sohn, erzählte er, wohne in einer leeren Wohnung, schlafe auf einer Matratze auf dem Boden, „saufe bloß Red Bull und Wodka und so ein Zeugs" und „fresse nur Pizza und so einen Fraß!"

Da ich ihn wohl ziemlich verständnislos angesehen haben muss, fragte er, ob ich da nicht „etwas machen könne". Den Taugenichts dazu zwingen, wieder zu arbeiten und ein normales, geregeltes Leben zu führen. Auf meine Frage, wie alt sein Sohn sei, stellte sich heraus, dass dieser 47 Jahre alt war! Ich machte ihm unmissverständlich klar, dass ich da leider gar nichts „machen“ könne und fragte, wie er überhaupt auf mich gekommen sei.

Darauf meinte er nur, dass ein Bekannter in der Zeitung einen Bericht gelesen habe, dass ich einen Vortrag zum Thema Aberglaube gehalten hätte. Und daraus folgerte er, dass ich mich da auskenne und seinen Sohn mit etwas Druck (von woher auch immer) wieder auf die rechte Spur zwingen könne.

Er glaubte mir nicht recht, dass da von meiner Seite aus nix zu machen war. Im Gegenteil, er zog seine Brieftasche heraus und klappte sie auf. In einer Geldklammer steckte ein ganzer Packen 50- und 100-Euroscheine. Grob geschätzt 1000 Euro, eher mehr.

Er fragte, wie viel ich verlangen würde, auch wenn ich bloß „etwas probieren“ würde.

Als er schließlich einsah, dass er wohl beim Falschen gelandet war, meinte er: „Na ja, einen Versuch war es wert, dann fahr’ ich halt jetzt ins Allgäu, da hab ich auch noch eine Adresse.“

Ob er wohl jemanden gefunden hat, der sich seines Problems bzw. seines Geldes angenommen hat?

Liebe Leserinnen und Leser

- Haben Sie zu diesem Buch oder einem einzelnen Beitrag irgendwelche Fragen, Anregungen, Berichtigungen, Verbesserungen oder auch Kritik?

- Vielleicht kennen Sie auch eine interessante Geschichte oder haben selbst etwas beinahe „Unglaubliches“ erlebt?

- Oder Ihnen ist irgendwo in Oberschwaben ein ominöser Keller, unterirdischer Gang oder etwas in der Richtung bekannt?
  Vielleicht handelt es sich ja um einen Erdstall?

Geplant ist mittelfristig eine überarbeitete Neuauflage dieses Buches, mit neuen Erkenntnissen und Geschichten.

Sie können mit dem Autor gerne Kontakt aufnehmen:

Paul Sägmüller, Friedhofstr. 8, 88368 Bergatreute

oder per Email 1a@paulsaegmueller.de

Besuchen sie unsere Homepage im Internet unter:

www. saegmueller-verlag.de

Paul Sägmüller, der Autor dieses Buches, ist 1958 in Bergatreute geboren und aufgewachsen. Nach seiner Schulzeit war er in der pharmazeutischen Industrie tätig. Infolge einer chronischen Schmerz-Erkrankung und eines Unfalls wurde er erwerbsunfähig.

Um sich von seinen Beschwerden etwas abzulenken, beschäftigt er sich seither mit Heimatkunde im weitesten Sinn. Daraus ist das vorliegende, kurzweilige und interessante Werk zum Thema Aberglaube entstanden.

Durch seine starken gesundheitlichen Einschränkungen gehen seine Projekte sehr langsam voran. Doch der Faktor Zeit spielt nach seiner Aussage „ ... in meiner Situation keine große Rolle, der Weg ist das Ziel“!

Der Autor (rechts oben) und der Schädel einer Katakombenheiligen in der ehemaligen Klosterkirche Weißenau.

Dank:

Ich bedanke mich bei allen, die zum Gelingen dieses Buches beigetragen haben:

Johannes Angele, Reinstetten
Karina Barczyk, Bergatreute
Michael Barczyk, Bergatreute
Michael Bernhard, Bad Waldsee
Dietmar Blaut, Bergatreute
Berthold Büchele, Ratzenried
Thomas Busmanis, Andelfingen
Sigrid Dirks, Bergatreute
Sabine Dietenberger, Bergatreute
Rosa Eisele, Haisterkirch
Hermann Emele, Aulendorf
Armin Gaisbauer, Bergatreute
Siegi Hafner, Alttann
Dr. Lutz-Dietrich Herbst, Ummendorf
Anneliese Hoch, Osterhofen
Emma Holzmüller, Osterhofen
Dr. Rainer Jensch, Wangen
Monika Kaltenbach-Gänswein, Grafenhausen
Gebhard Knecht, Bergatreute
Reinhard Koch, Schlier
Ferdinand Kramer, Uttenweiler
Cäcilie Luitz, Waldburg
Wolfgang Merk, Biberach
Uli Merkle, Zell i.W.
Franz Mosch, Bad Waldsee
Michael Moser, Bad Waldsee
Klara Öngel, Waldburg
Edith Rauta, Bergatreute
Ronja Ritscher, Gaisbeuren
Sepp Schelshorn, Wilhelmsdorf
Hansi Schmehle-Knöpfler, Bad Schussenried

Joachim Strasser, Bad Waldsee
Jutta Waidmann, Oggelshausen
Klaus Wäscher, Bergatreute
Mehreren Personen, die ausdrücklich nicht genannt werden wollen, sage ich „Danke schön"

Schriftliche und mündliche Quellen:

Die einzelnen detaillierten Quellenangaben stehen, soweit bekannt, jeweils unter den einzelnen Beiträgen.

Aus folgenden Veröffentlichungen von Paul Sägmüller wurden diverse Geschichten entnommen:
Der Schrättelesrechen, Aulendorf/Bergatreute 2005;
Der Minister auf der Nudelpackung, Aulendorf/ Bergatreute 2006

Bildquellen:

Bad Waldsee, Stadtarchiv: Constitutio Criminalis Theresiana, 1769: S. 36

Foto Moser, Bad Waldsee: S. 32

Franziskanermuseum Villingen-Schwenningen, Foto, Atelier Hugel: S. 47

Füssen, Museum der Stadt, Annakapelle: S. 37, 76

Gaisbauer, Armin, Bergatreute: S. 116

Jäger, Eberhard, Erolzheim: 117

Narrenverein Seeschrättele, Oggelshausen: S. 235

Narrenzunft Waldsee: S. 227 links

Ruitz, Cäcilia, Waldburg: S. 261

Schwäbische Zeitung vom 12.09.1958: S. 189

Sterk, Manfred, Michelwinnaden: S. 131, 227 rechts

Tannholzschrättele Mettenberg, Grafenhausen: S. 232

Wäscher, Klaus, Bergatreute: S. 19, 81

Wikipedia:
"Klassisches Rädern mit Rad und scharfkantigen Hölzern (Schweizer Chronik des Johannes Stumpf, Ausg. Augsburg 1586)", http://de.wikipedia.org/wiki/R%C3%A4dern 16.10.2013: S. 54

Zeller Schrätteli, Zell i.W.: S. 228

Zu den Rider-Waite®Tarot-Karten (ISBN 978-3-905021-30-1) auf Seite 13, folgender Nachweis: Mit freundlicher Genehmigung des Königsfurt-Urania Verlag, Krummwisch, © US Games Systems, USA, und AGMüller, Neuhausen / Schweiz,. www.koenigsfurt-urania.com

Alle anderen Fotos, Reproduktionen und Zeichnungen stammen aus der Sammlung des Autors oder wurden vom Autor für dieses Buch angefertigt

Der Verlag hat sich bemüht, die Rechteinhaber aller Abbildungen korrekt anzugeben, und bittet, mögliche Falschangaben zu berichtigen

Die Fotos auf den Seiten 215, 222 oben und links unten, 224 und 225 wurden mit freundlicher Genehmigung von Sepp Schelshorn in dessen Museum für bäuerliches Handwerk und Kultur in Wilhelmsdorf aufgenommen

Noch ein Tipp:

Wir haben zwei Bücher im Angebot, verfasst in oberschwäbischer Mundart. Mit jeweils mehr als 220 Seiten und mit über 80 Fotos.
Geschichten aus den 1960er, -70er, und -80er Jahren. Passiert in einem Dorf im Herzen Oberschwabens aber auch in dessen näherer und weiterer Umgebung.
Beispielsweise beim „Schaffen" oder auf Urlaubsfahrten.

Und zwar derart uff Oberschwäbisch gschrieba, wia ma s dohanna au schwätzt. Wia dia Gschicht uff Seite 157. Do känned se amol Teschtleasa.

Intresse? Näheres erfahred se uff eisrer Haumpeidsch:

www.saegmueller-verlag.de

Ortsregister